Zu diesem Buch

Ein Zen-Meister ist alt und krank. Er liegt seit ein paar Tagen im Bett, und ein Mönch besucht ihn. Der Mönch erkundigt sich nach der Gesundheit des Meisters. Der Meister antwortet, daß es merkwürdig wäre, wenn sein Körper nicht binnen drei Tagen auf den Friedhof getragen würde.
Der Mönch schweigt, aber plötzlich setzt sich der Meister auf und sagt: «Buddhas mit Mondgesichtern, Buddhas mit Sonnengesichtern.»

Dieses Koan wurde vor langer Zeit von einem alten und weisen Meister des Zen-Buddhismus formuliert. Janwillem van de Wetering muß es heute lösen, und auch nicht in Japan, sondern in Amerika. Sein neuer Meister ist ein Freund aus den gemeinsamen Tagen im Zen-Kloster in Kioto: Peter. Er ist jetzt an die Stelle des alten Meisters getreten, dem der Ort der neuen Zen-Gemeinde geweiht wurde. In der rauhen Wirklichkeit des kanadischen Grenzgebietes hat Peter auf einem einsamen Bauernhof eine neue Gemeinschaft gegründet und Schüler um sich versammelt.
Hierhin reist van de Wetering, um eine besondere Meditationswoche mitzuerleben: Rohatsu.
Aber auch in Amerika ist der Klosteralltag hart: frühes Aufstehen, stundenlanges Meditieren, Küchendienst, Saubermachen und die immer wiederkehrenden Gespräche mit dem Meister. Präzise hält van de Wetering die Unterschiede zu den Erfahrungen fest, die er in einem japanischen Zen-Kloster gemacht hatte. Die amerikanischen Schüler sind beflissener, disziplinierter, angespannter, und auch sie können sich nicht von menschlichen Schwächen befreien: Neid, Angst, Zorn. Aber alle arbeiten an ihren Koans, den einfachen Sätzen paradoxer Logik, die die Grundlage der Meditation bilden. Dennoch bleibt van de Weterings zentrale Frage bestehen: «Ich wollte eine Erklärung des Seins, eine Erklärung, die so klar war, daß alle meine Fragen sich erübrigten.»

Dies ist Janwillem van de Weterings letztes Buch über den Buddhismus, und auch hier beschreibt er die Zeremonien und die alltäglichen Ereignisse ohne heiliges oder elitäres Gehabe – alles lebt durch die tiefe Menschlichkeit des Zen-Buddhismus.

Janwillem van de Wetering, 1931 in Rotterdam geboren, reiste fünfzehn Jahre lang durch die Welt und verbrachte achtzehn Monate in einem buddhistischen Kloster. Diese Erfahrung hat er in seinem Buch Der leere Spiegel (rororo Nr. 4708) verarbeitet. Jetzt lebt er mit seiner Familie in Maine in den USA. Bekannt wurde er vor allem durch seine Kriminalromane, die in der Reihe rororo-thriller erschienen sind.

Janwillem van de Wetering

Ein Blick ins Nichts

Erfahrungen in einer
amerikanischen Zen-Gemeinde

Aus dem Amerikanischen
von Klaus Schomburg

rororo
transformation

rororo transformation
Herausgegeben von Bernd Jost
und Jutta Schwarz

Umschlagentwurf: Peter Keller

Deutsche Erstausgabe
Veröffentlicht im Rowohlt Taschenbuch Verlag GmbH,
Reinbek bei Hamburg, September 1985
Die Originalausgabe erschien bei De Driehock, Amsterdam, 1974
Die amerikanische Ausgabe erschien bei Houghton Mifflin Company,
Boston, unter dem Titel «A Glimpse of Nothingness», 1975

Redaktion Peter Hetzel

Satz Trump Mediaeval (Linotron 202)
Gesamtherstellung Clausen & Bosse, Leck
Printed in Germany
880-ISBN 3 499 17936 9

Inhalt

Für Bangideon

Vorwort

Dieses Buch beschreibt wie mein erstes, *‹Der leere Spiegel›*, eine authentische Erfahrung.

Ich habe den Schauplatz verändert, um die Zen-Ansiedlung vor Neugierigen zu schützen. Die Namen der Figuren in der Geschichte habe ich ebenfalls geändert. Vieles wurde zerstückelt und neu zusammengefügt, so daß es wirklich seltsam wäre, wenn sich jemand wiedererkennen würde. An der Gestalt des Meisters konnte ich nichts ändern, aber er wird sich nicht wiedererkennen, da er das Buch nicht lesen wird. Wer der Meister wirklich war, weiß ich nicht. Ich konnte nur seine Maske und sein Kostüm beschreiben, einige seiner Äußerungen wiederholen und versuchen, den Sinn der Gespräche wiedereinzufangen, die er mit mir geführt hat.

Dies ist mein letztes Buch über den Buddhismus. Ob irgendwelche Anekdoten, Gedanken und Schlußfolgerungen in diesem Buch wirklich buddhistisch sind, könnte ich nicht beantworten. Die Lehre ist tief, ich habe die Oberfläche angekratzt. Ich hoffe, ich habe sie richtig angekratzt.

Die Beulenpest

Der Warteraum auf einem New Yorker Flughafen glich eher einem Schuppen. Ich war billig gereist, mit einer Charter-Gesellschaft, zu einem stark reduzierten Preis, aber das Flugzeug war nicht voll gewesen. Die unerfahrene Charter-Gesellschaft hatte nicht genügend Passagiere gefunden, und die ganze Reise war durch Schwierigkeiten und Verzögerungen gekennzeichnet gewesen.

Wir hatten bereits Stunden unter dem Wellblechdach des Schuppens verbracht. Es war nicht nur heiß, es war auch stickig. Außerdem gab es keine Stühle, sondern, wie in einer altmodischen Schule, niedrige Holzbänke, die an den Wänden entlang aufgestellt waren. Ein paar Kinder heulten. Frauen mit aufgedunsenen Gesichtern beklagten sich, und Männer mit gelockerten Krawatten und roten Hälsen liefen hin und her in dem vergeblichen Bemühen, irgend etwas zu regeln.

Wir warteten auf die Beamten der Einwanderungsbehörde und vom Zoll, die von der anderen Seite des Flughafens zu uns kommen sollten.

Das Gesetz wurde durch einen fetten schwarzen Polizisten repräsentiert, der seinen Revolver offen im Halfter trug und uns freundlich, aber gleichgültig betrachtete.

Die Lautsprecher, die in den vier Ecken an der Decke hingen, gaben in regelmäßigen Abständen krächzende Laute von sich. Sobald sich die mechanische Stimme in einem unangenehmen, heiseren und lauten Flüstern ankündigte, brachen die Passagiere in Panik aus. Fast alle sprangen auf und stürzten zum Gepäck. Die Frauen drängelten sich mit ihren Ellbogen nach vorn, bis sie dicht vor dem Polizisten standen, dessen Gesichtsausdruck sich aber nie veränderte. Die Männer rempelten sich, während die Kinder schrien und wimmerten, um dicht bei ihren Eltern zu bleiben.

Die Passagiere warfen wütende Blicke zur Decke und setzten sich wieder. Sie murmelten vor sich hin und steckten Zigaretten an. Sie standen Schlange vor den Limonade- und Kaffeeautomaten, die nach einer Weile ausverkauft waren. Die meisten von ihnen waren sowieso außer Betrieb, zerknitterte, mit Klebestreifen am Glas befestigte Pappstückchen teilten es dem Benutzer mit.

Ich hatte eine Ecke gefunden, die so weit wie möglich vom Gepäck entfernt war.

Die Lautsprecher krächzten erneut, und das automatische Gedränge folgte, vielleicht zum zehntenmal. Ich betrachtete die wenigen Passagiere, die sich der Menge nicht angeschlossen hatten.

Da war ein junges Paar, vielleicht auf der Hochzeitsreise. Sie hielten Händchen und lächelten. Auf derselben Bank saß ein alter Mann, vielleicht ein Großvater, der seine Familie besuchte. Sein kleiner Koffer schützte seinen Rücken vor der harten Wand. Seine Augen waren geschlossen, aber er schlief nicht. Schweiß stand auf seiner Stirn, aber ich sah keinen Ärger auf seinem Gesicht. In einer Ecke saß eine etwa dreißig Jahre alte Frau mit verbitterten Zügen um die Mundwinkel. Sie sah nicht auf, als die Lautsprecher krächzten.

Liebe, ein Gefühl für Relativität, Gleichgültigkeit: drei Gefühle, die uns vor Gedränge und Panik, Mord und Totschlag schützen, vor den Tentakeln des ‹Ich›, das dem Buddhismus zufolge nicht existiert, nicht wirklich existiert, aber eine Schein-Identität besitzt, durch die es handeln kann.

Ich fing an, mich unwohl zu fühlen. Zuerst hatte ich gelesen, dann geschlafen, unruhig und mit wackelndem Kopf, weil die Wand keinen richtigen Halt bot. Die Temperatur schien zu steigen. Ich fand etwas freien Platz, wo ich auf und ab gehen konnte. Ich ging so langsam wie möglich und versuchte, mich zu konzentrieren. Vor langer Zeit in Japan, das war jetzt mehr als zehn Jahre her, hatte ich von einem Zen-Meister ein Meditationsthema bekommen. Dieses Thema hatte zuerst wie eine unsinnige Frage ausgesehen, eine Frage, auf die es keine Antwort gibt. Mehr als zehn Jahre hatte ich mit dieser Frage gelebt. Ich war damals von der Frage besessen und bin es noch heute. Der Zen-Meister hatte mir gesagt, daß die Frage eine Antwort habe.

Die Frage ist ein *Koan.* Ein *Koan* ist eine Frage aus dem Unbekannten.

Was ist der Klang einer klatschenden Hand?

Zeig mir dein ursprüngliches Gesicht, das Gesicht, das du hattest, bevor dein Vater und deine Mutter geboren wurden.

Ich schalte das Licht aus. Wo ist es geblieben?

Diese Art von Fragen.

Was soll man mit einer solchen Frage machen? Du versuchst, dem Meister zu erklären, daß du nicht weißt, wovon er spricht. Du versuchst zu argumentieren. Du denkst an alles mögliche. Du tust alles mögliche. Aber der Meister schüttelt seinen Kopf und besteht darauf, daß du die Antwort gibst, die richtige Antwort.

Und dann merkst du, daß du nicht mehr loskommst. Die Frage hat dich gepackt. Du läufst mir ihr herum. Du schläfst mit ihr. Du weißt, daß die Frage von höchster Bedeutung ist. Die Antwort ist die Tür zum Unendlichen, das Loch in der Mauer, die um dich herum gebaut ist. Die Mauer existiert schon sehr lange, und du willst sie wirklich niederreißen, das hat dich zu dem Zen-Meister geführt. Und da ist endlich ein Weg ins Freie. Der Meister kennt den Weg nach draußen. Du denkst, daß, wenn du den Meister dazu bringen kannst, dir zuzunicken, die Mauer zusammenbrechen und ein Weg ins Freie da sein wird. Dann fängst du an zu verstehen, warum du lebst.

Und wenn du, in deiner Verzweiflung, fragst, was du *tun* mußt, um die richtige Antwort zu finden, sagt der Meister, daß du meditieren sollst. Er erklärt dir, was du tun mußt, wie du sitzen mußt. Er zeigt dir Buddhastatuen. Er sitzt im Lotussitz. Der Zen-Meister imitiert die Buddhastatue, linker Fuß auf rechtem Oberschenkel, rechter Fuß auf linkem Oberschenkel, Rücken gerade, Kopf leicht nach vorn geneigt. Er zeigt dir, wie du atmen mußt. Er sagt dir, wie du mit deinem *Koan* eins wirst. Er sagt dir, daß du nicht denken, nicht träumen sollst. Du wiederholst dein *Koan*, wieder und wieder. Du unterdrückst die ständig aufkommenden Gedanken. Du fühlst ein warmes Glühen irgendwo in der Nähe deines Bauchnabels. Ist es das? Was hast du von einem warmen Glühen in der Nähe deines Bauchnabels?

Dann und wann taucht plötzlich etwas auf. Du denkst, es ist die richtige Antwort, und du wiederholst, was immer es war, dem Meister, wenn du ihn frühmorgens besuchst, um von deinen Fortschritten zu berichten. Er schüttelt seinen Kopf. Du wirst mutlos, und er ist sehr freundlich. Du bist arrogant, und er schlägt dich auf den Kopf, mit seiner Hand oder mit seinem Stock. Aber da ist keine Antwort, nur eine Frage.

Ich besaß die Frage immer noch. Der japanische Meister hatte mir gezeigt, daß eines der Wörter, aus denen meine Frage bestand, ein besonderes Wort, ein Mantra, war. Er hatte mir gesagt, ich solle die Antwort auf meine Frage vergessen und das Mantra wiederholen. Einmal bei jedem Atemzug. Ich hatte gelernt, daß Meditation nicht auf die Meditationshalle beschränkt ist, sondern überall ausgeübt werden kann. Zum Beispiel, wenn man auf etwas wartet.

Und nun wartete ich auf unwirkliche Autoritäten, die in mein Gepäck und in meinen Paß sehen wollten. Ich wiederholte das Mantra, während ich in einem Blechschuppen auf einem New Yorker Flughafen so langsam wie möglich auf und ab ging. Nach ein paar Minuten verschwand das beklemmende Gefühl, und meine unangenehme Umgebung verlor sich in Nichts.

*

Meine Konzentration ließ nach, und ich begann an eine Geschichte zu denken, die ich über einen Schüler meines japanischen Meisters gehört hatte. Der Schüler war damals ein amerikanischer Soldat, der kurz nach dem Zweiten Weltkrieg in der Besatzungsarmee in Kioto diente. Der Soldat hatte den alten Meister zufällig auf der Straße getroffen und ihn erkannt. Wie erkennt man einen Menschen, den man nie getroffen hat? Er hatte ein paarmal mit dem Meister gesprochen.

Der Soldat kehrte nach Amerika zurück, aber sein eigenes Land erschien ihm schal, leer. Er wollte nach Japan zurück. Er borgte sich etwas Geld und fuhr vierter Klasse auf einem Frachter nach Yokohama. Der Meister hatte ihm gesagt, daß er meditieren müsse, und der Amerikaner tat nichts anderes. Mit schmerzhaft gekreuzten Beinen saß er auf dem Frachter. Er saß immer an derselben Stelle, an Deck, neben einem Stapel aufgerollter Taue. Er blickte starr vor sich hin und bewegte sich nur, wenn der Schmerz unerträglich wurde. Seine Mitpassagiere fragten ihn, was er tue. «Ich meditiere», anwortete er.

Ein fanatischer Schüler. Vielleicht hätte ich mich auch hinsetzen sollen, aber ich ging weiter auf und ab, mich mit dem Gedanken tröstend, daß die Zen-Schulung ein besonderes Wort für Meditation im Gehen kennt. Es heißt *Kinhin*. Der Schüler geht mit geradem Rücken, die Hände gefaltet und gegen den Bauch gepreßt. Ich betrieb *Kinhin* und wiederholte das Mantra, den Schlüssel zu dem unergründlichen Nichts, einem Nichts, das nicht leer ist.

«Versuche nicht, irgend etwas zu erreichen», hatte der Meister zu mir gesagt. «Konzentriere dich, das ist genug. Wenn es dir jemals gelingt, dich wirklich zu konzentrieren, wirst du sein, wo du sein willst.»

«Wird dann alles abfallen?» fragte ich, aber er antwortete nicht. Als ich mich jedoch an jenem Morgen anschickte, sein Zimmer zu verlassen, sagte er etwas.

«Wiederhole nur das Mantra. Wiederhole das Mantra einmal bei jedem Atemzug. Werde das Mantra. Vergiß alles andere. Achte nicht auf deine Gedanken.»

«Warum?»

«Keine Begründung.»

Also nur, weil er es sagte.

Meister. Ein merkwürdiges Wort. Ein Meister und seine Schüler. Ein Meister und seine Sklaven. ‹Ja, Meister. Nein, Meister.›

Ein Führer. Man muß einem Führer nicht folgen. Aber wenn man ihm vertraut, kann man ihm ebensogut folgen.

Und ein Schüler, der seinem Meister nicht vertraut, verläßt ihn.

Ich hatte ihn verlassen, aber nicht aus mangelndem Glauben. Ich hatte gedacht, ich würde keine Fortschritte machen.

Der amerikanische Schüler blieb. Als ich den Amerikaner traf, war er zehn Jahre bei dem Meister gewesen. Nachdem ich Japan verlassen hatte, blieb er weitere sechs.

Der Amerikaner, den ich Peter genannt habe, half mir, als ich in Japan war. Als ich in dem Kloster in Kioto angekommen war, hatte ich ihn im Zimmer des Meisters angetroffen. Dort fungierte er als unser Dolmetscher. Ich hatte erklärt, daß ich die Erklärung des Lebens suche, die Bedeutung des Nichtswissens, den Schlüssel zum Mysterium finden wolle. Sie hatten mir zugehört. Selbst als ich sagte, daß die Antwort auf meine Frage vielleicht da liege, wo zwei Parallelen sich schneiden, hatten sie nicht gelacht. Als ich sagte, daß mein Denken von einer Mauer umgeben zu sein scheine und daß die Mauer vielleicht zerstört werden könne, hatten sie beide gleichzeitig genickt.

Peter kümmerte sich während des Jahres, das ich im Kloster lebte, ein bißchen um mich, und danach hatte er mich zu sich in sein Haus genommen, dort lebte ich weitere sechs Monate.

Als ich schließlich fortging, hatte der Meister keine Enttäuschung gezeigt. «Dadurch, daß du von hier fortgehst, wird nichts unterbrochen», sagte er, «deine Ausbildung geht weiter. Die Welt ist eine Schule, in der die Schläfer aufgeweckt werden. Du bist jetzt ein bißchen wach, so wach, daß du nie wieder einschlafen kannst.» Ermutigende Worte, ich hatte zehn Jahre davon gelebt.

Und meine Ausbildung war weitergegangen, aber nicht so, wie ich mir das vorgestellt hatte. Ich glaubte, daß ich an seltsamen Orten Führer träfe, die mir den Weg zeigen würden. Zufällig, in einer fremden Stadt, in einer Allee oder auf einem Marktplatz. Daß mir rätselhafte Botschaften zugeflüstert würden oder ich plötzlich eine anonyme Nachricht erhielte, die mir die Adresse irgendeiner Dachkammer mitteilte, wo weise Männer auf mich warteten, um mir ein Schlüsselwort zu übermitteln. Aber kein Mystiker kümmerte sich um mich. Zehn Jahre lang lernte ich, aber die weisen Lehren beschränkten sich auf Hinweise, wie man Kapital vermehrt, anderer Leute Kapital. Der einzige freie Geist, den ich traf, war ein sehr alter katholischer Bischof, der in einem indianischen Dorf im südamerikanischen Dschungel lebte. Aber ich war auf der Durchreise und konnte nicht bleiben. Wir tranken Kaffee zusammen, und er lächelte mir zu.

Doch immer, wenn ich gezwungen war, stillzustehen und nachzudenken, was oft geschah, dachte ich an die Zeit, die ich unter dem alten Meister gearbeitet hatte. Ich erinnerte mich an die Frage, die er mir eingepflanzt hatte und die immer noch lebendig war. Das Gefühl, daß es auf diesem kleinen, im endlosen Raum schwebenden Planeten einen Sinn geben müsse, wurde stärker. Die deprimierende Düsterheit, die mich einst gezwungen hatte, die Glocke am Klostertor zu läuten, war verschwunden. Ich erlitt nun plötzliche Anfälle unerklärlicher Fröhlichkeit, als ob nichts, was mich betraf, mich wirklich berühren könnte. Unterdessen fuhr ich fort, mir Sorgen zu machen, und wurde von den üblichen menschlichen Schwächen und Fehlern heimgesucht, aber es schien, als habe sich eine Reserve gebildet, eine Zuflucht, eine Oase der Freiheit. Und das in der Abschiedsrede des Meisters enthaltene Versprechen existierte weiter.

Ich durchstreifte mehrere Länder und beschäftigte mich mit Dingen, die sich aus nichts zu etwas entwickelten und dann wieder zu nichts zerfielen, bis das Schicksal mich schließlich nach Amsterdam zurückbrachte. Die Kräfte, die mich trieben, waren jenseits meiner Kontrolle. Wieder einmal war ich ein Hampelmann, eine durch Fäden und metallene Haken bewegte Marionette, die in unverständlicher Weise programmiert ist und mal hier, mal dort heruntergelassen wird, um ihren kleinen Tanz fortzusetzen. Aber es war ein Tanz geworden und kein deprimierendes, schmerzhaftes Gestampfe mehr. Ich hatte angefangen, Spaß an dem Spiel zu finden, das irgendeine Kraft oder Kräfte mit mir spielten.

Der Morgen, an dem Peter mich in Amsterdam anrief, war ein Morgen wie viele andere. Ich las die Morgenpost im Büro. Ich erkannte seine Stimme, den amerikanischen Akzent, seine langsame und sorgfältige Ausdrucksweise, eine Stimme aus einer Vergangenheit, die immer noch in mir lebendig war. Er sagte, er sei auf Reisen und beabsichtige, eine Woche in Holland zu bleiben. Ich bat ihn, bei mir zu wohnen. Er dankte mir. Ich fragte ihn, woher er meine Telefonnummer habe. Er lachte. «Man hatte mir gesagt, daß du in Amsterdam lebst, und die Nummer ist im Telefonbuch.» Ich wurde rot. Ich erinnerte mich, wie oft er mir gesagt hatte, nicht zu fragen, sondern selbst herauszufinden. Ich holte ihn am Flughafen ab, und er blieb zwei Wochen.

Dem Anschein nach eine Begegnung zwischen alten Freunden, nicht mehr. Er erzählte mir, daß der alte japanische Priester gestorben und er selbst in sein Heimatland, die USA, zurückgekehrt sei. Er lebte jetzt im Norden, irgendwo an der kanadischen Grenze, in einer unbewohnten Gegend, nahe einem Wald, wo er einen Bauernhof betrieb.

Ich nahm ein paar Tage frei und zeigte ihm ein bißchen von Holland. Er schien entspannt zu sein und machte belanglose Konversation. Ein intelligenter Tourist. Es schien ihn zu freuen, daß ich ein glücklicher Familienvater geworden war, daß mir meine Arbeit gefiel und es mir gutging. Ein älterer Bruder, der froh ist zu hören, daß sein jüngerer Bruder erfolgreich gewesen ist.

Ich zeigte ihm mein Büro. Mein Schreibtisch war ein altmodischer Zylinderschreibtisch, und obenauf stand eine Buddhastatue. Als Peter den Buddha sah, brummte er glücklich, ein dröhnender Laut, der in seiner breiten Brust widerhallte. Der Ausdruck auf seinem Gesicht in dem Moment war eine Mischung aus Verrücktheit und Feierlichkeit. Er sah aus wie der Narr aus dem Volksmärchen, ein Mann, der den Narren nicht spielt, sondern ein Narr ist. Kein Spinner oder Clown, sondern ein Narr, der so tief empfindet und so weit sieht, daß er Mühe hat, in das alltägliche Leben zurückzukehren. Und als Peter, nach seinem Gebrumme, durch das ganze Büro Purzelbäume schlug, war ich eigentlich nicht erstaunt.

«Gut», sagte er, so wie der japanische Meister ‹gut› gesagt hatte, wenn der seltene Fall eintrat, daß er billigte, was ich zu jener Zeit zu tun versuchte.

Solange Peter bei uns wohnte, standen wir um sechs Uhr auf und meditierten eine Stunde zusammen. Er sprach nie über Buddhismus oder Zen. Eines Abends brachte ich ihm seinen Kaffee und fand ihn auf dem Boden seines Zimmer sitzend. Ich empfand wieder die kraftvolle Ruhe, die ich so oft in Japan verspürt hatte. Ich setzte mich neben ihn und erreichte eine tiefe Konzentration, eine Konzentration, die viel tiefer war, als ich sie selbst für möglich gehalten hätte, und die ganz außerhalb meiner Macht lag. Am nächsten Tag reiste er ab, und während wir zum Flughafen fuhren, fragte ich ihn, ob er sein Zen-Studium beendet habe.

Er nickte.

«Dann bist du ein Meister», sagte ich, halb fragend. Er antwortete nicht.

«Hast du Schüler?» fragte ich.

«Ja», antwortete er, nach einigem Nachdenken. «Ich glaube, man kann sie Schüler nennen.»

Seine Antwort rüttelte mich auf. In Japan hatte ich ihn immer als einen Mitschüler betrachtet. Ein fortgeschrittener Schüler zwar, aber kein Meister, keine Autorität. Ich konnte mit ihm herumalbern und ihm sagen, er solle aufhören. Er hatte sich in den zehn Jahren nicht sehr verändert. Vielleicht ein bißchen kahler und etwas fetter geworden. Aber ein weißer Mann mit einem Gesicht, das an die runde Kindlichkeit von Charlie Brown aus den Peanuts-Comics erinnert, kann kein Zen-Meister sein. Zen-Meister haben runzelige Gesichter mit buschigen Augenbrauen und schrägen Augen. Ihre Schädel sind kahl und glänzend, und sie sind in saubere braune oder graue Gewänder und an besonderen Tagen in Brokat gekleidet. Peter trug ein altes abgetragenes Kordjackett und eine Hose mit ausgebeulten Knien.

Aber warum nicht? dachte ich nach einer kleinen Weile. Vestdijk, mein holländischer Lieblingsschriftsteller, stellt Christus als einen Kellner mit Kaninchenzähnen dar, und sein Christus ist unglaublich heilig und unwahrscheinlich mächtig. Weisheit ist nicht auf Orientalen beschränkt. Der Buddhismus sagt, daß alle Wesen die Buddha-Natur haben.

Ich erinnerte mich an einen Vortrag, den der japanische Meister im Versammlungsraum des Klosters gehalten hatte. Ich war ein paar Monate dort, und einige der Mönche hatten Schwierigkeiten, meine Gegenwart zu akzeptieren. Der Meister legte Wert darauf, seinen Schülern zu sagen, daß *alle* Wesen die Buddha-Natur haben, selbst Wesen mit rosa Gesichtern und großen Füßen. Und wenn ein Wesen die Buddha-Natur hat, kann es sie erkennen, und wenn es das tut, ist es ein Meister, mit rosa Gesicht und allem.

Aber ich war immer noch sprachlos. Wir fuhren schweigend, und im allerletzten Moment, als er seine Bordkarte schon in der Hand hatte, fragte ich Peter, ob er mich als Schüler akzeptieren würde und ob ich ihn in Amerika besuchen könne.

Peter lachte.

«Aber natürlich.»

Dann umarmte er mich, gab mir einen leichten Klaps auf den Kopf und ging zur Paßkontrolle.

Er winkte mir von der anderen Seite der Sperre zu, lachte wieder, während ich ihn mit offenem Mund anstarrte, und verschwand.

Die Lautsprecher krächzten erneut und lösten den üblichen Mechanismus aus. Die Menge bewegte sich und fing an zu drängeln. Der alte Mann und ich waren die letzten, die durch die Kontrolle gingen. Binnen einer Stunde saß ich in einem anderen Flugzeug auf dem Weg in den hohen Norden.

Dies war eine andere Reise als die Reise nach Japan. Damals war ich verwirrt in das Unbekannte gesprungen und in ein Land gegangen, das ich mir trotz aller Bücher und Filme nicht einmal vorstellen konnte. Damals bewegte ich mich unter Menschen, die, ganz abgesehen von ihrer anderen Rasse, von einer anderen Art zu sein schienen. In diesem amerikanischen Flugzeug saß ich zwischen Menschen, die zu meiner eigenen Familie gehörten. Die Unterschiede waren nur gering. Und ich sprang nicht ins Unbekannte, ich wußte, wer mich erwartete.

Die Stewardess gab mir einen Drink, und ich zündete mir eine Zigarette an. Die Landschaft unter mir hätte Europa sein können. Ich sah riesige, mit Maschinen bearbeitete Ländereien. Ich erkannte die Autos auf den Highways. Ein paar Hügel erregten meine Aufmerksamkeit. Ich erwartete Tempel, auf den Hügeln in Japan hatten immer Tempel gestanden. Ich sah keine Tempel. Und es würde auch keine Pilger oder Eremiten geben, die in Höhlen lebten. Ich würde keine Mönche sehen, die am Straßenrand meditierten.

Bei einer Zwischenlandung sah ich rotglühende Neonbuchstaben. JESUS SAVES.

Amerika ist immer noch das Land der Macht, des Erfolgs. Man würde mich nicht verstehen, wenn ich den Leuten erzählte, daß ich gekommen war, um ‹Buddhismus zu studieren›. Meditation ist sonderbar und Erleuchtung verbunden mit Elektrizität. Und Jesus rettet dich. Und um ganz sicherzugehen, wird die Botschaft ausgesprochen. Der Ferne Osten ist ein wenig subtiler. Wenn er etwas erklären will, macht er Andeutungen.

Als ich dem japanischen Einwanderungsbeamten gesagt hatte, ich sei gekommen, um Buddhismus zu studieren, hatte er meinen Paß gestempelt und mich weitergewinkt. Wenn ich der US-Einwanderungsbehörde die gleiche Geschichte erzählt hätte, wäre ich gebeten worden, in einem kleinen Raum zu warten, und ein höherer Beamter hätte sich einige Zeit mit mir beschäftigt und mich vielleicht aufgefordert, mein Rückflugticket zu benutzen.

Die Dame im Nachbarsitz unterhielt sich mit mir. Sie wollte wissen, wohin ich fliege. Ich nannte ihr den Namen des kleinen Ortes in der Nähe von Peters Farm. Der Name sagte ihr nichts. Was ich dort tun würde? Ich wollte einen Freund besuchen.

«Sie müssen ein Ausländer sein», sagte sie.

Ich stimmte zu.

«Was halten Sie von diesem Land?»

Ich überlegte. Was konnte ich sagen?

«Ein wunderbares Land», sagte ich.

Sie schüttelte traurig ihren Kopf. Einer ihrer Söhne war in Vietnam getötet worden. Der andere würde auch in den Krieg ziehen müssen. Ihre Tochter war ein Hippie. «Liebe und Frieden», sagte sie unglücklich. «Drogen und Alpträume.»

Ich wußte nicht, was ich ihr zur Aufheiterung hätte erwidern können und bot ihr ein holländisches Drops an. Es schmeckte ihr, deshalb gab ich ihr die ganze Rolle.

Von einem meiner Chefs hatte ich gelernt, daß, wenn man als Verkäufer alles gesagt hat und einem nichts mehr einfällt und der Kunde einen immer noch ansieht, nur noch eine Botschaft übrigbleibt. «Lächle freundlich», hatte der Chef gesagt. Ich lächelte freundlich.

«Sie sind ein lieber Junge», sagte die Dame.

Es war eine lange Reise gewesen. Die Dame hatte zu reden aufgehört, und ich lehnte mich in meinem Sitz zurück.

Du bist siebzehn Jahre alt. Du hast gerade dein Abitur bestanden. Du sitzt deinem Vater gegenüber. Im Kamin brennt ein Feuer.
«Was willst du eigentlich wirklich?»
«Ich möchte von hier fort.»
«Wo ist ‹fort›?»
‹Fort› ist eine lange Reise. Du weißt, daß du eine Frage hast, und du glaubst, daß es eine Antwort gibt. Aber die Antwort ist nicht hier. Du versuchst, es zu erklären.
Dein Vater sieht dich an. Er warnt dich. Er weiß, was deine Frage bedeutet. Er hat dieselbe Frage.
Er erzählt dir von einem Mann, den er einmal kannte. Ein Geschäftsmann, reich und erfolgreich. Der Mann gab alles auf. Er verkaufte sein Geschäft und verschenkte das Geld. Er ging auf Reisen, als Vagabund. Er suchte die Antwort.
«Weißt du, wie weit er kam?»
Du schüttelst deinen Kopf.
«Bis Persien. Der dänische Konsul fand ihn. Am Straßenrand. Tot. Weißt du, woran er starb?»
Du schüttelst deinen Kopf.
«An der Beulenpest.»
Dein Vater schüttelt seinen Kopf.
«Antwort. Welche Antwort? Welche Antwort fand der Mann? Er starb.»
Beulenpest.
Du nimmst das Wort mit dir ins Bett in jener Nacht.

Bis nichts mehr davon übrig ist

Ein *Koan* ist eine Frage aus einer anderen Sphäre, einer anderen Dimension, und der Versuch, es mit gewöhnlichen Mitteln zu lösen, wäre Zeitverschwendung. Mit Intelligenz kann man gar nichts erreichen, und Erfahrung ist keine Hilfe. Aber dennoch verlangt der Meister eine Antwort. Er sieht dich an, und er hört nicht auf, dich anzusehen, denn er weiß, daß es eine Antwort gibt.

Und wenn du zu antworten versuchst, schüttelt er seinen Kopf, schickt dich weg, läutet seine kleine Glocke, zeigt auf die Tür und versucht alles, um dich zu entmutigen. Am nächsten Tag erwartet er dich wieder, sieht dich an und fordert eine Antwort.

Ich hatte das *Koan* in Japan erhalten; es war an die Stelle aller meiner Fragen getreten. Ich hatte versucht, das Problem zu verstehen, ohne Ergebnis. Alles, was ich sagte, war falsch.

Schließlich dachte ich, daß ich vielleicht etwas tun sollte. Etwas unternehmen, eine Grimasse ziehen, egal was. Aber der Meister wies diese neuen Antworten zurück. Ich konnte den Schlüssel nicht finden, nichts paßte. Und nun, zehn Jahre später, kannte ich noch immer nicht die Antwort und trug nach wie vor dasselbe *Koan* mit mir herum. Ein befruchtetes Ei, endlos erwärmt, voller Spannung, aber die Schale wollte nicht aufbrechen. Und doch bereitete mir das *Koan* keine Schmerzen, meine Angst, es könnte ein pulsierender, schmerzender Abszeß werden, hatte sich als unbegründet erwiesen. Es glühte, das war alles.

Der Meister hatte mir gesagt, daß jedes *Koan* nur *eine* Antwort habe. Er verglich das *Koan* mit einem Urteil des obersten Gerichtshofs. Die Urteile sind öffentliches Eigentum. Jeder kann sie nachschlagen, und was das oberste Gericht entschieden hat, ist unanfechtbar.

Das chinesische Wort *Koan* besteht aus zwei Schriftzeichen. *Ko* bedeutet öffentlich, *an* bedeutet Aushang.

Ich hatte herausgefunden, daß mein eigenes *Koan* keine gesprochene Antwort verlangte. Es gab nichts, was ich sagen, nichts, was ich tun konnte. Um es zu lösen, mußte ich etwas werden, eine bestimmte Ebene erreichen. Und auf dieser Ebene würde ich dem Meister begegnen, und er würde mein Schweigen anerkennen. Aber ein Meister beherrscht viele Ebenen.

Er hatte mir gesagt, wie ich die erforderliche Ebene erreichen konnte. Ich wollte meditieren und, als zweite Übung, mich um ein bewußtes Leben bemühen. In tiefer Meditation verharren und wach sein, während ich mein Leben lebte.

Ich konnte ihn niemals zwingen, meine Antwort zu akzeptieren. Es gab nichts zu sagen, daher würde ich still sein müssen. Aber es existieren viele Arten des Schweigens.

Und es gab keinen Grund, in Eile zu sein, vielleicht war das alles, was ich gelernt hatte. Ich konnte ihn nicht drängen. Vielleicht würde das richtige Schweigen kommen, vielleicht auch nicht. Und was hatte ich in der Zwischenzeit zu tun?

Ich sollte mein Bestes tun.

Das sagte Buddha, als er starb. Er wußte, daß seine Schüler noch einen letzten Rat erwarteten.

«Tu dein Bestes», sagte er und starb.

In meiner Ungeduld hatte ich oft zu dem japanischen Meister gesagt, daß ich mein Bestes täte. Aber er ging nicht darauf ein, weil es sowieso nicht stimmte. Er wußte genau, was ich tat, und alles, was er hören wollte, war die richtige Antwort, oder vielleicht wollte er sie sehen? Er schickte mich immer wieder weg und sagte mir, ich solle am nächsten Morgen wiederkommen, um vier Uhr oder um halb drei, das hing von der Jahreszeit ab. Und immer, wenn ich ihn aufsuchte, war es dunkel, kalt und totenstill.

Zum Schluß hatte ich jenes fremde Leben verlassen und war in eine Welt zurückgekehrt, in der ein Mann Geld verdient, heiratet, Kinder in die Welt setzt, ein Haus und ein Auto kauft und eine Lebensversicherung abschließt.

Jede Ursache hat ihre Wirkung. Die Reise nach Japan stellte die Ursache dar, und ich war nicht einmal überrascht, als ich etwa vier Jahre später ein Päckchen aus Kioto erhielt. Es war per Schiff geschickt worden und mußte Monate unterwegs gewesen sein, aber schließlich hatte es mich erreicht. Es enthielt ein zerknittertes und schmutziges Stück Pappe. In der Mitte stand das chinesische Zeichen für ‹Leere›, das ‹Ungeborene›, aus dem alle Erfahrung hervorgehen soll. Es ist *Mu,* ein grundlegender Laut, ein Mantra, vergleichbar dem *Om* der Tibetaner und vielleicht auch dem *Tau* der chinesischen Mystiker, die lange vor Buddhas Geburt lebten.

Links von dem Zeichen erkannte ich die Hieroglyphen, die den Namen des Meisters und seinen Titel verrieten, und rechts meinen eigenen Namen, den er in der speziellen, für ausländische Wörter reservierten Schrift geschrieben hatte. Es war kein Brief dabei.

Ich ließ mir das Stück Karton rahmen, und es bildete den Mittelpunkt jedes Zimmers, in dem ich seitdem gelebt habe. Wenn ich es betrachtete, war ich oft davon überzeugt, daß ich seine tiefere Bedeutung niemals verstehen würde. Aber ich war mir nie ganz sicher, denn hatte der Meister nicht wieder und wieder gesagt, daß das Rätsel gelöst werden könne? Ich wußte, daß das zentrale Zeichen der Schlüssel zu meiner Frage war und daß es das universelle Mysterium im allgemeinen und auch in seinem kleinsten Detail darstellte. Und ich erinnerte mich, daß der Meister erklärt hatte, das Rätsel würde *jetzt* gelöst, immer jetzt, an dem Punkt, wo Gegenwart und Vergangenheit miteinander verschmelzen, dem faszinierendsten Augenblick des Lebens.

Das Flugzeug begann seine Landung, die Hügelspitzen kamen näher. Ich sah den Flughafen und einen Parkplatz. Ich konnte die ordentlich abgestellten Autos erkennen. Eines davon würde Peters sein. Ich nahm an, daß er mich abholen würde, er kannte die Nummer meines Fluges. Ich hatte eine Landkarte, für den Fall, daß er nicht da war. Es wäre auch wahrscheinlich, daß er mich nicht abholte. Vielleicht hatte er es vergessen oder erwartete, daß ich seine Farm allein fand? Vielleicht mußte ich per Anhalter hinausfahren.

Aber er war da. Ich sah ihn, wie er ungeduldig hin und her lief und dabei winkte. Er umarmte mich und rief: «Schön, dich zu sehen.» Befangen murmelte ich passende Erwiderungen und erinnerte mich, wie vorsichtig er in Japan in den ersten Tagen unserer Bekanntschaft mit mir umgegangen war, als er nicht wußte, ob ich ein rasender Irrer oder ein unschuldiger Wahrheitssucher war.

Im Auto bat er mich um eine Zigarette. ‹Er raucht nur, wenn er nervös ist, und dann muß er um Zigaretten bitten, weil er nie welche bei sich hat›, dachte ich. Er redete viel und erkundigte sich nach den Leuten, die er in Amsterdam kennengelernt hatte.

In Japan hatte ich den Verdacht, und späteres Nachdenken ließ den Verdacht stärker werden, daß Mystiker eine doppelte Persönlichkeit haben. Die Alltagspersönlichkeit, die Rolle, die er im Leben spielt, wird beibehalten. Der Eingeweihte verliert nie seine Identität oder seine Gewohnheiten. Der alte japanische Meister liebte es, im Kino Filme über Afrika zu sehen, er sah Baseball im Fernsehen, er ging nicht gern zum Zahnarzt, und er versuchte, Damen mittleren Alters zu meiden, die kamen, um Fragen zu stellen. Er arbeitete lieber im Garten, als Geschirr zu spülen. Manche der Karikaturen in der Tageszeitung gefielen ihm. Er war ein ordentlicher Mann, besonders was seine Kleidung betraf. Er aß gern saure Pflaumen und trank eine besondere Art grünen Tee. Aber alle diese Gewohnheiten, Vorlieben und Abneigungen waren Teil seiner Persönlichkeit, seiner vorübergehenden Erscheinung, sie waren das Resultat seiner Erziehung und seiner Umgebung. Daneben besaß er die Meister-Persönlichkeit. Er war ein ungewöhnlicher Mann, der sein eigenes Gesicht kannte, das Gesicht, das er besaß, lange bevor seine Eltern geboren wurden. Er verstand das Warum aller möglichen und unmöglichen Welten, er hatte jede Form durchschaut, er wußte, wie alles miteinander verbunden war. Er lebte in einer Einheit, die alle Vielheiten vereinigte.

Die Disziplin des Klosters hielt mich vom Meister fern. Der alte Lehrer wohnte allein in seinem eigenen kleinen Haus, ein paar hundert Meter von den Hauptgebäuden entfernt. Es konnte vorkommen, daß ich ihm zufällig im Garten oder auf der Straße begegnete, was nicht oft geschah. Aber ich traf ihn jeden Tag im *Sanzen*-Raum, wo er seine Schüler empfing und wo er die Antwort von mir erwartete. Im *Sanzen*-Raum *sah* ich die Persönlichkeit des Meisters.

Peter jedoch kannte ich ziemlich gut. Ich hatte viele Monate bei ihm in seinem Haus gewohnt und wußte um seine Launen, sein Temperament und seine Empfindsamkeit. Er hatte mir ein bißchen von seinem Kampf mit dem ersten *Koan* erzählt, und ich hatte ihn mit anderen *Koans* ringen sehen.

Der Mann, der jetzt am Steuer des Volkswagens saß, war Peter, nicht der Meister. Aber dennoch war dieser Mann hellwach, und wenn er Gewohnheiten, Launen, Vorlieben, sogar Ängste und Fehler hatte – er wußte, wie er mit ihnen fertig würde. Und er würde sie für einen Zweck benutzen, der jenseits meines Horizonts läge.

Ich brachte das Gespräch auf den Bauernhof. Ich hatte ihn nicht viel über sein Leben in Amerika gefragt, als er mich in Amsterdam besuchte. Er beschrieb den Bauernhof, und er schien viel größer zu sein, als ich ihn mir vorgestellt hatte. Etwa vierzig Menschen lebten auf seinem Gut; es war ein zum Teil autarkes kleines Dorf, das seine eigenen Nahrungsmittel erzeugte. Kühe, Schweine, Gänse, Gemüsegärten. Eine Milchfabrik, sogar ein Sägewerk und eine Tischlerei.

Das Gut war sein Eigentum. Er hatte es von seinem Vater geerbt, der das Land vor vielen Jahren, als die Preise noch unglaublich niedrig waren, als Kapitalanlage gekauft hatte.

«Ganz schön abgelegen», sagte ich.

Er nickte.

«Natürlich. Je weiter, desto besser. Die Neugierigen können uns hier nicht erreichen. Aber arbeiten und meditieren kann man überall.»

Er erzählte mir von dem ersten japanischen Meister, der sich in den Staaten niederließ. Er mußte ein teilmöbliertes Zimmer in einem armseligen kleinen Haus in einem New Yorker Slum mieten. Das Haus stand neben einer Bahnüberführung, und wenn die Züge vorbeifuhren, wurde das Zimmer so stark erschüttert, daß der Meister Schwierigkeiten hatte, auf seinem Meditationskissen sitzen zu bleiben. Die Züge fuhren alle paar Minuten vorbei. Aber er hatte keine Wahl. Er besaß kein Geld, und seine Schüler waren arm. Wenn es jedoch eine Wahl gibt, wähle. Such dir das Beste aus.

«Es ist sehr ruhig hier», erzählte Peter. «Unsere einzigen Nachbarn sind ein paar Pensionäre, wenige Bauern und ein alter Mann, der allein lebt. Es gibt nur einen einzigen Laden, und wenn der etwas nicht hat, was wir brauchen, müssen wir warten, bis jemand in die Stadt fährt. Kein Telefon, kein Radio. Und kein Bus.»

«Kein Fernsehen?» fragte ich.

Er schüttelte seinen Kopf.

«Weißt du, was in der Welt passiert?»

«Ich habe ein Radio im Auto. Manchmal höre ich die Nachrichten.»

«Interessieren sie dich?»

Er lachte und schüttelte mich an der Schulter.

«Keine Angst. Ich bin interessiert und weiß alles über diese Art der Schwierigkeiten.»

«Wie haben deine Schüler dich gefunden?»

Der Schnee auf der Straße war seit einiger Zeit nicht geräumt worden. An manchen Stellen war es glatt, und Peter mußte vorsichtig fahren. Es dauerte ein paar Minuten, bis er antwortete.

«Wie die Leute mich gefunden haben? Laß mal überlegen. Ein paar kamen aus New York, es gibt dort ein Institut, das auch ein bißchen ausbildet. Das Institut stand mit dem Kloster in Japan in Kontakt, und sie müssen herausgefunden haben, daß ich zurückgekehrt war. Aber von den wenigen blieb nur einer. Später kamen einige seiner Freunde. Ein Junge streifte hier draußen herum, kam in die Nähe des Hauses und ging nicht mehr fort, obwohl er noch nie etwas von dieser Art Ausbildung gehört hatte. Einige kamen, weil sie halluzinogene Drogen genommen hatten und mit ihren Visionen nicht fertig wurden. Wenigstens einer kam mit der gleichen Frage, die dich nach Japan gebracht hat. Er wollte wissen, warum er lebt.»

Ich beobachtete die Straße und die kahlen Bäume, die an meinem Fenster vorbeiflitzten. «Weißt du, was du von dem alten japanischen Lehrer wolltest, als du ihn auf einer Straße in Kioto trafst?»

Peter schüttelte seinen Kopf. «Nein.»

Ich schwieg, weil ich ihn nicht irritieren wollte, und außerdem hatte ich schon genug gefragt. Er bat um eine weitere Zigarette, und ich zündete sie für ihn an. Gespräche, hatte er mir oft in Japan erklärt, vermitteln nie viel. Die Sprache wird mißbraucht. Nur unter einem praktischen Gesichtspunkt sind Wörter nützlich. Bitte um einen Hammer, damit du keine Kneifzange bekommst. Bitte deinen Tischnachbarn, dir die Marmelade zu reichen. Wenn Peter mir etwas erklären wollte, *sagte* er mir nicht, was ich tun sollte, er *zeigte* es mir.

Wir waren da. Peter fuhr einen Kiesweg hinauf. Auf einem Hügel sah ich ein sauberes, weißgestrichenes Holzhaus und ein paar rohe hölzerne Nebengebäude und Schuppen.

Peter sprang aus dem Auto, ging um es herum und öffnete meine Tür. Ich sah ihn als Silhouette gegen den Mond, der niedrig über dem Wald schwebte.

«Willkommen», sagte Peter und verbeugte sich. «Willkommen im ‹Tempel der Mondquelle›.»

Diese unerwartete Bemerkung und die Umgebung rissen mich aus meinem Reisetraum. Ich sah ihn nun als den Meister und erwiderte die Verbeugung, ernst und demütig. Ich war sein gehorsamer Schüler, ganz und gar bereit, mein Bestes zu tun.

Peter lächelte und ging voraus, meinen Koffer in der Hand.

Von der Hügelspitze aus konnte ich die erleuchteten Fenster von sieben kleinen Häusern sehen, winzige Hütten mit ein oder zwei Zimmern, teilweise zwischen den Bäumen versteckt. Zwerge hätten dort wohnen können, Zwerge in einem unermeßlichen, riesigen Wald, der die ganze sichtbare Landschaft und die Hügel, die den Horizont bildeten, bedeckte.

«Deine Schüler?» fragte ich, auf die Hütten deutend.

«Ja. Da sind noch andere Häuser, die du von hier nicht sehen kannst. Die meisten wurden von uns selbst gebaut, und das Holz haben wir in unserem eigenen Sägewerk bearbeitet. Einige der reicheren Schüler haben ihr Hütten von auswärtigen Bauunternehmern aufstellen lassen, aber ich mag das nicht. Ich würde das Geld lieber in der Familie halten.»

«In der Familie?»

Peter machte eine weite, alles umfassende Geste. «Die Familie der Gemeinschaft. Geld ist knapp in dieser Gegend.»

Sein zweistöckiges Haus sah genau wie all die anderen Häuser aus, die ich auf dem Weg vom Flughafen hierher gesehen hatte, aber als ich erst einmal drinnen war, befand ich mich wieder in Japan. Alle Fußböden waren mit Reisstrohmatten bedeckt, an den Wänden hingen Schriftrollen. Ich erkannte sie wieder, sie stammten aus seinem Haus in Kioto, und einige von ihnen hatte der alte Meister beschrieben. Nur die Küche war amerikanisch, mit ihrem übergroßen Herd, in dem Holz brannte, das eine gemütliche Wärme verbreitete. An den Wänden hingen jede Menge Töpfe und Pfannen. Es gab einen Kühlschrank und eine enorme Tiefkühltruhe, groß genug, um ein ganzes Schaf darin zu lagern.

«Kaffee oder einen Cocktail?» fragte Peter.

Ich entschied mich für Kaffee und grinste. Ich erinnerte mich, wie entrüstet ich in Japan gewesen war, als ich herausgefunden hatte, daß buddhistische Priester trinken, rauchen und ihre Sexualität nicht verdrängen. Meine Empörung hatte mich damals überrascht, denn warum hätte ich erwarten sollen, daß sie sich anders verhalten? Heilige Menschen sind rein. Aber was ist rein? Der alte Meister rauchte ein paar Zigaretten täglich, und hin und wieder trank er eine Tasse *Sake*, Reiswein. Auch Peter trank, aber nicht regelmäßig. Buddha lebte vor so langer Zeit, daß es ziemlich unmöglich ist festzustellen, was er getan hat und was er nicht getan hat. Chinesische Legenden aus den frühen Tagen des chinesischen Buddhismus berichten von einer ganzen Reihe von Fällen, in denen weise Männer dem Alkohol verfallen waren. Vielleicht sollte jeder seine eigenen Regeln aufstellen und sich an sie halten, solange sie notwendig erscheinen. Der Mönchs-Älteste in Kioto hatte einmal zu mir gesagt, daß alles erlaubt sei, vorausgesetzt, man könne die Folgen dessen, was man tue, akzeptieren.

Peter mußte meine Gedanken gelesen haben, denn er erzählte mir von einem jungen Mann, der vor einigen Jahren aufgetaucht war.

«Ein echter heiliger Junge. Dünn und blaß, mit langem, zu einem Zopf gebundenen Haar. Er machte es den Yogis nach und lebte von ein bißchen Reis und Gemüse und ein wenig schwachem Tee. Nicht einmal Eier aß er.»

Ich nickte. Ich hatte mir oft gewünscht, so leben zu können.

«Ich gab ihm einen Screwdriver, als er ankam», sagte Peter. Mehr Wodka als Orangensaft, dachte ich. Ich kannte Peters Cocktails.

«Das munterte ihn auf», sagte Peter.

«Und jetzt?»

«Er scheint jetzt in Ordnung zu sein. Ißt alles außer Fleisch. Er brachte seine Familie mit, die sieht jetzt ebenfalls gesund aus. Ich habe sie zu ihren Mahlzeiten Bier trinken sehen.»

Ich öffnete meinen Koffer und gab ihm meine Geschenke, eine Flasche französischen Cognac und einen großen holländischen Käse.

«Nicht hier», sagte Peter. «Du kannst den Cognac und den Käse später in die Tempelkammer bringen, als Geschenk für den Buddha.»

«Der Buddha mag Cognac?»

«Ich werde ihn trinken», sagte Peter. «Später, wenn sich eine Gelegenheit bietet. Vielleicht gebe ich dir ein Schlückchen ab.»

Er klappte eine Tischplatte, die mit Scharnieren an der Wand befestigt war, herunter und warf ein paar Kissen auf den Boden. Wir waren wieder in Japan. Die Mahlzeit, die er mir vorsetzte, war dieselbe, die wir fast täglich bei ihm in Kioto gegessen hatten, ein dicker Gemüseeintopf mit ein bißchen Fleisch.

«Wo sind die anderen?»

«Wir haben eine Meditationswoche, du bist mittendrin angekommen. Alle sind in der Meditationshalle, dem Zendo. Ich werde dir die Halle morgen zeigen; sie ist ganz hübsch. Wir haben sie nach japanischen Zeichnungen gebaut, und ein junger Architekt hat uns geholfen. Er arbeitet sehr gut, normalerweise entwirft er Filmkulissen, dieser Zendo war genau das Richtige für ihn. Wenn du nicht zu müde bist, kannst du dich uns morgen anschließen, die erste Sitzung beginnt um halb vier, und wir meditieren bis halb sieben. Danach werde ich hier Frühstück servieren.»

Ich sah auf meine Uhr, halb zwölf. Es war eine lange Reise gewesen, mein Zeitempfinden war ganz durcheinander. Ich hätte nichts dagegen gehabt, einen Tag im Bett zu verbringen. Halb vier morgens ist mitten in der Nacht.

«In Ordnung.»

«Hast du einen Wecker?»

Ich hatte einen, der schön und laut war. Peter hatte Mitleid mit mir und schlug vor, ich solle ausschlafen und mich ihnen am Nachmittag anschließen, aber ich war zu stolz, um nachzugeben. Stolz kann manchmal sehr nützlich sein. Ich hätte im Flugzeug geschlafen, sagte ich. Ich sei überhaupt nicht müde. Und vielleicht war ich es nicht. Vielleicht ist Müdigkeit eine der vielen Illusionen, mit denen wir leben.

Er zeigte mir mein Zimmer, freundlich, behaglich und mit vielen Büchern. Es war sein eigenes Zimmer, aber das sagte er mir nicht. Er würde in jener Nacht in einem Schlafsack auf dem Speicher schlafen, einem kalten und zugigen Ort. Mein Bett war auf dem Fußboden ausgebreitet, und er gab mir dieselbe Daunendecke, die ich in Japan benutzt hatte. Ich betrachtete die Bücher.

«Das ist die Bibliothek des alten Meisters. Ich erinnere mich an die Bücher, sie standen in seinem Arbeitszimmer. Chinesische Klassiker. Hat er sie dir gegeben?»

Peter beobachtete mich ruhig. «Er hat mir alles gegeben. Als er starb, bekam ich seine Gewänder, seine Bettelschale, seinen ganzen Besitz, alles, was seine Schüler ihm während seines Lebens geschenkt hatten. Er vermachte mir sogar seine Asche, ich nahm sie in einer Urne mit und begrub sie hier in der Nähe unter einem Baum, dicht bei einem großen Felsen. Er wollte in Amerika begraben sein. Morgen werde ich dir sein Grab zeigen.»

«Dann stimmt es also», sagte ich.

«Was?»

«Diese Geschichten, daß der Buddhismus in den Westen gehen wird. Der Osten ist die Vorbereitung für den Westen, und der Westen wird die Vorbereitung für den ganzen Planeten sein. Maitreya, der künftige Buddha, wird hier geboren werden.»

Peter verlor das Interesse und kratzte sich am Rücken.

«Sicher, sicher», antwortete er. «Das ist die Geschichte der Zukunft. Aber was haben wir jetzt davon? Buddhismus hier, Buddhismus dort. Was hat das für eine Bedeutung? Tu *jetzt* etwas. Nimm ein Bad. Das Bad müßte fertig sein. Ich habe einen der Jungen gebeten, Wasser für uns warm zu machen.»

Ich zog mich aus, und er gab mir einen Bade-Kimono und Hausschuhe. Die Wanne, die Holzstühle, sogar das verbeulte Metallgeschirr, alles stammte aus seinem alten Haus in Kioto. Ich wusch mich schnell, spülte meinen Körper ab und weichte mich ein paar Minuten in dem heißen Wasser ein. Dann setzte ich mich auf den Boden und wartete auf ihn. Wir massierten uns gegenseitig den Rücken und die Schultern und nahmen eine kurze, kalte Dusche. Peter sagte gute Nacht, und ich begab mich auf die Suche nach einem Aschenbecher und machte mir noch eine Tasse Kaffee in der Küche.

Während ich eine letzte Zigarette rauchte, dachte ich an den alten Meister. Seine Asche war in dem Wald begraben. Seine Persönlichkeit existierte nicht mehr, seine alten Knochen, die ihm in den letzten Lebensjahren so viel Schmerzen bereitet hatten, waren für immer verschwunden. Nichts war mehr übrig, aber die unmittelbaren Resultate seiner lebenslangen Arbeit umgaben mich überall. Seine Lehre lebte weiter, war so lebendig wie in den Tagen, als Buddha barfüßig ganz Indien durchwanderte.

Das Leben ist so verrückt, daß ich ihm niemals auf den Grund kommen werde, dachte ich und drehte mich um.

Du bist wieder in Japan. In einem unwirklichen grünen Wald gehst du neben dem alten Meister. Du kommst an einen Bach. Der Meister berührt deine Schulter, und du weißt, daß du dich hinsetzen sollst. Er setzt sich neben dich. Du siehst auf, weil du nicht weißt, was er von dir will. Du bist so aufmerksam, wie du kannst, denn man weiß nie, was geschehen wird, wenn man sich in der Gegenwart eines Meisters befindet.

Er schüttelt seinen Kopf und deutet auf ein Stück Kork, das vorbeischwimmt; es hat im Feuer gelegen und ist halb verkohlt.

«Jenes Stückchen Kork ist deine Persönlichkeit», erklärt der Meister. «Bei jeder Drehung, bei jeder Veränderung der Umstände, bei jedem Konflikt, bei jeder Niederlage, bei jedem Sieg bröckelt etwas davon ab.»

Du siehst den Kork an. Stücke lösen sich und verschwinden. Der Kork wird kleiner.

«Er wird kleiner», sagst du nervös.

«Immer kleiner.» Die ruhige Stimme des Meisters ist ganz nahe. Er spricht Englisch, du kannst ihn gut verstehen. «Bis nichts mehr davon übrig ist», sagt der Meister.

Du blickst auf. Du erwartest, daß er wie der brüllende Löwe aussieht, der dir so oft gegenübersaß in den Tagen, da er von dir die Lösung des *Koans* verlangte.

Aber er brüllt nicht. Er sieht still und freundlich aus. Da ist nur ein kleiner, alter Mann, der dir etwas klarmachen will. Nichts wird übrigbleiben. Du wirst deinen Namen, deinen Körper und deinen Charakter verlieren. Deine Angst verschwindet.
Wenn es geschehen muß, wird es geschehen.
Nichts wird übrigbleiben.
Und du wirst nichts sein.

Die Schwert-schwänze

Es war morgens fünf vor drei, der Schnee knirschte unter meinen Schuhen. Die Kälte ließ, weit unter null Grad, die Bäume knarren. Peter hatte mir eine Taschenlampe gegeben, die ich ängstlich benutzte. Ich war schon einmal ausgerutscht, auf einem Stück Eis, das ich irrtümlich für Schnee gehalten hatte, und meine Hand, die ich mir an einem Stein aufgerissen hatte, blutete. Der Kaffee, den ich zu schnell getrunken hatte, schwappte in meinem leeren Magen herum.

Es könnte schlimmer sein, dachte ich. Es gibt Konzentrationslager und Gefängnisse, in denen die Gefangenen morgens nicht einmal Kaffee bekommen.

Auf dem Weg zum Zendo, der von jungen Amerikanern nach japanischen Zeichnungen gebauten Meditationshalle, überquerten wir eine kleine Brücke.

«Von hier an befindest du dich auf heiligem Boden», sagte Peter. «Wir sind jetzt ganz dicht beim Zendo, und hier auf der linken Seite, in der Nähe jenes großen Felsens, ist die Asche des alten Lehrers begraben. Hier wird nicht gesprochen und nicht geraucht.»

Ich knipste meine Taschenlampe aus. Der Weg war jetzt von dem Licht, das aus den Fenstern des Zendo fiel, erleuchtet, und zum erstenmal sah ich das Holzgebäude mit seinem eigenartig geschwungenen Dach. Der Architekt hatte mit dem Material, das ihm hier zur Verfügung stand, gute Arbeit geleistet. Der Tempel strahlte Ruhe und Kraft aus. Da war eine Veranda mit Regalbrettern, die bereits mit ordentlich nebeneinander stehenden Schuhen gefüllt waren. Ich zog meine aus und wollte in Socken hineingehen. Peter tippte mir auf die Schulter. ‹Nein›, dachte ich. ‹Meine Socken werde ich nicht ausziehen.› Aber Peter zog seine aus, und so folgte ich seinem Beispiel. Ganz vorsichtig ging ich auf den Kanten meiner nackten Füße über die kalten Steinfliesen. Zurück in der schweigenden, ehrfurchtgebietenden Disziplin eines Meditationstempels. Ein Ort der Angst, der Schmerzen, aber auch ein Ort des Abenteuers. Ich war jetzt älter, ich müßte reifer sein. Ich würde weniger leiden, dessen war ich mir ziemlich sicher, und ich verneigte mich beinahe fröhlich, um die Buddhastatue am Ende der Meditationshalle zu begrüßen. Als ich Gelegenheit hatte, die Statue zu betrachten, erkannte ich sie als eine Darstellung des Manjusri, des Bodhisattwa, der ein Schwert hält, mit dem er Gedanken, Vorstellungen und das Ich vernichtet. Diese Statue war sehr schön, still und energievoll, ruhig und zu allem bereit. Eine mit Nüssen gefüllte Schale diente als Gabe. Sehr praktisch; Nüsse verderben nicht sehr schnell und müssen nicht ständig ersetzt werden. Räucherwerk brannte, und der schwere Rauch hing zitternd in der Halle.

Kein schlechter Platz, um eine Woche darin zu verbringen, aber da war ein kleiner Gedanke, der mich störte. Eine Meditationshalle, sagte ich mir, ist vielleicht eine Art Kindergarten. Wir gehen dorthin, weil wir uns gegenseitig verkündet haben, daß wir das tun werden. Wir haben versprochen, eine Woche im Schweigen der Halle zuzubringen. Wir haben Regeln aufgestellt, und wir haben gelobt, ihnen zu gehorchen. Abwechselnd gehen wir herum und überwachen die Bemühungen der anderen. Wir schlagen einander sogar, freundlich natürlich, so daß es niemandem wirklich weh tut. Aber vielleicht sollten wir ganz auf uns selbst gestellt sein. In einer Hütte, in einem kleinen Lager im tiefsten Wald. Und dort sollten wir uns selbst gegenübertreten, oder dem, was wir für unser ‹Selbst› halten, und es zerstören, um uns zu befreien. Ohne eine äußere Disziplin, ohne einen Lehrer, der uns antreibt, mit Tricks, mit einer Glocke, mit einem kurzen Stock. Der uns abwechselnd ermutigt und verspottet. Buddha tat es ganz allein.

Ein richtiger Heiliger tut dies ohne fremde Hilfe, sagte ich zu mir selbst.

‹Aber du bist kein Heiliger›, dachte ich und seufzte. Ich verbeugte mich und kletterte auf meine Kissen. Die Füße verrenkte ich zum halben Lotussitz, wobei ich den linken Fuß unter den rechten Oberschenkel schlug und den rechten Fuß mit der Sohle nach oben auf den linken Oberschenkel legte. Den ganzen Lotus, die ideale Position, den freien Sitz, der einen ins Nichts katapultieren würde, beherrschte ich immer noch nicht. Das würde kommen. Auch Peter hat lange dafür gebraucht. Ich nahm mir fest vor, daß ich eines Tages im vollen Lotus sitzen würde. Vielleicht mußte ich mein Bein brechen wie der Zen-Meister, der ein verkrüppeltes Bein hatte, das nicht so wollte, wie es sollte, und bevor der Meister starb, brach er das verkrüppelte Bein und drehte es in die richtige Position, in der er ein paar Stunden später starb. Sein ganzes Leben lang war er ein Sklave seines Beins gewesen, aber er starb als freier Mann.

Der Meditationsleiter läutete seine Glocke. Vier Schläge, und viermal erstarb der Ton langsam, verebbte er zitternd. Ich setzte mich grade hin, regulierte meinen Atem und konzentrierte mich, zum soundsovieltenmal, auf mein *Koan*. In etwa einer Stunde würde ich vor einen neuen Zen-Meister treten und meine Antwort auf dieses *Koan*, den wertvollsten und erschreckendsten Besitz, den ich je gehabt habe, präsentieren. Ich würde Peter im *Sanzen*-Raum treffen, genau so, wie ich den alten Meister im Kloster von Kioto Hunderte von Malen getroffen hatte. Ich fühlte mich weder aufgeregt noch beunruhigt. Das Bemühen um Konzentration war eine Gewohnheit geworden. Das Bedürfnis, eine Antwort zu erzwingen, war vor langer Zeit verschwunden. Ich wollte keine Erleuchtung mehr. Ich wollte wirklich überhaupt nichts mehr. Ich wollte nur ganz still sitzen, fünfundzwanzig Minuten lang, bis der Jikki Jitsu, der Meditationsleiter, wieder seine schwere Glocke läutete. Und dann würde ich hinausgehen, meine Beine strecken und ein paar körperliche Übungen machen und wieder zurückkommen, um weitere fünfundzwanzig Minuten zu sitzen. Wenn keine Schmerzen auftreten sollten, könnte es endlos so weitergehen. Ich fühlte mich ganz friedlich. Ich wiederholte das *Koan* und bekämpfte den Schlaf, der auf meinen Augenlidern saß und mich überreden wollte, die Augen zu schließen, mich zu entspannen und davonzuschweben. Ich war bereit, mein Bestes zu tun, es war sowieso das einzige, was ich tun konnte. Der Weg, den ich eingeschlagen hatte, schien der richtige zu sein, er führte vielleicht nirgendwohin, aber die Richtung schien in Ordnung, und ich trottete dahin, wie der sprichwörtliche Zen-Ochse durch den Sumpf trottet; wenn seine Füße vom Schlamm festgehalten werden, wendet er ein bißchen mehr Kraft an und geht weiter. Er kann nicht sehen, wohin er geht, denn der Horizont ist unsichtbar. Es ist neblig. Der Ochse beklagt sich nicht, er grunzt ein wenig, das klagende Brüllen hat sich in ein gelegentliches Schnauben verwandelt.

Als der Jikki seine Glocke läutete, warf ich einen schnellen Blick auf meine Nachbarn, sie sollten nicht merken, daß ich sie beobachtete. Mein Nachbar zur Rechten war dick, er trug eine weiße Strickjacke, und ein riesiger Walroß-Schnurrbart zierte sein rundes, lustiges Gesicht. Er saß im vollen Lotus und blies kräftig durch seine weiten Nasenlöcher, daß die Haare seines Schnurrbarts zitterten. Auf meiner anderen Seite sah ich ein sehr dünnes Mädchen oder eine junge Frau. Ich sprang von meinem Sitz, verbeugte mich vor ihm. Man verbeugt sich immer vor seinen Kissen im Zendo, sie sind der Ort der künftigen oder gegenwärtigen Befreiung. An der Tür verbeugte ich mich noch einmal und schloß mich dem kleinen Haufen auf der Veranda an. In Japan verkrümelten sich die Mönche in den kurzen Pausen immer in die Ecken und pafften Zigaretten und unterhielten sich, aber hier herrschte ein reines Schweigen. Manche starrten in die Nacht hinaus, andere machten Übungen und massierten ihre Beine. Ein sehr ernsthaftes Völkchen. Das waren die echten Freiwilligen. Die japanischen

Mönche waren von ihren Vätern zum Tempelleben gezwungen worden, hierher waren alle aus ihrem eigenen Verlangen gekommen, dem Verlangen, wenn die buddhistische Philosophie zutrifft, das Verlangen zu überwinden.

Aber warum? Die Hindu-Philosophie hat eine einfache Erklärung. Mikroben werden geboren, sterben und werden wieder geboren. Langsam entwickeln sich ihre kleinen Seelen, und aus vielen Mikroben wird ein Käfer, aus vielen Käfern schließlich wird eine Maus, aus vielen Mäusen ein Hund, zwei Hunde werden ein dummer Mensch, der dumme Mensch lebt viele Leben und wird ein bißchen klüger. Endlich erkennt er, daß seine Seele gefangen ist. Er möchte frei werden. Er weiß, daß sein Verlangen, ein Mensch, ein spezieller Mensch, ein Individuum zu sein, ihn zurückhält. Er empfindet die Begrenzung seines Ichs als Mauer. Er hat das Gefühl, daß er die Mauer durchbrechen möchte. In jedem Leben wird sein Verlangen, das Verlangen zu überwinden, stärker. Und ein Leben wird das letzte Leben. Er überwindet sein Verlangen und wird … Ein Engel? Ein Gott? Ein Wesen auf einem anderen Planeten? Ein Bodhisattwa? Vielleicht haben die Hindus recht. Ungefähr sechshundert Leben, und ein Mensch ist frei. Jeder Mensch. Er kann nichts daran ändern. Je länger er in dieser Kette von Geburt und Wiedergeburt lebt, um so entwickelter wird er. Die Seele, der *Atman*, ermüdet von diesem endlosen Kreislauf. Allmählich bildet sich die Idee, daß Freiheit wirklich existiert, und es entsteht ein Gefühl des Gefangenseins. Der unentwickelte Mensch fühlt sich nicht gefangen. Aber das entwickelte Wesen hält nach einem Führer Ausschau und findet einen Führer. Was immer du dir wünschst, wird schließlich geschehen. Laß dir Zeit, sei geduldig und fahre fort zu wünschen, und eines Tages wird der Führer erscheinen, wenn es ein Führer war, den du dir gewünschst hast. Und dann beginnt die Reise, die letzte Reise. Der Schüler ist ängstlich, nervös und unglücklich. Er bemerkt viele Fehler an seinem Führer. Er möchte vielleicht weglaufen, und er mag tatsächlich aufgeben. Aber der Führer wird wieder erscheinen. Und der Schüler möchte wirklich den Weg in die Freiheit wissen, auch wenn er ängstlich und nervös ist. Er kann nicht bleiben, wo er ist, er kann nicht zurück, was bleibt ihm anderes übrig, als dem Führer zu folgen? Und er weiß eigentlich nicht, was er erreichen möchte, weil das Ziel, die Freiheit, seine Vorstellungskraft übersteigt.

‹Keine schlechte Theorie›, dachte ich. Aber ich war nicht zum Zendo gekommen, um zu denken, ich war gekommen, um stillzusitzen. Und natürlich, um mich zu konzentrieren, um mich auf das Schlüsselwort zu konzentrieren. Und dieses Wort bildete mein *Koan,* und das *Koan* ...

«Wiederhole das Wort, bis alles dahinschwindet», hatte der alte Meister gesagt. Ich versuchte es, und die Zeit schwand dahin. Die Glocke läutete erneut, wieder fünfundzwanzig Minuten vorbei. In Japan hatte ich den Mönchen nie glauben wollen, wenn sie mir sagten, daß es im Zendo keine Zeit gebe. Die alten Mönche sagten das. Die jungen Mönche wußten alles über Zeit, sie verstrich langsam auf dem billigen Wecker des Jikki. In Japan hatte ich die Minuten gezählt, wenn ich nicht schlief oder in irgendeinen Traum oder etwas anderes versunken war. Zeit war eine Folter. Aber diesmal hatte es keine Zeit gegeben. Die endlos sprudelnden Gedanken waren eigenartigerweise ausgebliebern. Wunder gab es also doch.

Die dritte Periode hatte nichts von einem Wunder. Mein alter Freund Schmerz war wieder bei mir. Es fing mit einem leichten Zittern in meinem linken Fuß an und wurde schnell zu einem rasenden Feuer. Ich bewegte mich, der Schmerz hörte für eine Minute auf und kam wieder zurück, wütend, weil ich ihn frustriert hatte. Ich bewegte mich erneut. Der Jikki sprach mich in der Pause auf der Veranda an.

«Zappele nicht herum. Du störst die anderen Leute. Wenn du das noch mal machst, muß ich dich bitten, hinauszugehen.»

«Ich hatte Schmerzen», sagte ich.

«Ich weiß, die haben wir alle gelegentlich. Schmerz ist kein Grund, sich zu bewegen.»

Dieser kurze Anpfiff ärgerte mich. Das war beleidigend, dachte ich. Ich fühlte mich allein, unfähig, mich diesem Haufen von Fanatikern verwandt zu fühlen. Die jungen Mönche in Japan hatten sich bewegt, wenn sie Schmerzen hatten, und es war mir möglich gewesen, mich mit ihnen zu identifizieren. Hier hatte ich es mit Angehörigen eines Stoßtrupps zu tun, alle entschlossen, dahin zu gelangen, wohin sie wollten, indem sie sich genau an ihre Regeln hielten und an das, was ihnen der Meister gesagt hatte.

‹Amerikaner geben gute Soldaten ab›, dachte ich. ‹Sie gewinnen Kriege. Ich dagegen bin ein Europäer. Wir sind Stümper, wir stiften

Unordnung, aber manchmal ist unser Leben interessant. Wenn ich jemals irgendwohin gelange, werde ich irrtümlich dorthin gelangt sein.›

Doch ich widerrief diesen Gedankengang. Unterschätze die Amerikaner nicht. Sie haben uns gerettet. Wenn sie nicht mit ihren Panzern, ihrem Kaugummi und ihrem gleichgültigen Mut nach Europa gekommen wären, wo wäre ich dann jetzt? In einem Sklavenlager oder tot. Und sie hatten mir gestattet, hierher zu kommen.

Aber dennoch, der Jikki hatte mich mit seiner gefühllosen Predigt gekränkt. Die Erinnerung an einen der japanischen Mönche rettete mich schließlich.

Er war ein eingebildeter Bursche, aber immer wenn der Älteste ihn verwarnte, lächelte er freundlich. Ich hatte ihn gefragt, wie er es fertigbringe, so geduldig zu sein. Die anderen Mönche waren leicht zu frustrieren, ich hatte sie oft gegen Bäume treten sehen, wenn der Älteste sie bearbeitet hatte.

«Nun», sagte der eingebildete Mönch, «wer bin ich? Ich existiere nicht. Ich habe keine wirkliche Identität. Ich bin innerlich ganz leer. Ein guter Buddhist muß sich anstrengen, sich an seinen eigenen Namen zu erinnern.»

Er überraschte mich, und mir fiel nichts ein, was ich hätte antworten können. Ich kannte ihn als Angeber. Er erzählte uns immer, wie geschickt er beim Holzhacken, Bäumeklettern und Gurkenernten war. Aber dann erklärte er es mir noch einmal.

«Wer bin ich», sagte der eingebildete Mönch, «daß ich beleidigt werden kann?»

Sanzen kam.

Geleitet von der ewigen Glocke des Jikki verließen wir die Halle und gingen zu dem nahegelegenen Haus, in dem Peter wartete – Peter der Meister. *Sanzen* ist der unmittelbare Kontakt zwischen Meister und Schüler in der formalen Zen-Schulung. Zu Beginn dieser Art der buddhistischen Ausbildung im alten China war der Kontakt zwischen Meister und Schüler freier gewesen, es gab keine festgelegten Zeiten. *Sanzen* konnte einen, wie der Blitz, überall und jederzeit treffen. Der Meister formulierte seine *Koans*, wenn die Schüler es am wenigsten erwarteten. Sie mochten zusammen Holz hacken oder einen Spaziergang machen, und plötzlich war die Frage da, und der Schüler würde versuchen, eine Antwort zu finden, und der Meister würde lachen, seinen Kopf schütteln und vorschlagen, daß der Schüler es später noch einmal versuchen sollte. Aber als die Klöster größer wurden und die Zahl der Schüler zunahm, mußte *Sanzen* einer Disziplin unterworfen werden. Menschen machen automatisch Regeln, wenn sie in Gruppen leben. Jetzt empfangen die Meister ihre Schüler zu festgelegten Zeiten. Wie die japanischen Meister setzte Peter die Tradition fort. Aber er beschränkte seinen Einfluß nicht auf *Sanzen*. Er konnte in jedem Augenblick des Tages zuschlagen. Und *Koans* werden nicht nur in *Sanzen*-Räumen gelöst.

Ich kam an die Reihe. Ich fühlte mich nicht angespannt, als ich die Treppen hinauflief. Schnell erinnerte ich mich, was ich zu tun hatte. Mich zur Begrüßung des Meisters dreimal auf den Boden werfen, mich verbeugen, wenn ich den Raum betrat, mich wieder verbeugen, wenn ich den Raum verließ. Diese extreme Höflichkeit hat eine Bedeutung. Sie erinnert den Schüler daran, daß er nichts ist und nichts weiß. Er tritt, aus dem Gefängnis seiner Individualität, seiner Subjektivität, dem Höchsten, der Einsicht des Meisters gegenüber. Der Buddhismus räumt ein, daß der Schüler doch etwas *ist*. Aber was er auch ist, er ist nicht mehr als eine sich ständig verändernde Kombination von Eigenschaften und Gewohnheiten, die vorübergehend in einem sich ständig verändernden Körper aus Fleisch gefangen sind. Der Meister ist ganz anders, ein Wesen anderer Art. Auch der Meister bewohnt einen sich ständig verändernden fleischlichen Körper, aber er ist kein Mensch mehr, denn er hat den Weg in die Freiheit gefunden und das Ende jenes Weges entdeckt. Der Meister ist nicht mehr definierbar, und sein Menschsein ist eine Maske. Wenn der Schüler seinen Körper auf dem Boden des *Sanzen*-Raums ausstreckt, schafft er für sich selbst eine gewisse Distanz. Vielleicht hat der tägliche Kontakt mit dem Meister dazu geführt, daß er diesen ebenfalls für einen Menschen hält, für jemanden, mit dem er reden und scherzen kann. Aber *Sanzen*, selbst wenn es voller Worte und Witze ist, ist kein gewöhnliches Gespräch. *Sanzen* stellt einen unmittelbaren Kontakt zwischen dem tiefsten Wesen von Meister und Schüler her, dem Wesen, das beim Meister schon verwirklicht ist und beim Schüler verwirklicht werden kann. Der Schüler wirft sich nicht nur für den Meister in den Staub, sondern auch für sich selbst. Vielleicht ist *Sanzen* ein Durchbruch. Die Schutzschichten, die die Persönlichkeit des Schülers bedecken und ihre Form ausmachen, werden zerstört. Es ist wie bei einer Zwiebel, deren Schalen eine nach der anderen abgepellt werden. Und wenn die letzte Schale verschwindet und nichts übrigbleibt, dann ...

Der *Sanzen*-Raum war mir nicht neu. Er glich dem des alten Meisters im Kloster von Kioto. Als ich die Gestalt mir gegenüber ansah, wußte ich, daß ich den Meister nicht gewechselt hatte. Es gab keinen Unterschied. Die menschliche Form, still, in tiefer Konzentration, Kraft und Ruhe ausstrahlend, unterschied sich nicht von der Form des alten Meisters. In dem Augenblick wäre es mir unmöglich gewesen, Tag, Peter zu sagen.

Ich sagte mein *Koan* in Japanisch auf, wie man es mir beigebracht hatte. Als der Meister seine Glocke läutete, streckte ich mich zum Abschied dreimal auf dem Boden aus. Wieder draußen, auf dem Weg zum Zendo, erkannte ich, daß ich weniger als eine Minute im *Sanzen*-Raum verbracht hatte. Mir war die übliche Behandlung zuteil geworden. Aber *Sanzen* besteht nicht nur aus Verbeugungen und Glockengeläut. Alles kann passieren. In Japan habe ich ein *Sanzen* erlebt, das fast eine halbe Stunde gedauert haben muß. Wenn sich zwei Menschen in voller Konzentration begegnen, kann das Ergebnis umwerfend sein.

Die Morgensitzung war um halb sieben beendet. Ich ging zum Haus zurück. Der Jikki, der mir jetzt als freundlicher junger Mann, Mitte oder Ende Zwanzig, erschien, hackte Holz und lächelte mir zu. Er stellt sich als Rupert vor. Sein Ausbruch im Zendo wurde nicht erwähnt. Der Tempeldämon hatte sich in einen netten Burschen verwandelt.

«Bist du der Schüler aus Holland? Peter hat uns von dir erzählt, deine Existenz war uns vage bekannt. Ich freue mich, daß du kommen konntest.»

Ich bot ihm eine französische Zigarette an. Er schnupperte am Tabak und steckte sie hinter sein Ohr.

«Du bist der erste Holländer, dem ich je begegnet bin.»

Ich machte ein dummes Gesicht und ließ meinen Schnurrbart zittern. «Wir sind eine verrückte Rasse.»

«Ja», sagte Rupert, «aber Amerikaner sind auch nicht ganz normal. Die ganze Erde ist mit Verrückten bevölkert.»

Das war wahr, und ich ging ins Haus.

Peter briet Eier in der Küche und deutete auf den Tisch, wo eine Schale Suppe auf mich wartete. In Amsterdam esse ich nie viel zum Frühstück, aber hier, durch die beißende Kälte und die ungewohnte Anspannung vierstündigen Stillsitzens ohne einschlafen zu dürfen, hatte mein Magen es fertiggebracht, Hunger zu entwikkeln. Ich aß sogar die fetten, gebratenen Würstchen, die Peter auf meinen Teller legte.

Er setzte sich und grinste. Ich sagte nichts und aß. Ich wußte, daß dies derselbe Mann war, der mir vor einer Stunde im *Sanzen*-Raum gegenübergesessen hatte, aber ich konnte das weder begreifen noch akzeptieren.

«Du kannst gern heute nacht noch hier schlafen», sagte Peter, «aber danach ist es vielleicht besser, wenn du mit den anderen zusammen lebst. Rupert hat eine Blockhütte, nicht weit von hier. Ich habe ihn gebeten, dich bei sich aufzunehmen, du kannst dich nützlich machen, es gibt eine Menge Holz hier draußen, das gehackt und gestapelt werden muß, und vielleicht läßt er dich das Essen kochen. Tagsüber arbeitet er gewöhnlich auf dem Hof oder im Sägewerk. Das kannst du auch, wenn du willst. Du kannst dir deinen Tagesablauf selbst organisieren, du wirst zwar nicht lange genug hier sein, um dich richtig einzufügen, aber das macht nichts. Ich werde euch ab und zu zum Essen einladen, außerdem sind da ein paar Leute, die du kennenlernen solltest. Ich besuche dich vielleicht von Zeit zu Zeit. Überleg dir selbst, was du tun willst.»

Ich kaute weiter und nickte. Ich war nicht besonders beunruhigt, vor Rupert hatte ich keine Angst.

«Wir werden in den nächsten Tagen ein bißchen unregelmäßig meditieren, und am nächsten Montag beginnt ein *Sesshin*, eine reguläre Meditationswoche. Dann ändert sich der Tagesablauf wieder, ihr werdet dann etwa zehn Stunden pro Tag meditieren.»

Ich nickte wieder, wegen dieser Woche war ich ja gekommen. Die erste Woche im Dezember ist Rohatsu. Der achte Dezember ist der Tag, an dem Buddha vor zweitausendfünfhundert Jahren in Indien, im vollen Lotus unter einem Baum sitzend, endgültige Erleuchtung fand. Alle buddhistischen Sekten feiern diesen Tag. Die Zen-Sekte mit ihrer zähen Tradition hat die ihm vorangehende Woche zu einer Feuerprobe, zu einer Woche beinahe ununterbrochener Meditation gemacht. Das *Sesshin* heißt Rohatsu, was einfach ‹der achte Tag› bedeutet.

Der Gedanke an Rohatsu verursachte ein unangenehmes Gefühl in mir, aber ich hatte nicht wirklich Angst. In Japan hatte ich ein Rohatsu mit beinahe sechzehn Stunden Meditation täglich mitgemacht. Ganz gleich, wie ermüdend oder schmerzhaft diese amerikanische Woche sein mochte, die japanische Folter würde sie nie übertreffen. Und wie dem auch sei, ich hatte keine Wahl. Kräfte zerrten und zogen an mir, meine eigenen Kräfte, und ich konnte sie nicht bekämpfen. Es gibt keine Wahl, dessen war ich ganz sicher. Die wichtigen Ereignisse im Leben eines Menschen sind unvermeidlich. Der Mensch denkt, er wählt, dabei tut er nur, was er tun muß, und später nennt er, was immer er getan hat, seine ‹Wahl›. Er sagt, er wollte es tun, aber er hat nur erlitten, was er erleiden mußte. Eine Theorie, die schwer zu beweisen oder zu widerlegen ist. Warum war ich nach Japan gegangen? Warum war Peter plötzlich in Amsterdam aufgetaucht? Warum sieht sich ein Mann eines Morgens beim Rasieren erstaunt ins Gesicht und weiß plötzlich, daß er die Richtung seines Lebens ändern wird? Warum setzte sich Buddha unter einen Baum und beschloß, nicht eher wieder aufzustehen, bis seine letzte Frage beantwortet wäre? Warum wanderte Bodhidharma, der erste Zen-Meister, von Indien nach China, um dort neun Jahre in einer Höhle zu meditieren, bevor sein erster Schüler ihn fand und eine Ausbildung begann, die aus ihm schließlich den ersten chinesischen Zen-Patriarchen machte?

Ich half beim Spülen, hackte ein bißchen Holz im Garten, schlief eine Stunde und aß in der Küche allein zu Mittag. Am Nachmittag machte ich einen Spaziergang. Peters Farm lag dicht am Meer. Die Küste ist zerklüftet, und es gibt viele kleine Buchten und Einschnitte. Innerhalb einer Viertelstunde befand ich mich auf einem felsigen Strand, ohne eine Menschenseele weit und breit. Das Eis hatte seltsame Formen angenommen. Ich sah durchsichtige Blasen, die im Sonnenlicht glänzende Felsen bedeckten. Ich betrat das Eis, und es brach unter mir. Ich bewunderte die Wurzeln der Tannen, die sich um die Felsbrocken an der Küste geschlungen hatten. Ein kleines Eichhörnchen beschimpfte mich, weil ich seinen Frieden störte. Blaue Vögel, den Eichelhähern in den holländischen Wäldern ähnlich, kreisten über meinem Kopf. Sie schienen zahm zu sein, wahrscheinlich wurden sie von Peters Schülern gefüttert.

Zwischen den Felsen fand ich einige Tierschilde. Die Tiere, erfuhr ich später, waren Schwertschwänze. Ich hob einen Schild auf und drehte ihn um. Im Innern sah ich die ordentlich gefalteten Beine und die noch unbeschädigten Scheren, der Körper selbst war zu einem kleinen braunen Ball zusammengeschrumpft. Ein langer hornartiger Schwanz, hübsch geformt und in eine Spitze auslaufend, ragte aus dem Schild heraus.

Warum kam Bodhidharma nach China?
Der Mönch deutet auf die Tanne.
«Die Tanne dort drüben.»
Der Meister nickt.
Der Mönch hätte auch sagen können, ‹der Schild des Schwertschwanzes›.
Die Schöpfung ist vollkommen. Alles ist so, wie es sein sollte. Es gibt nichts zu fragen, nichts zu erklären. Es gibt keinen Unterschied zwischen dem Erschaffenen und dem Nichterschaffenen. Das Mysterium ist immer bei uns, und es ist kein Mysterium.
Du begreifst ein wenig, sehr wenig. Und während du glaubst, etwas zu begreifen, beginnst du wieder zu zweifeln.
Und du gehst weiter, auf einem Feld voller Felsen, die in der Nachmittagssonne leuchten, oder auf einer Straße, die in Benzindämpfen erstickt, oder auf einem Schlachtfeld, wo sie versuchen, dich mit den raffiniertesten Waffen, die man erfinden kann, zu töten oder zu verstümmeln. Du bist ein Rätsel, und du lebst in Rätseln.
Und doch ist die Antwort ganz nahe, und du weißt, daß du sie finden wirst.

Das Rhinozeroshorn

An jenem Abend gab es eine weitere Meditationsübung von zweistündiger Dauer. Der Ölofen in der Halle funktionierte nicht richtig, und um unsere Blutzirkulation wieder in Schwung zu bringen, führte Rupert uns zum *Kinhin,* zur Meditation im Gehen, nach draußen. Als unser Führer mußte er vorausgehen und seine Glocke läuten; ein Helfer ging mit einer Taschenlampe dicht neben ihm. Er wählte eine sichere Route, einen Kiesweg mit wenigen Hindernissen.

Kinhin ist kein gewöhnliches Gehen, und niemand soll darauf achten, wohin er tritt. Man folgt nur der Person an der Spitze und fährt fort, sich zu konzentrieren. Aber irgend etwas ging schief, und bevor ich wußte, was geschah, war ich Teil eines Haufens sich windender Körper, der mit dem frischen Gewicht, das von hinten dazu kam, immer größer wurde. Irgend jemand fluchte leise, und ein paar Mädchen kicherten, aber wir sortierten uns wieder auseinander.

Erst später fand ich heraus, was das Getümmel verursacht hatte. Zwei große Hunde hatten uns vorbeimarschieren sehen und waren von dem Licht und der Glocke angelockt worden. Sie hatten versucht, mit Rupert zu spielen, aber Rupert hatte Angst vor Hunden und war wie angewurzelt stehengeblieben.

Es macht immer einen Mordsspaß, Autoritäten zu hänseln, und es muß Monate gedauert haben, bevor die Leute aufhörten, Rupert an sein berühmtes *Kinhin* zu erinnern.

Am nächsten Morgen nach dem Frühstück, das aus Truthahnrükken, Bratkartoffeln und eingelegtem Gemüse bestand, die beiden letzteren Zutaten stammten vom Bauernhof, zog ich in Ruperts Hütte um. Ich wußte, daß er ganz in der Nähe wohnte, und begann die Auffahrt hinunterzugehen in die Richtung, die Peter mir gezeigt hatte, aber Rupert rief mich zurück und wies auf den Volkswagen, mit dem Peter mich vom Flughafen abgeholt hatte.

«Laß uns mein Auto nehmen, es ist einfacher, wir müssen dein Gepäck nicht tragen, es ist ungefähr eine Viertelstunde zu Fuß.»

«Dein Auto?» fragte ich. «Ich dachte, es wäre Peters Auto.»

«Es ist Peters Auto.»

Ich hob meinen Koffer auf den Rücksitz und stellte ihn neben eine Kiste mit Zimmermannsgeräten und ein paar Büchsen mit Nägeln.

«Wie meinst du das?» fragte ich. «Alles was dir gehört, gehört Peter?»

Rupert zuckte mit den Schultern. «Wenn du es so ausdrücken willst, soll es mir recht sein.»

Ich bat ihn, mir das zu erklären. Das Auto fuhr ganz langsam; das Eis hatte die Straße sehr glatt gemacht, und ein- oder zweimal schlitterten wir beinahe in die Büsche.

«In Ordnung», sagte Rupert, «ich werde es dir erklären. Das Auto gehört mir. Ich habe das Geld verdient, mit dem es gekauft wurde, und die Papiere sind auf meinen Namen ausgestellt. Aber als ich hier ankam, war der Hof knapp bei Kasse. Peter verkaufte sein eigenes Auto, einen Buick, den irgendein Verwandter ihm geschenkt hatte. Und dann nahm er meins. Ich darf es immer noch gelegentlich benutzen, aber nur, wenn Peter es nicht braucht. Und wenn es repariert werden muß, zahle ich die Rechnungen.»

Ich lachte.

«Findest du das lustig?» fragte Rupert.

«Ja», antwortete ich.

Was nicht ganz stimmte. Er tat mir auch leid, aber ich lachte, weil ich die Behandlung erkannte. Peter hätte das Auto nicht ohne einen triftigen Grund konfisziert. Es könnte sein, daß Rupert sehr an seinem Auto hing. Es gab eine Menge Autos auf dem Gelände, Peter hätte sich irgendein anderes aussuchen können.

Und ich mußte außerdem lachen, weil Rupert wahrscheinlich nicht erwartet hatte, daß seine buddhistische Schulung mit dem Verlust seines wertvollsten Besitzes beginnen würde. Wir begeben uns auf den mystischen Weg in einer höchst ehrfürchtigen Stimmung. Wir sind davon überzeugt, daß wir wunderbare Erlebnisse haben werden, wir erwarten weiß der Himmel was, zum Beispiel Visionen und andere übernatürliche Wahrnehmungen, aber alles, was wir bekommen, ist ein Schmerz in den Beinen. Und wenn etwas geschieht, ist es unerfreulich.

Ich versuchte, Rupert meinen Gedankengang zu erklären, und er grunzte zustimmend.

Seine Blockhütte erwies sich als eine Holzkiste auf Stelzen, zusammengezimmert aus rohen Brettern, die ein achtloses Sägewerk ausgespuckt hatte. Ein alter Ofen mit einem rostigen Rohr gab kaum Wärme. Rupert entschuldigte sich für sein Zuhause.

«Ich habe nicht viel Zeit. Tagsüber muß ich meditieren oder arbeiten, Peter ist sehr gut darin, etwas für mich zum Arbeiten zu finden, und ich kann ihm schlecht aus dem Weg gehen. Ich nehme mir immer vor, wegen der Hütte etwas zu unternehmen, aber wenn ich hierher komme, esse ich und gehe schlafen.»

An Möbeln besaß er eine Kommode und einen Tisch. Der Tisch war ein altes Brett, das auf vier verschiedenartigen Beinen ruhte.

«Treibholz», erklärte Rupert. «Ich habe alles am Strand aufgelesen. Das Geld, das ich mitgebracht hatte, ging für den Kauf der Hütte drauf; ich habe sie bei einer Fabrik bestellt, und sie kam auf einem Lastwagen. Sie haben sie einfach hier ausgekippt, und ich mußte sie selbst zusammensetzen. Damals war ich nicht sehr geschickt, seitdem habe ich eine Menge gelernt. Wenn ich Zeit habe, werde ich sie auseinandernehmen und wieder ganz neu aufbauen, aber ich werde keine Zeit haben.»

Ich fand einen alten zerrissenen Armeeschlafsack auf dem Boden in der Nähe des Ofens.

«Das ist meiner», sagte Rupert. «Ich habe ein paar Decken für dich gesammelt, dort drüben, in der Ecke.»

Es war ein Stapel alter Pferdecken. Sie würden nicht viel Wärme geben, aber wenn ich alle benutzte, könnte ich vielleicht überleben.

Als ich mich über die Löcher in den Decken lustig machte, lächelte Rupert.

«Im Lauf des Tages werde ich eine Matratze für dich finden. Du wirst schon zufrieden sein.»

Ich hatte keine Lust, meinen Koffer zu öffnen und stellte ihn irgendwohin. Diese Armut machte mir nichts aus, es war mal eine Abwechslung nach den Jahren des Luxus in meiner Wohnung und all den modernen Bequemlichkeiten. Hunger würde mir schon eher etwas ausmachen, aber wenn Rupert nicht genug zu essen hätte, könnte ich jederzeit in den nächsten Laden gehen und Lebensmittel kaufen.

«Hier», sagte Rupert und drückte mir einen Eimer in die Hand, «geh und hol uns etwas Wasser. Ich kann mir keinen Brunnen leisten, deshalb hole ich das Wasser bei meinem Nachbarn.»

Ich ging nach draußen, sah aber nichts als Bäume. Ich wollte schon zurückgehen, um zu fragen, wo der Nachbar wohnte, als mir einfiel, daß Zen-Leute nicht gern Fragen beantworten. Es wäre besser, wenn ich es selber herausfände. Ich setzte den Eimer ab und überlegte. Ich könnte zur Straße zurückgehen und den Nachbarn von dort aus suchen, sein Haus müßte durch einen Weg oder Pfad mit der Straße verbunden sein. Aber die Straße war fünf Minuten entfernt. Es war gescheiter, durch den Wald zu gehen.

Es schneite, deshalb sah man keine Spuren von Ruperts früheren Wasserexpeditionen. Ein jungfräuliches Weiß bedeckte alles um mich herum. Das Haus des Nachbarn müßte entweder links oder rechts liegen. Ich ging nach rechts, und die Wahl schien richtig zu sein, in ein paar hundert Metern Entfernung stieß ich auf eine Blockhütte. Es war niemand zu Hause, die Tür war nicht verschlossen, also ging ich hinein und fand die Zapfstelle.

Diese Hütte sah ganz anders aus. Ein Haus stellt immer auch ein Abbild seines Bewohners dar. Ich hatte Ruperts Entschuldigung, keine Zeit zu haben, nicht geglaubt. Seine armselige Umgebung mußte das Resultat von irgend etwas anderem in seinem Geist sein. Ich war in den Häusern armer Leute in Japan gewesen, und mir wurde bewiesen, daß es sogar einfacher ist, Schönheit zu schaffen, wenn man wenig besitzt. Leere ist immer ein guter Hintergrund, eine Blume betont eine schlichte Vase oder sie läßt einen seltsam geformten Stein auf einem Regal hervorteten.

Wer immer in dieser Hütte wohnte, wußte Bescheid. Er hatte sich selbst einen Kamin und zwei niedrige Stühle gebaut. Die Stühle aus Treibholz waren poliert, um ihre Farbe und Maserung zu betonen. Sie wirkten grob und anmutig zugleich. Die kleine Küche faszinierte mich ebenfalls. Küchengeräte sind meistens häßlich, und das Beste, was man damit machen kann, ist, sie in einer Schublade zu verstecken, aber derjenige, der hier wohnte, hatte sich aus ein paar Eisenstücken ein Gestell zusammengeschweißt und es schwarz angestrichen. An diesem Gestell hingen die verschiedenen Löffel, Messer und Geräte. Ich konnte nicht erkennen, wie er es geschafft hatte, ihre Formen in Einklang zu bringen, aber es war ihm zweifellos gelungen. Der antike Herd war ein seltener Fund, ein riesiger schwarzer gußeiserner Körper, vielleicht hundert Jahre alt und nicht nur zum Kochen, sondern auch zum Brotbacken gedacht – später erfuhr ich, daß er ihn in einer verlassenen Hütte im Wald gefunden hatte.

Nachdem ich wieder Ruperts Behausung erreicht hatte, begann ich mit dem Abwasch.

Ich erinnerte mich an eine von Peters Lektionen aus Kioto. Ich wohnte erst ein paar Tage bei ihm und hatte Schwierigkeiten, mich an seinen Rhythmus und seine Eigenarten anzupassen. Eines Nachmittags hatte er das Geschirr gespült, und ich wollte irgendwohin fahren. Ich suchte den Schlüssel für meinen Motorroller und stöberte in der Küche herum.

«Kann ich dir helfen?» fragte ich.

Peter murmelte ein Wort, das wie ‹Idiot› klang, aber ich dachte, ich hätte ihn mißverstanden und fragte ihn noch einmal, genauso freundlich, ob ich ihm helfen könne.

«Idiot!» sagte Peter, dieses Mal sehr deutlich.

Die Beleidigung ärgerte mich, und ich wies ihn auf sein lächerliches Verhalten hin. Ich hätte ihm höflich meine Hilfe angeboten und er beschimpfe mich.

«Natürlich beschimpfe ich dich», sagte Peter. «Die bloße Tatsache, daß du mich fragst, ob du mir helfen kannst, beweist, daß du in dem langen Jahr, das du bei uns gewesen bist, überhaupt nichts gelernt hast.»

«Ach ja?» fragte ich, jetzt wirklich erregt.

Peter legte das Geschirrhandtuch weg und sah mich an.

«Ja», sagte er, «du hast nichts gelernt. Du weißt verdammt gut, daß du mir helfen kannst, weil ich Geschirr spüle, und du weißt, daß ich eine Menge zu tun habe. Aber du willst gar nicht helfen, weil du irgendwohin fährst. Du fragst nur, weil du einen guten Eindruck machen, deine sogenannte Hilfsbereitschaft beweisen willst. Wenn du helfen wolltest, *würdest* du helfen und ein Geschirrhandtuch nehmen, es liegt hier direkt auf dem Tisch, wir haben nämlich zwei Geschirrhandtücher, und würdest anfangen abzutrocknen.»

Ich war wütend aus der Küche gelaufen, ohne etwas zu sagen, und der Vorfall war nie wieder erwähnt worden, aber ich hatte begriffen, daß er recht hatte.

«Gut», sagte Rupert jetzt, «du kannst das hier fertigmachen und danach den Boden fegen. Wenn du willst, auch ein wenig aufräumen, aber halte dich nicht damit zu lange auf, denn es gibt so viel im Haus zu tun, daß du leicht eine ganze Woche damit verbringen könntest. Wenn du unbedingt etwas tun willst, kannst du draußen Holz hacken, mein Vorrat ist beinahe verbraucht. Das bißchen Feuerholz, das ich habe, liegt draußen im Schnee und ist völlig naß. Wenn du etwas davon hereinbringst, kann es wenigstens trocknen, und der Ofen würde vielleicht besser brennen.»

Bevor ich ging, fragte ich ihn, wie lange er schon in der Hütte wohnte. Er mußte nachdenken, bevor er antwortete.

«Oh, ein Jahr, glaube ich. Vielleicht etwas länger. Ich kann mich nicht mehr genau erinnern. Manchmal bittet mich Peter auszuziehen, zum Beispiel wenn eine Familie ankommt. Sie bleiben hier, bis wir ihnen eine richtige Behausung bauen können, und in der Zwischenzeit wohne ich auf Peters Dachboden, was ich eigentlich dem hier vorziehe. Dann muß ich mir meine Mahlzeiten nämlich nicht selber kochen.»

Ich arbeitete bis zur Abendmeditation. Ich fand ein paar Lebensmittel im Haus und machte mir mein Mittagessen, danach schlief ich eine Stunde und ließ mich von Ruperts Wecker wecken. Den Rest der Zeit verbrachte ich damit, Holz zu hacken und es ins Haus zu tragen. Ich schichtete eine ansehnliche Menge auf, aber es würde nicht lange halten, denn der Ofen verschlang das Holz schneller, als ich erwartet hatte, ohne daß sich die Temperatur änderte, selbst nachdem ich den Abzug reguliert hatte. Es zog überall durch die vielen Ritzen in den Wänden und im Fußboden.

Ich fragte mich, wie ich mich fühlen würde, wenn ich längere Zeit in dieser Hütte wohnen müßte, mit Rupert als Hausbesitzer. Es ist einfach, sich auf so engem Raum auf die Nerven zu gehen, und Rupert war niemand, mit dem man leicht auskommen würde. Aber vielleicht würde es ganz gemütlich werden, diese kleine Hütte in einem großen Wald miteinander zu teilen. Wir würden uns nicht langweilen. Meditation kennt keinen Anfang und kein Ende. Eremiten verbringen Jahre in ihren Berghöhlen damit.

Ich erinnerte mich an den kurzen Film, den ich in Japan in einem kleinen Kino Kiotos zufällig gesehen hatte.

Der Film zeigt ein baufälliges Haus in den Slums einer japanischen Großstadt. Der Eigentümer kümmert sich nicht mehr darum, und das Gebäude ist von einigen zwielichtigen Gestalten aus der Halbwelt besetzt worden. Zwei seiner Bewohner sind unbedeutende Einbrecher, ein altes Paar lebt in einer Dachstube, der Ehemann ist Invalide, und die Frau geht betteln. Der Invalide repariert manchmal Töpfe und Pfannen, aber gewöhnlich liegt er in einer Ecke, wenn möglich betrunken. Dann ist da noch ein Idiot, der stottert und sabbert, und eine alternde Hure, der die Kunden ausgehen.

In all diesem Elend taucht plötzlich ein Wandermönch auf. Er trägt das buddhistische Gewand und besitzt einen Wanderstab, eine Bettelschale und eine Glocke. Der Stock dient ihm als Stütze für seinen alten Körper, wenn er über die Berge wandert, die Bettelschale verschafft ihm seinen täglichen Reis, und mit der Glocke zieht er die Aufmerksamkeit auf sich. Er hat einen kahlen Kopf und ein freundliches Altmännergesicht.

Er steht in der offenen Tür und bittet um Einlaß. Die Bewohner des Hauses streiten sich gerade, lassen ihn aber ein, sie haben viel Platz, und ein Wandermönch genießt eine gewisse Achtung, vielleicht stellt er ein gutes Omen dar. Der alte Mann sucht sich eine Ecke und setzt sich. Er lauscht dem Streit. Der Raum, in dem er sich befindet, ist das Wohnzimmer, das von allen benutzt wird, und alle behaupten, daß sie an dem Tag nicht an der Reihe sind, den Fußboden zu kehren. Sobald der Mönch begreift, worum es geht, steht er auf, nimmt einen Besen und beginnt zu fegen.

Von diesem Moment an ändert sich die Stimmung im Haus. Die Bewohner beginnen einander zu helfen. Die Einbrecher bringen eine alte Decke für den Invaliden. Die Hure achtet auf ihre Sprache. Der Invalide sagt ein freundliches Wort zu dem Idioten und greift ein, wenn die Einbrecher den hilflosen Burschen quälen. Der Mönch ist sehr still. Er spricht nur, wenn er sprechen muß. Er grüßt höflich, er wünscht guten Morgen und gute Nacht. Er hilft. Als der alte Invalide stirbt, sitzt der Mönch neben dem kranken Mann und hält seine Hand. Als die alte Frau seinen Tod beweint, tröstet der Mönch sie. Als der Idiot seine Flöte nicht finden kann, sucht der Mönch sie für ihn. Er kritisiert nie, er lobt nie. Als die Einbrecher das Einbrechen aufgeben und Stellen als Arbeiter auf einer Baustelle annehmen, sagt der Mönch nichts, sondern lächelt, als sie ihn zu einem mit ehrlichem Geld bezahlten Abendessen einladen. Auch die Hure ändert ihren Beruf, sie wird Putzfrau. Der Film endet mit einer Party. Die Hausbewohner feiern Neujahr mit einem Fest. Nach dem Essen wird musiziert. Das einzige Instrument ist die Flöte des Idioten, aber jeder trägt etwas bei. Die Ex-Einbrecher schlagen Steine gegeneinander, die Putzfrau klopft mit einem Eßstäbchen auf eine Flasche. Alle singen. Das Lied ist sehr empfindsam, sehr zart. Der Mönch nimmt seine Glocke, läßt sie erklingen, und der Film endet, plötzlich.

Als ich das Kino verließ, mußte ich an die Buchhandlung in Rotterdam denken, in der ich als Junge meine Bücher gekauft hatte. Einmal fand ich dort ein Buch, das mich interessierte. Es war ‹*The Lama of the Five Wisdoms*› von Lama Yongden, dem Schüler oder Lehrer von Mrs. Alexandra David-Neil. Damals war ich nicht von östlichen Religionen beeindruckt, aber das Buch ging mir unter die Haut. Ich erzählte dem Buchhändler davon und sagte, daß ich das Buch «zufällig» gefunden hätte. Er schüttelte seinen Kopf und spitzte die Lippen. «Nichts geschieht zufällig», sagte er.

«Sie sind doch nicht etwa Spiritist?» fragte ich mißtrauisch.

Er gackerte.

«Nein», sagte er, als er mit Gackern fertig war. «Aber nichts geschieht zufällig. Wenn du ein Buch kaufst, kaufst du etwas, was dir gehört. Ein Buch, was immer es dir zu sagen hat, ist ein Teil von dir. Du nimmst das Buch nur und liest es, weil du eine Bestätigung deiner eigenen Gedanken suchst.»

Ich hatte ihn nicht verstanden.

Rupert kam nach Hause und war von meiner Arbeit beeindruckt.

«Laß uns zu Abend essen», sagte er und wickelte ein Päckchen aus; es enthielt vier Truthahnrücken.

«Wo bekommst du das Zeug her?» fragte ich. «Peter ißt es auch.»

«Truthahnabfall aus der Fabrik», erklärte Rupert. «Wir können ihn sehr billig kaufen. Sie haben auch Hähnchenrücken, aber die sind teurer. Die Fabrik verkauft gefrorenes Geflügel und Geflügel in Dosen, aber einen Teil von dem Zeug werden sie nicht los, deshalb verkaufen sie es an die armen Leute hier in der Gegend. Ich habe es direkt aus der Gefrierkammer in ihrem Lager.»

Ich fragte ihn, woher er sein Geld bekommt.

«Ab und zu bekomme ich einen Scheck von zu Hause, aber das meiste verdiene ich selbst, manchmal mit Gelegenheitsjobs in der Stadt. Aber gewöhnlich arbeite ich hier, auf der Farm. Peter zahlt sehr wenig, dafür ist aber sein Unterricht frei. Man wird ganz schön herumgeschubst, wenn man bei ihm arbeitet. Es gibt hier viel zu tun. Ernten, sich um Kühe und Schweine kümmern, ein Tag im Sägewerk oder in der Schreinerwerkstatt, in der wir kleine Möbel herstellen, die wir an einen Großhändler verkaufen. Ich jedenfalls brauche nicht viel, ich gebe ungefähr fünf Dollar pro Woche für Essen aus.»

‹Fünfzehn Gulden›, dachte ich. ‹Ein vernünftiges Abendessen in einem Amsterdamer Restaurant kostet fünfundzwanzig Gulden.›

Rupert lachte. «Guck nicht so bestürzt, Reis mit Truthahnrükken ist ein Festmahl, außerdem habe ich noch Radieschen und saure Gurken. Und Kaffee gibt es natürlich.»

«Wenn du mir morgen dein Auto leihst, werde ich in die Stadt fahren und Vorräte für eine Woche kaufen.»

«Sicher», antwortete Rupert, «ich werde Peter fragen. Du kannst dein Geld ausgeben, wenn du mußt, aber übertreib es nicht. Wir brauchen nicht viel, und zuviel Luxus versperrt dir nur den Weg. Du bist zum Meditieren gekommen, dafür brauchst du kein Geld, du brauchst nicht einmal ein Kissen, du kannst ebensogut auf deinen Decken sitzen.»

‹Ja, ja, ist ja gut›, dachte ich.

Das Essen war köstlich. Ich aß mit einem verbogenen Löffel aus einem gesprungenen Teller. Ich fühlte mich zufrieden und dachte an mein Leben in Amsterdam, wo ich eine Menge Zeit und Energie darauf verwandte, ein Produkt in den Handel zu bringen, auf das die Welt sicher verzichten konnte. Und im Tausch dafür hatte ich ein ausgezeichnetes Einkommen, mit dem ich meiner Familie und mir alles Essen, alle Kleidung und alle Extras kaufen konnte, die wir zu brauchen glaubten. Ich konnte von einem besonderen Teller essen, den ein Töpfer für mich entworfen hatte, und einen silbernen Löffel benutzen.

Vielleicht Zeit- und Energieverschwendung, aber was sollte ich sonst tun? Sollte ich hierher kommen und in einer Blockhütte leben? Wer würde die Rechnung bezahlen, wenn meine Frau wieder krank würde, oder mein Kind? Ich schüttelte den Gedanken ab. Ich wollte nicht herkommen, um hier zu leben. Ich würde in meiner Umgebung bleiben, und Rupert konnte in seiner bleiben. Ich würde hierher kommen, wenn mich etwas bedrängte, aber bis jetzt konnte ich keinen Zwang erkennen.

Während ich nachdachte, wanderten meine Augen durch den Raum und blieben an einem merkwürdig gebogenen Stück Treibholz hängen, das Rupert an der Wand befestigt hatte. Nur eine Dekoration? Ich deutete darauf und fragte.

«Warum hast du das aufgehängt? Wolltest du die Hütte verschönern?»

Rupert blickte auf den angegebenen Gegenstand. «Ach», sagte er. «Das habe ich gefunden. Woran erinnert es dich?»

Ich dachte sorgfältig nach, Rupert hielt nichts von unüberlegtem Gerede. Alles was er sagte, hatte eine Bedeutung.

«An ein Rhinozeroshorn?»

Rupert nickte. «Genau. Es konnte nichts anderes sein. Ich fand es am Strand, es muß dort jahrelang gelegen haben, und jetzt ist es sehr schön glatt poliert.»

Ich versuchte herauszufinden, warum Rupert von einem Rhinozeroshorn fasziniert war. Alles was ich über Rhinozerosse wußte, ging mir durch den Kopf, aber es war nicht viel.

Es mußte irgendeine Verbindung geben. Zum Buddhismus höchstwahrscheinlich, dem einzigen Thema, das meinen Gastgeber wirklich interessierte. Zum japanischen Buddhismus. Es gibt keine Rhinozerosse in Japan. Vielleicht im Zoo von Kioto, und plötzlich hatte ich die Antwort.

«Hakuin», sagte ich.

Rupert lächelte.

Hakuin war der japanische Zen-Meister, der die Zen-Sekte in seinem Land zu neuem Leben erweckte. In China war Zen beinahe verschwunden, und in Japan verkam die Ausbildung. Die Mönche in den Zen-Klöstern machten sich ein angenehmes Leben, sie lasen und arbeiteten im Garten, aber meditierten so wenig wie möglich. Die Lehrer waren nachlässig, achteten nicht mehr auf die *Koans* und akzeptierten die geringsten Anzeichen von Verständnis und Einsicht bei ihren Schülern. Hakuin war unzufrieden, wanderte umher, nach Antworten suchend, die seine Fragen hinfällig machen würden. Seine Ausbildung war eine Sache des Zufalls, immer wenn er glaubte, eine Antwort gefunden zu haben, begegnete er einem Eremiten oder einem Pilger, der seine Einsicht entweder ignorierte oder ihn lächerlich machte. Schließlich begann er, an einem abgelegenen Ort ganz für sich zu meditieren, und erlangte wirkliche Einsicht. Später, als seine Einsicht von einem der seltenen wirklichen Meister anerkannt worden war, begann er zu lehren.

Während einer seiner frühen Irrfahrten durch Japan sah er ein Rhinozeros. Es gehörte zu einem Wanderzirkus, und Hakuin war von der Kraft und dem Umfang des sonderbaren Tiers beeindruckt.

Du denkst, du verstehst etwas.
Du bist sicher, daß du endlich etwas weißt.
Du denkst, du hast die Tür geöffnet.
Aber alles, was du hinter der Tür findest, ist das Rhinozeros ...

Das Rhinozeros des Zweifels steht vor dir und sieht dich mit seinen kleinen Augen an und schüttelt seinen riesigen Kopf.
Wie oft bin ich dem Rhinozeros begegnet?
Immer wieder. Aufs neue steht der mächtige Zweifel vor dir und konfrontiert dich mit seinem gewaltigen Ausmaß, und sein Doppelhorn zeigt genau auf deine Stirn.
Das Horn, das an dieser Wand hängt.

Der Falke

Ich wollte Rupert beim Spülen helfen, aber er unterbrach mich, nachdem ich eine Schüssel mit heißem Wasser gefüllt hatte.

«Laß nur. Ich werde das machen. Ich habe heute das Auto und fahre zur Meditationshalle. Ich schlage vor, daß du zu Fuß gehst. Zum Zendo zu gehen, ist Teil der Übung. Es ist jedenfalls eine herrliche Nacht, der Mond wird deinen Weg beleuchten, und die Bäume sind mit frischem Schnee bedeckt. Durch die verschmierten Autofenster wirst du das nicht sehen.»

Während ich meinen schaffellgefütterten Mantel anzog, beglückwünschte ich mich zu meiner Veränderung. Rupert behandelte mich genauso, wie mich Peter damals in Japan behandelt hatte. Gewöhnlich hatte ich protestiert, oft ziemlich heftig diskutiert, mit ausführlichen logischen Argumenten, mit Gesten, mit Gesichtsausdrücken. Damals mochte ich es gar nicht, wenn man mir zuviel Aufmerksamkeit schenkte, und ich betrachtete meine Freiheit, meine individuelle Art, Dinge zu tun, als heiligen Boden, als verbotenes Terrain für Außenstehende. Ich war bereit, einen Versuch zu unternehmen, der Ausbildung zu folgen, aber nur in großen Zügen, die Details wollte ich selbst entscheiden.

Die Schulung, die Meister und ‹fortgeschrittene› Schüler dem Anfänger zuteil werden lassen, besteht weitgehend darin, wirkliche Bewußtheit zu schaffen. Jeder, der auf diesem Planeten umhergeht, lebt nach einem bestimmten Schema. Sobald wir uns neuen Umständen ausgesetzt sehen, halten wir nach dem Weg des geringsten Widerstands Ausschau. Wir fahren auf dem kürzesten Weg zur Arbeit. Wir organisieren unsere Arbeit so, daß wir mit so wenig Anstrengung wie möglich soviel wie möglich erledigen können. Wir erfinden, oft ohne uns dessen bewußt zu sein, viele Abwehrmechanismen. Und wenn sich eine Routine erst einmal ausgebildet hat, folgen wir einer gepunkteten Linie mit geschlossenen Augen. Zwischen Aufstehen und Ins-Bett-Gehen vermeiden wir alle Hindernisse, und wenn wir nicht um sie herumkommen, bauen wir eine Brücke oder schlagen uns einen Weg durch den Dschungel.

Und sollte jemand auftauchen, der uns sagt, daß wir unser Leben *anders* gestalten müssen, werden wir wütend und versuchen, ihn loszuwerden.

Aber die Augenblicke der Veränderung sind von Bedeutung. In diesen Augenblicken sind wir gezwungen, aufzuwachen und um uns zu blicken. Und nur, wenn wir wach sind, sehen wir etwas, und es gibt viel zu sehen. Wir leben in einer wunderbaren Welt. Ich erkannte es, als ich die Blockhütte verließ. Ruperts Abwaschgeräusche wurden schwächer, während ich den Pfad hinunterging. Die Bäume hoben sich wie lebendige Skelette vom Nachthimmel ab. Die dünnen Zweige, die eine äußere Grenze bildeten, bewegten sich leicht im Wind.

Das erste Mal, als ich etwas von der wunderbaren Natur des Lebens ahnte, hatte es ebenfalls mit Bäumen zu tun. Ich mußte mich einmal so in die offene Gepäckablage eines alten MG zwängen, daß ich praktisch auf dem Rücken lag und nichts sehen konnte außer dem Himmel und den Baumspitzen des Waldes, durch den wir fuhren. Diese plötzliche Veränderung in meiner Beobachtungsweise befreite etwas in mir, und es war, als ob ich meinem Gefängnis entkommen wäre. Eine ähnliche Erfahrung, gleicher Art, nur viel schwächer, machte ich nun auf einem Waldweg in den USA.

Als ich auf die Straße gelangte, bemerkte ich, daß ich nicht allein war. Schatten bahnten sich überall ihren Weg durch den Schnee. Es war nicht nötig, Grüße auszutauschen. Peters Schüler hatten gerade ihre Hütten und Wohnungen verlassen und waren auf dem Weg zum Zendo zu ihrer Abendmeditation. Ich regulierte meine Geschwindigkeit so, daß ich allein gehen konnte, niemand brauchte meine unmittelbare Gesellschaft, und ich kam ohne die ihre aus. Dieses gemeinsame Getrenntsein verband uns auf einer anderen Ebene. Ihre Namen kannte ich nicht, aber wir gingen zum selben Ort mit dem gleichen Ziel.

Welchem Ziel? Da war die Frage wieder. Früher hatte ich alle möglichen Antworten. Das Ziel war, zu begreifen, warum ich lebte. Den Zweck des Daseins zu erfahren. Die Einsicht des Buddha. Der Punkt, an dem es keine Fragen mehr gibt. Die Zerstörung des Egos. Das Einssein mit allem. Oder, aber das war vielleicht etwas übertrieben, die Begegnung mit Gott.

Jetzt kannte ich meine eigene Absicht nicht mehr.

Ich ging zu einer Meditationshalle, einem ölofenbeheizten Holztempel, mit der Vorstellung, dort drei Stunden mit oder ohne Schmerzen in meinen Beinen stillzusitzen. Irgendwann würde ich ein paar Minuten in einem kleinen Raum in einem nahe gelegenen Haus verbringen. Ich würde einem Mann in einem schwarzen Gewand gegenübersitzen. Kerzen würden brennen, und Weihrauch würde glimmen. Ich würde versuchen, eine Frage zu beantworten, die ihrem Wesen nach weit über mein Vorstellungsvermögen hinausging.

Und die anderen, die vor mir und hinter mir durch den Schnee gingen, befanden sich in der gleichen Situation. Vielleicht hatten einige von ihnen eine Antwort auf die erste Frage gefunden, aber diese Antwort würde sie zu weiteren Fragen führen, die sie langsam und allmählich in eine sonderbare Welt brächten. Eine Welt, die nicht beschrieben, sondern nur angedeutet werden kann und über die man nur mit jemand sprechen könnte – wenn es überhaupt einen Sinn hätte, darüber zu sprechen –, der denselben oder einen ähnlichen Weg gegangen ist.

Ich fühlte das *Koan* in meinem Bauch. Es glühte. Ich wiederholte es ein paarmal. Das Glühen wurde etwas deutlicher.

*

Ich hörte ein Auto und machte Platz. Der grüne VW fuhr langsam an mir vorbei. Ich erkannte den Umriß von Ruperts Kopf und Schultern hinter dem Lenkrad. Wie war *er* hierher gekommen? Was veranlaßte einen promovierten Psychologen, in einem vergessenen kalten Winkel dieses Landes in einer zugigen Holzkiste auf Stelzen zu leben? Von Peter wußte ich, daß Rupert einmal ein Luxusapartment in einer großen Stadt bewohnt und ein hohes Gehalt bezogen hatte. Die Konsumgesellschaft hatte ihn so angewidert, daß er es jetzt vorzog, Truthahnrücken abzuknabbern und ein Stück altes Brot dazu zu essen. Vielleicht war es einfach eine Frage des *Karmas*, der unbarmherzigen, machtvollen Logik von Ursachen und Ereignissen, die ihn beim Genick gepackt und hier fallengelassen hatten, in einem scheinbar hoffnungslosen Kampf mit einer Macht, die ihn von einer Ebene aus angriff, die er nicht erreichen konnte? Ich erkannte die kleine Frau und den dicken Burschen, die in meiner Nähe durch den Schnee stapften. Komische Leute. Verrückte Leute, sehr verrückt.

Der dicke Bursche erinnerte mich an jemanden, an einen meiner Amsterdamer Bekannten, mit dem ich manchmal Geschäfte machte. Ich hatte ihn einige Zeit nicht gesehen und traf ihn plötzlich auf der Straße. Wir standen in der Nähe eines Cafés, und er lud mich zu einer Tasse Kaffee ein. Ich hatte zu tun und lehnte ab, aber er legte mir seine schwere Hand auf die Schulter und sah mich merkwürdig an, ein wenig lächelnd, traurig, wobei diese Traurigkeit durch seine schweren Hängebacken und das Zittern seines Doppelkinns betont wurde.

Im Café fragte ich ihn, wie es ihm gehe.

«Gut», antwortete er. «Ich hatte einen Herzanfall.»

Diese widersprüchliche Aussage ließ mich innehalten, und mein Kopf, normalerweise voller nervöser, kurzlebiger Gedanken, wurde leer. Ich sah ihn an und nahm wahr, was ich sah.

«Herzanfall?» fragte ich. «Ernsthaft? Du meinst, du wärst beinahe gestorben?»

«Ja», antwortete mein Freund und bot mir eine Zigarre an. «Beinahe gestorben, und es kann sein, daß ich bald noch einen bekommen werde, der mich vermutlich umbringen wird.»

«Aber du bist noch jung», sagte ich. Ich wußte, daß er höchstens fünfundvierzig Jahre alt war.

Er nickte. «Ich bin noch jung. Aber ich habe immer verkehrt gelebt. Ich esse zuviel, ich trinke zuviel, und ich habe immer zuviel gearbeitet.»

Es gab keinen Grund, ihm zu widersprechen. Ich hatte ihn anderen gegenüber als Beispiel benutzt, als Beispiel, wie man nicht leben sollte. Im Geschäftsleben ist es leicht, die Dinge zu übertreiben. Es scheint keine Grenze zu geben für das, was man verkaufen kann, und wenn die Ware verkauft ist, muß sie gekauft oder hergestellt werden. Es gibt keine Ruhe. Man ruft fünf Leute an, man schreibt zehn Briefe, dann springt man ins Auto und windet sich durch die Stadt, jagt stundenlang über Straßen. Dazwischen ißt und trinkt und raucht man.

«Und eines Tages», erzählte mein dicker Freund, «fuhr ich durch einen der Vororte und fühlte, daß etwas nicht in Ordnung war. Ich hatte keine Ahnung, was es sein könnte, aber ich wußte, daß es sehr schlimm war. Ich befand mich auf dem Weg zu einer wichtigen und dringenden Verabredung, aber das Gefühl des Unbehagens, das meinen ganzen Körper verkrampfte, war so gewaltig, daß ich parkte und ausstieg. Zufällig befand ich mich in der Nähe eines Parks, und auf dem Sitz neben mir lagen ein paar Brote. Ich nahm das Brot und fütterte die Enten in dem Park. Es war das erste Mal seit zwanzig Jahren, daß ich Enten fütterte. Sie kamen watschelnd und fliegend aus allen Richtungen. Die letzten und dümmsten fütterte ich zuerst, aber das Gefühl hörte nicht auf. Als sie meine Brote aufgefressen hatten, drehte ich mich um und setzte mich wieder in mein Auto.»

Ich zog an meiner Zigarre und betrachtete prüfend meinen Freund. Der Schweiß stand ihm auf der Stirn. Während er sprach, rührte er langsam in seinem Kaffee. Ich berührte seine Hand, und er hörte damit auf.

«Ich konnte nicht atmen. Ich bekam keine Luft mehr, und schließlich war ich gelähmt. Nur mein linker Arm funktionierte noch. Es gelang mir, das Fenster zu öffnen und meinen Arm hinauszubekommen. Ich bewegte ihn auf und ab. Autos fuhren vorbei. Niemand achtete darauf. Ein Kerl mit einem Bart in einem billigen französischen Auto winkte, er dachte wahrscheinlich, ich wollte ihn grüßen.»

«Lustig», sagte ich, «eine hübsche Geschichte.»

«Die Geschichte eines Mannes, der zum Tod verurteilt ist», antwortete mein Freund.

«Ich bin ebenfalls zum Tod verurteilt», erwiderte ich, «und alle anderen auch.»

«Ich weiß», sagte mein Freund, «vielleicht erzähle ich dir das deshalb.»

Ich trank meinen Kaffee, und wir schwiegen einen Augenblick.

«Und dann hielt jemand. Ein netter Herr in einem teuren Auto. Er war zuerst an mir vorbeigefahren, aber er wendete und kam zurück. Er fragte mich, was ich hätte, doch ich konnte kaum sprechen.»

«Herz», sagte ich, und «Krankenhaus».

«Ein netter Herr in einem teuren Auto», überlegte ich laut. «Seltsam. Ich hätte eher gedacht, daß der Kerl mit dem Bart anhalten würde.»

«Unterschätze niemals nette Herren. Er ließ sein Auto stehen und half mir auf den Beifahrersitz, um mich mit meinem eigenen Auto ins Krankenhaus zu fahren. Sie behielten mich sechs Wochen dort, in einem Zimmer mit grauen Wänden. Es gab nichts, was ich dort tun konnte, die ersten Wochen sah ich nicht einmal in die Zeitung.»

«Und jetzt?» fragte ich. «Arbeitest du wieder?»

Mein Freund ließ seine Hängebacken zittern und fing an zu lachen.

«Ich tue nicht mehr viel, aber ich verkaufe soviel wie früher. Doch die Schlacht ist verloren. Ich kann meine schlechten Gewohnheiten nicht ändern, sie haben mich zu lange begleitet. Wenn ich nicht mehr soviel arbeite wie sonst, dann deshalb, weil ich weniger Energie habe. Und vielleicht habe ich die Torheit allen Tuns durchschaut. Es ist so leicht, sich über Geschäfte Sorgen zu machen. Wenn man sich Sorgen macht, verliert man die Richtung, man rennt im Kreis herum und verschwendet Zeit auf das Unnötige. Ich weiß, was ich wo verkaufen kann, und wenn ich es schaffe, im richtigen Moment dort zu sein, bekomme ich meistens den Auftrag. Ich mache mir keine Sorgen mehr, daß ich verlieren könnte, weil ich sowieso alles verlieren werde.»

Ich zog heftig an meiner Zigarre. Ich dachte an den Zen-Meister, der sagte, daß sein erstes Erlebnis der Einsicht das Erkennen der anderen gewesen sei. Jeder, dem er begegnete, hatte sein eigenes Gesicht. Es gab keinen Unterschied zwischen dem Ober, der uns bediente, meinem dicken Freund und mir selbst. Es gibt nur einen Menschen. Die Geschichte, die mein dicker Freund erzählte, war meine Geschichte und die Geschichte des Obers.

«Erzähl weiter», sagte ich.

«Gut. Tja, ich lebe jetzt anders. Es ist ein anderes Leben. Ich nehme jetzt nicht mehr den kürzesten Weg von A nach B. Ich habe immer Brot im Auto und füttere Enten und Möwen. Manchmal haben sie kein Interesse, aber das macht nichts. Ich lasse das Brot einfach für sie liegen, breche es in kleine Stücke und lege es ans Ufer. Ich mache Spaziergänge am Fluß. Und ich bin nett zu meiner Frau. Sie ist sehr reizbar, und ich habe ihr das immer übelgenommen; jetzt macht es mir nichts mehr aus.»

«Ist sie immer noch reizbar?»

«Ja. Ich glaube, sie macht sich Sorgen, daß ich sterbe. Und ich esse immer noch zuviel, darüber regt sie sich natürlich sehr auf. Aber ich erwidere nichts darauf. Morgens mache ich ihr eine Tasse Tee, das hat sie sich immer gewünscht, aber ich hatte nie Zeit.»

Er sah mich an und räusperte sich.

«Sag mal», meinte mein Freund. «Du bist doch so etwas wie ein Buddhist, oder? Weißt du, was mit mir geschehen wird, wenn ich sterbe? Glaubt ihr an den Himmel und die Hölle, an das Fegefeuer und so?»

Ich hatte die Frage erwartet.

«Ich weiß nicht, ob ich ein Buddhist bin», erwiderte ich.

Mein Freund lächelte liebenswürdig.

«Gewiß», sagte er. «Aber du hast doch sicher irgendeine Vorstellung vom Leben nach dem Tod. Erzähl mal.»

«Hast du vom *Tibetanischen Totenbuch* gehört?» fragte ich.

Er wurde sehr nachdenklich. «Ja. Ich habe davon gehört. Eine Art Traumreich, wo deine Gedanken Form annehmen. Aber es ist nicht wirklich, soweit ich verstehen konnte.»

«Warum sollte es nicht wirklich sein? Ist, was du jetzt um dich herum siehst, wirklich? Bin ich wirklich?»

Mein Freund nickte nachdrücklich. «Natürlich. Du bist wirklich. Ich erkenne dich. Ich weiß deinen Namen und womit du deinen Lebensunterhalt verdienst, mit wem du verheiratet bist und was du für ein Auto fährst.»

«Vielleicht lasse ich mich scheiden, und vielleicht verkaufe ich mein Auto.»

Er nickte.

«Dein Auto wird alt», sagte er, «aber du solltest dich nicht scheiden lassen. Du hast eine sehr nette Frau.»

«Es ist bloß ein Beispiel», antwortete ich.

Seine Wangen begannen wieder zu zittern.

«Gut, gut. Aber wohin komme ich? Und wie lange werde ich dort bleiben? Und werde ich zurückkommen? Wenn ich wieder zurück muß, wird die Erde noch verschmutzter sein. Es wird noch mehr Menschen geben, und wir werden alle über- und untereinander in kleinen Betonkäfigen leben. Wahrscheinlich werden wir von Automaten hergestelltes und in Kartons verpacktes künstliches Fleisch essen. Es wird unmöglich sein zu reisen. In eine solche Welt möchte ich nicht zurückkehren. Und ich möchte meine eigentlich nicht verlassen. Die Hölle ist vielleicht ungemütlich und der Himmel langweilig.»

«Langweilst du dich jetzt?»

«Nein», sagte er. «Im Gegenteil. Ich finde das Leben sehr interessant, mehr als jemals zuvor. Heute morgen sah ich einen Falken. Ich war mit dem Auto unterwegs und entdeckte einen hübschen Namen auf einem Verkehrsschild. Irgendein kleines Dorf, in dem ich noch nie gewesen war. Ich bog von der Hauptstraße ab. Das Dorf war alt und sehr malerisch. Ich saß auf einer niedrigen Backsteinmauer, und ein Falke flog ganz in der Nähe. Er stand in der Luft still, und ich sah seine Schwanzfedern, die einem kleinen japanischen Fächer ähnelten, perfekt gemacht.»

«Aber wenn du dieses Leben interessant findest – warum sollte das nächste Leben dann langweilig sein? Vielleicht gibt es da drüben auch Falken. Vielleicht erlauben sie dir, selbst ein Falke zu sein, schließlich wird es eine Welt der Träume sein. Wenn du ein Falke wärest, könntest du in der Luft stillstehen und deine Schwanzfedern spreizen.»

Er bezahlte und stand auf.

«Ja», sagte er, «ich verstehe. Du weißt es auch nicht. Aber trotzdem vielen Dank. Es würde mir nichts ausmachen, für ein Weilchen ein Falke zu sein, dieser schwere Körper ist manchmal lästig.»

Ich betrachtete den Rücken des dicken Burschen, der vor mir ging. Dieser Mann war jünger als mein Freund in Amsterdam, und wenn er schlechte Angewohnheiten hätte, könnte er sie vielleicht immer noch ändern. Selbst wenn er sich nicht ändern wollte, würde die Ausbildung hier nützlich sein.

Im Zendo verneigte ich mich vor der Buddhastatue auf dem Altar. Ich verneigte mich vor meinem Kissen, drehte mich herum und verneigte mich noch einmal. Auf diese Weise äußerte ich meine Ehrfurcht vor dem Mann, aus dessen Lehre diese Religion entstanden war, vor dem Sitz, auf dem ich *zur Einsicht gelangen würde*, und vor allen Wesen um mich herum. Unsinn, dachte ich. Buddha bin ich nie begegnet, die Kissen sind zu hart und unbequem. Die Wesen, die mich umgeben, interessieren mich nicht, wenigstens nicht in diesem Moment. Und warum überhaupt verneigen? Japaner verneigen sich, das ist eine automatische Geste für sie, wir grüßen eben anders. Ich ließ mich auf meinem Kissen nieder, verschränkte meine Beine zur richtigen Haltung und richtete meinen Rücken auf. Mein Bauch preßte sich nach außen, und das *Koan* begann wieder zu glühen. Am anderen Ende der Halle schlug Rupert seine Holzstückchen gegeneinander und fing an, die Glocke zu läuten. Viermal ertönte der schwere metallene Klang und verhallte. Die Meditation hatte begonnen. Ich wiederholte mein *Koan*, so ruhig und langsam wie möglich. Die Gedanken kamen, wie immer, um undiszipliniert und verrückt durch meinen Kopf zu gleiten. Aber ich saß gut, und allmählich wurde das *Koan* zum Mittelpunkt meiner Konzentration. Drei Perioden zu je fünfundzwanzig Minuten verstrichen. Die vierte Periode begann. Rupert rief «*Sanzen*», und die erste Gruppe von Schülern verließ den Zendo. Ich gehörte dazu, da ich dicht an der Tür saß. Wir liefen schweigend hintereinander. Ich rutschte an einer glatten Stelle aus und fiel. Der dicke Bursche blieb neben mir stehen. Ich stand auf und schüttelte meinen Kopf, aber ich hatte mich nicht verletzt. Er ging weiter.

Wir betraten das Haus und knieten im Wohnzimmer. Oben, im *Sanzen*-Raum, rief die kleine Handglocke des Meisters den ersten Schüler. Ich kam an die Reihe.

Du kniest nieder.

Der Meister sieht dich an.

Du sagst dein *Koan* auf.

Der Meister fährt fort, dich anzusehen. Das Schweigen wird fühlbar, du kannst das Schweigen hören.

Die Spannung nimmt sehr schnell zu.

Und dann, zum erstenmal, bist du ihm ganz nahe. Es gibt keinen Abstand.

Du sagst nichts, der Meister fragt nichts. Wer oder was du bist, ist hauchdünn. Der Schleier ist zerrissen.

Der Meister lächelt.

Das Lächeln hält an, und dann gibt er dir das nächste *Koan*.

Du hast eine neue Frage, und du bist in einer anderen Welt.

Für einen ganz kurzen Augenblick.

Später weißt du, daß du dort gewesen bist.

Der Spalt in der Tür

Das Kloster in Kioto zog viele ausländische Besucher an. Manche kamen, um sich von Ehrfurcht vor der Architektur der Gebäude, vor der Pracht der Gärten und vor der Strenge und Disziplin der Mönche ergreifen zu lassen. Manche wollten den Meister sehen, der, dessen waren sie gewiß, alle ihre Probleme lösen könnte, wenn er sie nur ansähe. Andere waren bereit, ein paar Wochen zu bleiben und sich umzusehen, zu diskutieren, zu staunen. Und einige waren bereit, länger zu bleiben und an der Meditation teilzunehmen. Eine alte englische Dame, die der letzten Kategorie angehörte, suchte sich mich aus, um durch meine Vermittlung zu erlangen, was immer sie zu erlangen gedachte. Sie paßte mich draußen am Tor ab, wenn ich zu meinem Japanischunterricht gehen wollte, und es war schwer, ihr aus dem Weg zu gehen. Sie wartete hartnäckig neben meinem Motorroller, den ich brauchte, um in die Stadt zu fahren. Sie schloß sich mir an, wenn ich einen Spaziergang in der Umgebung machte, und während eines dieser Spaziergänge kamen wir an einem Tempel vorbei, in dem einige Priester *Sutras,* die Gebete des Buddha, rezitierten. Die Priester sangen im Chor und begleiteten sich auf Gongs und Trommeln. Ihre Musik war eindrucksvoll. Die alte Dame fing an, von Schwingungen zu reden. Offenbar können hellsichtig veranlagte Leute die Schwingungen von Tönen *sehen,* und sie beschrieb mir, wie große Farbwolken durch den Gesang der Priester entstünden und wie lieblich diese Farben wären.

Sie irritierte mich, und schließlich, nachdem ich mich wochenlang bemüht hatte, freundlich zu ihr zu sein, verlor ich die Beherrschung. Ich sagte nicht viel, aber als ich es gesagt hatte, ging ich abrupt weg und lehnte jeden weiteren Kontakt mit ihr ab.

Ich wußte nicht, daß ein Englisch sprechender japanischer Priester, der zufällig in dem Augenblick vorbeiging, mit angehört hatte, was ich sagte, um später Peter und dem Meister davon zu berichten. Beide amüsierten sich sehr über mich, und ihre Belustigung grenzte an Beifall.

Alles, was ich gesagt hatte, wie man mir später erzählte, war: «Scheiße, Madam, lassen Sie mich mit ihren Farben in Ruhe, alles, was ich will, ist Erleuchtung.»

Und mit ‹Erleuchtung› meinte ich, daß ich mein *Koan* lösen und die magische Sphäre auf der anderen Seite der Mauer erreichen wollte.

Und jetzt war der Augenblick gekommen. Ich verließ das Zimmer des Meisters mit Tränen in den Augen, doch sobald ich zum Zendo zurückging, fing mein Gehirn an zu arbeiten, und eine Stimme flüsterte: «Du hast dein Examen bestanden.»

Eine andere Stimme, eine boshafte, fragte: «Hast du nun *Satori* gehabt?»

Denn nach den Zen-Büchern, die ich gelesen, und den Geschichten, die ich gehört hatte, ist das Lösen eines *Koans* von *Satori,* Erleuchtung, begleitet. Was das sein mag, sagen die Bücher und Geschichten nicht, denn diese Erfahrung kann nicht beschrieben werden. Aber der Leser oder Zuhörer wird eine Vorstellung davon haben, worin diese Erfahrung bestehen könnte. Ich hatte immer geglaubt, *Satori* wäre irgendwie mit Licht verbunden, alles wäre plötzlich sehr klar.

Ich hatte jedoch kein Licht bemerkt.

Die Erfahrung war auch keine räumliche Erfahrung. Ich hatte mir vorgestellt, daß *Satori* vielleicht ‹Eintreten in die vierte Dimension› bedeutete. Aber alles um mich herum war dreidimensional.

Mein Gehör war auch nicht besser geworden.

Was war also geschehen?

Ich mußte zugeben, daß sich nicht viel verändert hatte. Vielleicht hatte ich jetzt ein besseres Verständnis von Relativität, eine bessere Vorstellung von der Unwichtigkeit alles dessen, was mich betraf. Aber das war nichts Neues. Losgelöstheit entwickelt sich langsam, und die Ergebnisse dieses Prozesses zeigen sich, wenn überhaupt, nur ganz allmählich. Es war durchaus möglich, daß ich mir bloß einbildete, losgelöster zu sein. Wenn man mich plötzlich folterte, würde ich höchstwahrscheinlich genauso laut schreien, wie ich es vor dieser Erfahrung getan hätte.

«Du solltest nicht übertreiben», sagte ich zu mir selbst.

War also nichts geschehen? Hatte ich nur eine kleine Unterhaltung mit einem Mann gehabt, der von seinen Schülern mit ‹Meister› angeredet wird?

Das war es. Ich hatte an einer kleinen Unterhaltung teilgenommen. Jemand hatte mir eine Frage gestellt, und ich hatte die Frage beantwortet, wenn ich auch, zugegeben, eigentlich nichts gesagt hatte, aber Schweigen ist auch eine Antwort.

Und jetzt besaß ich eine neue Frage.

Und sollte ich nun froh sein? Als ich meine Schulprüfungen bestanden hatte, war ich auch froh gewesen. Aber sie hatten mich nicht verändert. Leute, die mich nicht kannten, hätten nicht feststellen können, daß ich eine Prüfung bestanden hatte.

Aber hatte ich mich jetzt verändert?

In England gibt es eine buddhistische Sekte, die von einem Meister geleitet wird, der zwanzig Jahre Mönch gewesen ist, in Indien oder Ceylon, und der die vollkommene Einsicht Buddhas besitzen soll. Er gibt seinen Schülern Lätzchen, kleine Stoffstückchen, die sie sich an einer Schnur um den Hals hängen können. Die Anfänger haben nur ein einfaches Stück Stoff, aber wenn sie Fortschritte machen, wird ihnen erlaubt, ihr Lätzchen zu besticken. Die Stikkerei wird mit Goldfäden ausgeführt. Je mehr Einsicht, um so mehr Goldfäden. Sehr fortgeschrittene Schüler haben Lätzchen, die über und über mit Goldstickerei bedeckt sind.

Aber ich besaß kein Lätzchen. Niemand konnte sehen, daß ich etwas gelernt hatte.

Außer Rupert. Nach der Meditation begegnete ich ihm, er wartete unter einem Baum auf mich. Ich wollte schweigend an ihm vorbeigehen, da er mir gesagt hatte, daß der Gang vom und zum Zendo Teil der Meditation sei, doch er grüßte mich und ging neben mir. Er hatte sein Auto bei Peter zurückgelassen. Es schneite, und ich hatte den Kragen meines schweren Mantels aufgestellt; er konnte mein Gesicht nicht sehen. Das Gehen bereitete uns Schwierigkeiten, es wehte eine steife Brise, und wir mußten gegen die Kraft des Windes ankämpfen.

«Etwas ist geschehen», sagte er.

Ich antwortete nicht. Er legte seinen Arm für einen Moment um mich.

«Etwas ist geschehen», antwortete ich.

An jenem Abend, in Ruperts Hütte auf dem Stapel alter Pferdedecken sitzend und sehr heißen Kaffee aus einem verbeulten Becher trinkend, versuchte ich nachzudenken.Rupert, der in seinem Schlafsack lag, hatte sich halbkreisförmig um den Ofen gelegt. Er kritzelte etwas in ein Notizbuch. Ich besaß auch ein Notizbuch, in das ich mir Aufzeichnungen machte. Ich hatte einige Eindrücke aufgeschrieben und sorgfältig mit Datum versehen.

Die heutige Eintragung lautete ‹*Koan* gelöst›.

Ich wollte mehr schreiben, wußte aber nicht was. Ich war jetzt ein fortgeschrittener Schüler, aber die Tatsache interessierte mich kaum. Ich wollte wissen, was genau mit mir geschehen war. Mit dem ‹Ich›, dem ‹Ich›, das der Buddhismus nicht anerkennt. Dem *Dharma,* der Lehre des Buddha, zufolge gibt es kein ‹Selbst›. An Stelle eines ‹Selbst› gibt es nur eine sich ständig verändernde Kombination von Eigenschaften in einem sich ständig verändernden Körper. Aber diese sich ständig ändernde Kombination physischer und geistiger Eigenschaften existiert, und wir können, ohne jede

Kritik seitens der Lehre, ruhig annehmen, daß ‹wir› diese Kombination sind. Die Annahme ist praktisch und macht es möglich, über einen Menschen namens John Jones zu reden. John Jones ist erheblich kürzer als ‹die sich ständig ändernde Kombination usw., die vorübergehend John Jones genannt wird›.

Dieser Argumentation folgend, konnte ich die sichere Feststellung treffen, daß ‹ich› hier war, auf einem Stapel Pferdedecken saß und Kaffee trank und daß im Lauf jenes Abends etwas mit ‹mir› geschehen war.

Vielleicht sollte ich besser mit der negativen Seite beginnen. Hatte ich jetzt weniger Sorgen als gestern? Ich versuchte mir vorzustellen, welche Sorgen ich haben könnte. Mir fielen keine ein. Nach einiger Anstrengung erinnerte ich mich, daß ich nicht wußte, wo meine Schlüssel waren, ich hatte sie schon im Flugzeug gesucht, vielleicht hatte ich sie irgendwo fallen gelassen. Aber ich konnte Ersatzschlüssel kaufen, ich brauchte mir nur die Schlüssel meiner Frau zu leihen, wenn ich nach Hause kam.

Ich könnte, wenn ich es unbedingt wollte, mir über meine Familie und meinen Arbeitgeber, über die Politik und den Zustand der Welt Sorgen machen. Aber das erschien mir sinnlos. Es gab nichts, was ich an den Problemen der Menschheit ändern konnte, und schon gar nicht hier, in dieser zugigen Hütte in einem namenlosen Teil Amerikas. Hieß das, daß ich die Angst besiegt hatte?

Nein. Ich hatte noch immer Ängste, selbst wenn ich sie nicht benennen konnte, waren sie doch da. Angst vor dem Tod vielleicht, aber der Tod schien noch weit weg zu sein. Angst vor den Monstern, die ich während der Meditation gesehen hatte.

Es war an jenem besonderen Abend geschehen. Ich sah den Kopf eines kleinen Hundes mit zottigem Fell. Zuerst sah der Kopf ganz harmlos, sogar freundlich aus, aber die Augen waren kalt und ausdruckslos. Ich versuchte, meine Konzentration wiederzuerlangen, aber der Kopf starrte mich weiter an. Er wurde zu einer Komposition anderer Bilder, die sich aus und in der Haut des Hundes entwickelten. Je konzentrierter ich hinsah, um so mehr erkannte ich. Er bestand aus vielen Köpfen, und manche von ihnen gehörten zu wirklichen Horrorgestalten. Fledermäuse mit Reißzähnen, grinsende Teufel, Skelette, alte verschrumpelte Frauen mit eitrigem Ausschlag. Dennoch hatte ich keine wirkliche Angst gespürt, diese Visionen hatten mich schon früher heimgesucht, und ich wußte, vorausgesetzt ich versuchte nicht wegzusehen, daß die Bilder verblassen und schließlich verschwinden würden. Und vielleicht hatte mich das Schauspiel amüsiert. Ein berühmter Alkoholiker hat einmal behauptet, daß die Mäuse, Eidechsen und Chamäleons, die er im *Delirium tremens* sah, ihn überhaupt nicht erschreckt hätten. Das Spiel der Tiere sei sehr gekonnt gewesen, und es habe ihm Spaß gemacht, ihnen zuzusehen.

In Japan hatte ich die Geschichte eines kleinen Mädchens gehört. Das Mädchen war gestorben und befand sich in der Zwischensphäre zwischen Tod und Wiedergeburt, dem ‹Bardo›, wie die Tibetaner das nennen. Es sah Monster. Die Monster waren Projektionen, lebendige Verkörperungen der Ängste und Sünden mit einer wirklichen, wenn auch vorübergehenden Identität. Wie alle Erscheinungen verblaßten sie nach einer Weile. Aber das Mädchen, das sich einsam fühlte und ein verspieltes kleines Kind war und nichts von der Philosophie ihres Glaubens wußte, erkannte Teile dieser Horrorgestalten als vertraute Bilder wieder. Sie erinnerten es an die Dämonen, die buddhistische Tempel schützen, große Statuen, die die Tore der religiösen Gebäude Kiotos zieren. Es ging geradewegs zu ihnen, streckte seine Hand aus, und die Monster mußten der Regel gehorchen, daß es keine Verteidigung gegen Freundlichkeit gibt, deshalb spielten sie gehorsam mit ihm.

‹Wovor habe ich Angst?› dachte ich, während ich Ruperts Schnarchen lauschte. Er hatte das Licht ausgemacht, nachdem er mir gute Nacht gewünscht hatte. Nur das Ich kann sich ängstigen, nur das Ich kann Eigenschaften verlieren, beleidigt und verletzt werden, Schmerz empfinden. Das Ich, eine flüchtige Konstruktion, ganz an Zeit und Raum gebunden, muß zerfallen. Das Ich zerfällt tatsächlich ständig und wird durch Eitelkeit, Begierde, Eifersucht und böse Taten gestärkt.

‹Kein Grund, sich zu sorgen›, überlegte ich. Das Verlangen nach endgültiger Flucht in die Freiheit, unterstützt durch die Schulung, wird die Kräfte der Unwissenheit allmählich besiegen.

Der Prozeß benötigt vielleicht ein paar Millionen Jahre und zahllose Leben, auf jeder denkbaren und undenkbaren Ebene. Es ist alles eine Frage der Zeit – viel Zeit.

Aber hatte sich irgend etwas verändert? Gab es einen Unterschied in meinem ‹Ich› vor und nach der Behandlung?

Ich konnte keinen Unterschied feststellen.

Aber dennoch, den Definitionen der Zen-Literatur zufolge müßte ich jetzt erleuchtet sein. Eine Art Heiliger. Ein Anfänger auf dem richtigen und wahren Weg, der das Ende von Stufe 1 oder Stufe 1 (a) erreicht hat. Ich stellte den Becher weg, zündete mir eine Zigarette an und legte mich unter die Decken. Ich behielt meine Kleider an, weil es in der Hütte sehr kalt war. Dennoch spürte ich einen eisigen Zug und schützte meinen Rücken, indem ich meinen Mantel zwischen mich und die Wand stellte. Der Mantel war so dick, daß er von allein stehenblieb.

Ich mußte lachen. Dies war der Augenblick, den ich in Japan mit allen erdenklichen Mitteln zu erleben versucht hatte. Und nun, da der Augenblick gekommen war, war ich nicht einmal aufgeregt. Und doch empfand ich nicht die geringste Enttäuschung. Ich hatte nicht das Gefühl, mir umsonst viel Mühe gegeben zu haben. Ich zweifelte nicht an Peters Qualitäten als Meister und zweifelte nicht an meinem eigenen Status als Schüler.

Einer Sache war ich mir sicher. Ich hatte die Reinkarnationskette nicht durchbrochen. Dem Buddhismus und auch anderen Religionen zufolge wird der Mensch geboren und stirbt immer wieder, bis zu dem Augenblick, in dem er die Freiheit erlangt. Die Möglichkeit, sich zu befreien, ist immer vorhanden. Es muß ihm nur gelingen, sich vollkommen auf die Befreiung zu konzentrieren. In dem Moment, in dem er es schafft, nicht mehr an sein unechtes ‹Ich› zu denken, wenn er zugibt, daß dieses ‹Ich› keine Substanz hat, ist er frei, endgültig und für immer frei, und er wird nicht mehr wiedergeboren. Er mag sich im Augenblick der Befreiung dafür entscheiden zu sterben, oder er mag sich entscheiden, sein Leben fortzusetzen, bis der Tod auf natürliche Weise sein Leben beendet. Doch von jenem Moment der Freiheit an wird er als Schauspieler leben, Masken tragen, Rollen eines Helden und Anti-Helden spielen. Es wird kein weiteres *Karma* gebildet, Ursache und Wirkung existieren nicht mehr, was immer er tut, bleibt folgenlos. Er kann wie der fette Buddha mit dem hervorquellenden Bauch, dem dummen Lächeln und dem kahlen Kopf – der über den meisten chinesischen Restaurants in Amsterdam thront – am Straßenrand sitzen und sich vor Lachen ausschütten. Natürlich nur, wenn er das möchte.

*

Ich wachte aus einem Alptraum auf. Ich hatte geträumt, ich befände mich in dem alten Lagerhaus in der Innenstadt von Amsterdam, wo das Unternehmen, für das ich arbeite, seine Geschäfte betreibt. Meine Partner hatten beschlossen, daß wir in den Handel mit Gebrauchtmöbeln einsteigen sollten, und die Straße war voller Lastwagen mit alten und kaputten Stühlen, Tischen und Schränken. Wir schafften das Gerümpel eigenhändig nach oben, und das Lagerhaus füllte sich schnell. Ich erstickte beinahe, es war kein Platz mehr, um sich zu bewegen. Ich versuchte zu protestieren, brachte aber keinen Ton heraus. Doch der Alptraum endete gut. Während ich verzweifelt um mich schaute, erinnerte ich mich, daß eine unangenehme Situation nicht akzeptiert werden muß. Genau in dem Augenblick setzte draußen ein Sturm ein. Die Türen des Lagerhauses wurden von dem heftigen Wind aufgerissen, und der ganze Schund wurde hinausgesogen. Plötzlich befand ich mich in einem großen leeren Raum, dessen einziger Schmuck die Deckenbalken aus dem siebzehnten Jahrhundert waren.

Ich wachte auf und sah um mich. Ich hatte immer noch ein wenig das Gefühl, schwer Luft zu bekommen. Der Wecker klingelte, und Rupert schälte sich aus seinem Schlafsack.

«Ziemlich stickig hier drin», sagte er, «der Ofen muß wieder schlecht gebrannt haben. Ich werde die Tür öffnen.»

«Hast du auch geträumt?» fragte ich.

«Ja», sagte Rupert, «irgend etwas Abscheuliches, aber ich kann mich nicht erinnern, was es war.»

Ich wusch mich, wobei ich sehr wenig Wasser benutzte, da ich keine Lust hatte, wieder zum Nachbarn hinüberzugehen. Dann frühstückten wir lange und gemütlich. Wir machten uns Toast in einem rostigen automatischen Toaster, dessen Mechanismus klemmte. Jedesmal, wenn ein Toast fertig war, mußte ich dem Apparat einen Schlag versetzen, während Rupert ihn festhielt. Ich aß Würstchen mit Preiselbeermarmelade, eine ungewöhnliche Kombination, die erstaunlich gut schmeckte. Während ich eine Kanne englischen Tee machte, strich Rupert argwöhnisch herum. Der Ofen brannte jetzt gut. Ein allgemeines Gefühl des Wohlbehagens breitete sich aus.

Es war spät, sechs Uhr morgens. Normalerweise hätten wir um halb drei aufstehen müssen, aber heute war ein freier Tag, der Tag, bevor Rohatsu, die gefürchtete Woche, begann.

Peter kam herein. Er stampfte den Schnee von seinen Stiefeln und rieb seine roten Hände.

«Ihr seid schon auf? Ich dachte, ihr würdet heute bis elf schlafen, und hatte fest damit gerechnet, daß ihr beide noch auf der faulen Haut liegen würdet.»

Rupert sah bestürzt auf, und Peter lachte.

«Laß nur», sagte er, «ich weiß, wie fleißig du bist. Ich bin sicher, du hast ein volles Programm für heute, obwohl ich mir nicht vorstellen kann, worin das bestehen könnte. Es sieht so aus, als ob dein Gast bereits die ganze Arbeit gemacht hätte. Es ist so viel Holz hier drinnen aufgeschichtet, daß du für den Rest des Winters versorgt sein wirst.»

Rupert stopfte seinen Mund mit Toast und Marmelade voll und deutete einladend auf den Tisch. Ich schenkte eine zusätzliche Tasse Tee ein und legte ein paar Würstchen auf einen Teller.

«Du bist nicht besonders nett», sagte ich, «du hast dich nicht sehr verändert.»

Peter schüttelte seinen Kopf und sah mich an. Er mußte sich an die Zeit in Japan mit all unseren Konflikten erinnert haben, denn er begann zu lachen.

Ich erzählte ihm meinen Alptraum. Er hörte aufmerksam zu, und als ich zu dem Sturm kam, der das ganze Lagerhaus leergefegt hatte, sprang er auf.

«Das ist es», rief er. «Ausgezeichnet. So wird's gemacht.»

Rupert sah mich bewundernd an.

«Guter Traum», sagte Rupert. «Ich habe nie solche Träume. Meine Alpträume enden immer schlecht, der Feind schnappt mich und reißt mich in Stücke.»

Nachdem Peter sein Frühstück beendet hatte, veränderte sich sein Gesicht. Während er aß und redete, war er ein gutmütiger Freund gewesen, jetzt wurde er der Boss, der Organisator. Ich betrachtete aufmerksam die starken Linien in seinem Gesicht, die breiten Kieferknochen, die leicht hervortretenden, weit auseinanderstehenden blauen Augen. Ein außergewöhnlicher Mann, ein Mann, der sein Verhalten völlig unter Kontrolle hat, der jede beliebige Rolle spielen kann, wann und solange es ihm gefällt.

Rupert wurde weggeschickt, er sollte sich bei der Sägemühle melden. Ein freier Tag bedeutete nicht, daß die Schüler tun konnten, was sie wollten. Ein freier Tag war ein Tag ohne Meditation, ohne Glocken, ohne Klappern. Aber die Übung hörte nie auf, sie ging weiter, auf andere Weise.

«Für dich habe ich auch etwas», sagte er, mich ansehend. «Rupert erzählte mir gestern, daß du gern in der Stadt ein paar Einkäufe machen möchtest. Du kannst das Auto nehmen, ich habe es mitgebracht. Du kannst mich absetzen und allein in die Stadt fahren. Ich möchte, daß du ein paar Besorgungen für mich erledigst. Da ist eine Axt ohne Stiel auf dem Rücksitz, und ich brauche ein paar neue Kreissägenblätter für das Sägewerk. Außerdem kannst du dieses Päckchen für mich abliefern, die Adresse steht drauf.»

Rupert kam zurück, um seine Handschuhe zu holen, und warf einen flüchtigen Blick auf das Päckchen.

«Robert?» fragte er Peter. «Ich dachte, du wolltest mit Robert nichts mehr zu tun haben.»

Peter erhob seine Stimme. «Du denkst zuviel», erwiderte er, «du bist wie der Detektiv, der eine Theorie hat. Es ist eine hübsche Theorie, und er glaubt wirklich daran. Und dann stößt er auf eine neue Tatsache, und die paßt nicht ins Bild. Was tut er? Gibt er seine Theorie auf?»

Rupert guckte erstaunt. Der Detektiv war neu für ihn.

«Das tut er nicht», sagte Peter. «Er verdreht die Tatsache, bis sie in seine Theorie paßt.»

«Ja», sagte Rupert und ging. Ich hatte erwartet, daß er die Tür zuschlagen würde, aber das tat er nicht. Die Tür schloß sich ganz sacht. Peter lächelte.

Im Auto stellte ich meine große Frage. Ich wußte nicht, wo Peter aussteigen wollte, also stellte ich die Frage sofort. Ich riskierte eine Abfuhr, aber ein Schüler, der seine Chance nicht wahrnimmt, versäumt vielleicht eine Gelegenheit.

«Peter», sagte ich, «bitte hilf mir weiter. Gestern habe ich mein *Koan* gelöst, du hast auf meine Antwort gelächelt und mir ein neues *Koan* gegeben. *Sanzen* ist kein dummes Zeug. Es muß etwas Ungeheures passiert sein.»

Ich zögerte. Ich wollte ihn nicht ansehen. Ich merkte, daß er wartete. «Aber ich habe keine besondere Erfahrung gemacht. Als ich die alten Zen-Geschichten las, war immer auch von *Satori* die Rede. Hakuin, der größte Meister von allen, behauptet, daß er sechzehn große *Satoris* hatte und noch unzählige kleine.»

Peter antwortete nicht, und ich zwang mich, meinen Kopf zu drehen, damit ich ihn sehen konnte.

«Vergiß es», sagte Peter. «Gönne Hakuin hundert *Satoris* oder zweihundert, wenn er gern möchte.»

Die Botschaft wirkte nach einer Weile.

«In Ordnung», sagte ich, «aber wo bin ich jetzt? Ich muß irgendwo sein. Aber wo?»

«Du hast den Finger im Spalt der Tür, und hier möchte ich aussteigen. Laß mich bei dem kleinen Häuschen da drüben raus. Wenn du zurückkommst, kannst du das Auto vor meinem Haus abstellen. Komm nicht herein, laß den Schlüssel einfach stecken. Hier ist noch nie ein Auto gestohlen worden.»

Mein Finger im Spalt der Tür. Dann war die Tür also offen. Ich mußte sie nur aufstoßen. Eine angelehnte Tür ist besser als eine Mauer ohne sichtbare Öffnung. Aber was würde ich auf der anderen Seite der Mauer finden? Eine verhexte Landschaft? Oder die Realität? Eine grundlegend andere Art von Erfahrung?

Und war ich, als ich das *Koan* löste, in jener Welt gewesen? Es schien mir so. Aber jetzt war ich nicht dort. Ich war ein gewöhnlicher Mensch in einem gewöhnlichen Auto auf dem Weg in eine gewöhnliche Stadt. Oder bildete ich mir nur ein, daß alles so gewöhnlich war?

Der letzte Gedanke faszinierte mich. Dies könnte sehr wohl die Antwort sein. Wenn auch keine neue Antwort, ich hatte mir immer eingebildet, in einer gewöhnlichen Welt zu leben. Und was genau ist gewöhnlich?

Ich sah Bäume auf beiden Seiten der Straße. Eine Möwe flog in der Luft. Ein großes schwarzes Auto überholte mich.

Ist es nicht so, daß das Wunder sich in jedem Augenblick manifestiert? Bist du, der Schatten im Schattenspiel, nicht der Buddha selbst?

Die Hasenscharte

Wenn du etwas tust, mach es gut.

Mein Vater hatte es oft gesagt und die Lehrer in der Schule.

Die Zen-Meister sagen es und ihre Mönchs-Ältesten.

Wenn du gehst, gehe, und torkele nicht.

Wenn du sitzt, sitze, und wackele nicht.

Paß auf.

Ich erinnerte mich, daß Peter einmal zu mir «Paß auf» gesagt hatte. Ich wohnte damals in seinem Haus. An jenem Abend gab es keine Meditation im Kloster, und ich war gerade dabei auszugehen, als er mich in der Nähe der Pforte anhielt, wo er etwas an seinem Motorroller zu reparieren versuchte.

«He», rief er, und ich ging zu ihm hinüber, weil ich glaubte, ich solle ihm ein Werkzeug halten.

«Du gehst aus?»

«Ja. Ich habe es dir heute nachmittag gesagt. Ich habe eine Einladung von Soundso und seiner Frau.»

«Paß auf!» sagte er und wandte sich wieder seinem Motorroller zu.

Er hatte mich damals amüsiert, denn Soundso und seine Frau waren nette ordentliche ältere Japaner, die mir ein förmliches Abendessen, eine ruhige Unterhaltung mit Tee und Plätzchen bieten würden. Sie tranken keinen *Sake,* es bestand also nicht die geringste Chance, daß irgend etwas geschehen würde. Ich lachte auf dem Weg zum Abendessen. Ein paar Tage zuvor war ich ebenfalls ausgegangen, er hatte damals ebenfalls an seinem Motorroller gearbeitet, ich war ebenfalls an ihm vorbeigegangen, und er hatte nichts gesagt, mich nur freundlich gegrüßt. Aber an jenem Abend war ich mit ein paar jungen Amerikanern ausgegangen und war erst in den frühen Morgenstunden zurückgekehrt. Und Peter hatte genau gewußt, was ich vorhatte.

Aber ich hörte auf zu lachen, als mir einfiel, daß Peter nie etwas ohne Absicht sagte. Wenn er «Paß auf» sagte, meinte er «Paß auf», und den ganzen Abend über versuchte ich aufzupassen, auf mich selbst, auf meine Gäste, auf meine Umgebung. Das Ergebnis war, daß ich fast nichts gesagt und eine Menge gelernt hatte. Der Japaner und seine Frau waren weise Leute, aber ich hatte ihnen früher nie die Gelegenheit gegeben, zu mir zu sprechen, ich hatte immer zu ihnen gesprochen. Es war ein erstaunliches Abendessen gewesen.

Und nun, auf dieser amerikanischen Straße, befahl ich mir aufzupassen. Ein Auto ist ein Mordinstrument. Ich fuhr, zum erstenmal in meinem Leben, auf einem amerikanischen Highway. Wenn ich einen Fehler machte, könnte ich viel Ärger verursachen. Ich fuhr sehr vorsichtig und beachtete die Höchstgeschwindigkeit von sechzig Meilen pro Stunde. Das Auto vor mir fuhr mit genau der gleichen Geschwindigkeit, und mehr als zehn

Minuten lang sah ich auf den Afro-Haarschnitt der schwarzen Frau, die es fuhr. Ich lächelte über mich selbst. Es war noch gar nicht so lange her, vielleicht zwölf oder dreizehn Jahre, daß ich auf mein wildes Fahren stolz gewesen war. Ein Mensch ist nichts anderes als eine sich ständig ändernde Kombination von sich wandelnden Gewohnheiten. Wildes Fahren ist unmoralisch. Aber was ist ‹unmoralisch›? Ich dachte an den heiligen buddhistischen Priester, einen Meister des Tantra-Buddhismus, der vor nicht allzu langer Zeit seinen schnellen Jaguar an einer Ziegelsteinmauer in einer schottischen Stadt zerschmettert hatte. Der heilige Priester war sternhagelvoll gewesen. Ein unmoralischer Mann? War Christus ein unmoralischer Mann, als er den Feigenbaum verfluchte?

Äußerst tiefgründige Fragen! In der Zwischenzeit wäre es vielleicht besser, vorsichtig weiterzufahren. Moralisches Verhalten ist sehr bequem, es macht das Leben leichter, vielleicht auch langweilig, aber leichter. Ich schüttelte meinen Kopf. Vielleicht war ich wieder einmal auf der falschen Fährte. Der alte Meister hatte mir nie Moral gepredigt. Er hatte mir ein *Koan* gegeben. Und auch Peter hatte nie von Moral gesprochen. Er hatte Bewußtheit gepredigt. Obwohl er das Wort nie benutzt hatte.

Da war diese alte hellsichtige englische Dame in Kioto gewesen. Einmal hörte ich sie zu dem alten Lehrer sprechen. Sie hatte eine Begegnung zwischen mehreren Schülern beschrieben, und der alte Mann hörte ihr zu. Sie fing einen neuen Satz an. Peter übersetzte.

«Und dann war mir bewußt ...»

Der alte Mann lachte. Er stand auf und verließ den Raum. An der Tür drehte er sich um und sah die alte Dame an. «All diese Bewußtheiten!» sagte er und verschwand im Flur.

Wir lachten, aber die alte Dame war zäh. Sie neigte ihren Kopf und sagte leise zu sich selbst, aber auch zu uns: «Ich war mir nicht bewußt.»

Ich paßte auf. Ich sah einen Anhalter neben einem geparkten Auto stehen und winken. Es kostete einige Mühe, mich aus dem fließenden Verkehr zu lösen, und als es mir schließlich gelang, war ich einen halben Kilometer zu weit. Ich setzte zurück. Der Anhalter sah mich nicht, und ich hupte. Er kam zu mir gelaufen. «Fahren Sie in die Stadt?»

«Ja.»

«Mein Auto ist kaputt.»

Er stieg ins Auto und stellte sich vor. Wir schüttelten uns die Hand, und ich murmelte meinen Namen. Er war ungefähr dreißig Jahre alt, sein Anzug sah zerknittert aus. Sein schmutziges Hemd trug er ohne Krawatte und hatte einen kleinen alten Koffer bei sich, um den eine Schnur gewickelt war. Er lächelte nervös.

«Es ist alles in Ordnung», sagte er.

Er hatte eine Hasenscharte, die nicht richtig operiert worden war; die Spalte war noch zu sehen.

«Wie meinen Sie das?» fragte ich. «Warum sollte etwas nicht in Ordnung sein?»

«Ich meine, ich werde Sie nicht überfallen.»

Er überraschte mich. Der Gedanke war mir nicht gekommen. «Warum sollten Sie mich überfallen?»

«Nun», sagte er, ebenfalls überrascht, «wegen Geld natürlich.»

«Brauchen Sie Geld?»

Er schüttelte den Kopf und schloß die Augen halb. «Jeder braucht Geld. Aber ich habe genug bei mir. Ich meinte nur, daß ich ein bißchen wie ein Landstreicher aussehe und Sie glauben könnten, ich sei ein Straßenräuber, der ein kaputtes Auto als Vorwand benutzt, um mitgenommen zu werden. Das hat es schon gegeben.»

«Ach, Amerika ist ein unsicheres Land. Ich hatte davon gehört, es aber vergessen. In Holland sind Straßenüberfälle nicht populär. Noch nicht jedenfalls.»

«Holland», sagte der Mann nachdenklich. «Ein weites Land mit Kühen und Wasser. Mein Vater war dort während des Krieges, er kam mit der Armee dorthin. Er sagte, er habe in einem Sumpf kampiert und immer Durchfall gehabt, Tigerschiß nannte er es. Haha.»

Ich lachte. «Tigerschiß! Das ist gut. Ich habe Holland mit vielen Dingen assoziiert, aber nicht mit Tigern. Das muß ich mir merken.»

«Tut mir leid», sagte der Mann mit der Hasenscharte. «Ich wollte Sie nicht beleidigen, aber ich mußte an meinen Vater denken, und der sagte das.»

«Macht nichts», antwortete ich, «ich finde es lustig.»

Ich hatte eine Schachtel mit Zigaretten in meinem Schaffellmantel und bot ihm eine an. Er ließ sich Zeit mit dem Öffnen.

«Und die Menschen in Holland? Sind sie nett zueinander?» fragte mein Gast.

Ich dachte darüber nach. «Einigermaßen nett», sagte ich schließlich. «Wir leben alle nahe beieinander, fünfhundert pro Quadratkilometer, glaube ich, und die Straßen sind immer voll, und das Wetter ist wie auf dem Boden eines Aquariums. Da muß man nett zueinander sein, oder alle werden gleichzeitig verrückt.»

«Ein sumpfiger Himmel?» fragte mein Freund.

«Na ja, Himmel ...», sagte ich vorsichtig.

«Aber ihr habt keine Angst voreinander?»

«Nein», antwortete ich.

«Wir schon», sagte der Mann mit der Hasenscharte. «Wir haben Angst voreinander. Allesamt. Sehen Sie die Ausbuchtung unter meiner Achsel?»

Ich sah die Ausbuchtung. «Eine Waffe?» fragte ich. Er nickte. «Zeigen Sie mal.»

Er gab mir die Waffe, eine automatische Pistole. Sie war nicht gesichert, und ich sicherte sie mit meinem Daumennagel.

«Nicht nötig», sagte der Mann, «sie ist nicht geladen. Ich habe heute morgen ein paar Schießübungen gemacht und alle Patronen verschossen. Ich habe auf Dosen gezielt, in der Nähe meiner Hütte. Ich lebe in den Wäldern, wissen Sie.»

«Können Sie üben, wo Sie wollen?» fragte ich.

«Nein», sagte er, «aber jeder tut es. Ich glaube, ich kenne niemanden, der nicht eine Pistole oder einen Revolver oder irgend etwas anderes zum Töten besitzt.»

«Darum habt ihr also Angst voreinander?»

«Es gibt noch andere Gründe», sagte er und verschluckte sich am Zigarrenrauch.

Es stellte sich heraus, daß er die Stadt gut kannte, und er war sehr hilfreich. Er zeigte mir den Supermarkt, wo ich Lebensmittel kaufen konnte, und den Laden, wo Peter seine Sägeblätter bestellt hatte und wohin ich die Axt ohne Stiel bringen sollte. Wir tranken Kaffee in einem Restaurant, in dem alles aus Papier zu sein schien. Die Tassen und Teller waren aus gepreßtem Papier, das Hotdog schmeckte nach Papier, und das Mädchen, das unsere Bestellung auf den Tisch knallte, sah aus, als ob sie aus einem feuchten Stück Pappe ausgeschnitten sei.

«Die moderne Welt», sagte der Mann mit der Hasenscharte und

deutete auf eine Wand, die einmal mit Plastikplatten bedeckt gewesen war, von denen die meisten aber rissig geworden oder abgefallen waren, und wir konnten in die Küche dahinter sehen. Wir sahen langhaarige junge Männer mit schmutzigen hohen weißen Mützen, die auf eine große, heiße Platte Hackfleischbrocken warfen und sie dann mit Metallschabern an Stielen wieder abkratzten.

«Ich habe an einem Ort wie diesem gearbeitet», erzählte mein Gastgeber. «Es gibt sie überall in den Vereinigten Staaten. Wir waren zu neunt in der Küche, und sieben davon waren drogenabhängig. Sie nahmen die harten Sachen. Die Zähne fielen ihnen aus, und hin und wieder spielten sie verrückt, zerkratzten die Wände, bis ihnen das Blut unter den Nägeln hervorströmte.»

Ich betrachtete aufmerksam sein Gesicht. Er sah ungepflegt aus, aber seine Augen waren klar, und er hatte, trotz der Hasenscharte, einen starken Mund. Er grinste.

«Nein. Ich habe Marihuana geraucht, als ich jung war, aber ich habe nie gefixt. Ich trank zuviel, aber das ist jetzt vorbei, dank der A.A. Ich werde natürlich immer ein Alkoholiker sein, aber ich habe mit Trinken aufgehört. Wenn Sie mir jetzt ein Bier anbieten würden, würde ich sagen ‹nein danke, ich bin ein Alkoholiker›.»

«Möchten Sie ein Bier?» fragte ich.

«Nein, danke», antwortete er. «Ich bin ein Alkoholiker.»

«Komisch», sagte ich. «Stellen Sie sich vor, Sie wollten mich mit einem netten jungen Mädchen bekanntmachen und ich sagte, ‹nein danke, ich bin ein Sex-Monster›.» Er lachte. «Lustig», sagte er. «Das muß ich mir merken. Aber ein Mädchen ist kein Glas Bier. Ein Mädchen hat eine Seele, und Alkohol ist ein Teufel.»

«Sind Sie Christ?» fragte ich.

«Nein», sagte er, «aber ich glaube an Teufel. Kleine Teufel. Es gibt sehr wenig große Teufel auf der Erde. Eine zu leichte Sache für sie. Sie schicken die kleinen Burschen hierher, damit die ein bißchen Übung bekommen.»

Der Gedanke war neu für mich, und ich ermunterte ihn, weiterzusprechen.

«Das Spiel der kleinen Teufel ist einfach. Man muß sehr auf der Hut sein. Man gibt ein bißchen nach, und sie packen dich ein bißchen. Sie sind geduldig. Sie schnappen einen langsam. Zuerst kann man noch ein paar Entscheidungen treffen, hin und wieder kann man noch ‹nein› sagen, aber allmählich übernehmen sie die Führung. Und wenn sie einen haben, können sie alles mit einem machen, was sie wollen.»

«Und wohin bringen sie uns?» fragte ich.

«Ins Gefängnis», antwortete der Mann mit der Hasenscharte, «oder an einen Abgrund. Sie brauchen einen gar nicht zu stoßen, man springt ganz von selbst. Man weiß nicht einmal, daß man springt.»

«Und wo ist man dann?» fragte ich. «In der ewigen Hölle?»

Er sah mich prüfend an. «Ich weiß nicht. Ich glaube nicht. Ich glaube zwar, daß sie einen in die Hölle bringen, aber nicht für immer. Man wird wahrscheinlich wieder freikommen. Eines Tages wird man erkennen, wo man ist, und dann wird man fort wollen.»

«Und wenn man fort will, kann man fort?» fragte ich.

Er wiegte seinen Kopf. «So ähnlich. Ich bin mir nicht sicher, ich glaube es nur. Wenn man glaubt, ist man nicht sicher. Aber vielleicht haben Sie recht. Man kann fort, wenn man wirklich fort will. Nicht eher.» Er bezahlte die Rechnung, und wir verabschiedeten uns. Ein netter Mann, mein Freund mit der Hasenscharte.

Ich erledigte meine Einkäufe. Der Supermarkt glich dem Supermarkt in Amsterdam aufs Haar. Nur die Dosen und die Verpakkungen waren größer, aber sonst konnte ich keinen Unterschied feststellen. Auch an dem Werkzeugladen konnte ich nichts Besonderes entdecken. Die Sägeblätter lagen bereit, und innerhalb einer Minute hatte der Mann hinter dem Tresen die Axt mit einem neuen Stiel versehen. Ich brauchte nicht zu bezahlen; die Rechnung wurde von Peters Konto abgezogen.

«Gehören Sie auch dazu?» fragte der Mann hinter dem Tresen.

«Wozu?» fragte ich.

«Zur Kommarde», sagte der Mann.

Ich hatte das Wort nie gehört und bat ihn, es mir zu erklären.

«Ich weiß nicht, was es bedeutet», sagte der Mann. «So nennen wir euren Ort. Ein Wort, das irgend jemand erfunden hat. Zuerst dachten wir, ihr wärt Kommunisten, aber dann hörten wir, daß ihr Buddhisten seid. Das ist etwas anderes. Jedenfalls bin ich einmal dort draußen gewesen. Peter hat uns vergangenen Sommer alle eingeladen, wir verbrachten einen schönen Tag. Er führte uns herum, wir sahen die Farm und euren Tempel mit den Kissen. Er hat uns auch etwas Gutes zu essen aufgetischt. Ich schätze, wir waren zweihundert Leute da draußen, eine ganz hübsche Menge.»

«Wen hat er eingeladen? Alle, die kommen wollten?»

«Ja. Alle, mit denen er zu tun hat. Die Ladenbesitzer und den Postboten und den Bankier. Jeden, den er hier kannte. Sogar der Steuerbeamte kam hinaus. Und auch die ganzen Familien gingen hin. Den Kindern hat es Spaß gemacht. Uns auch.»

Ich sah ein Messer, das mir gefiel, und kaufte es, während er noch ein bißchen weiterredete.

«Stimmt das, daß ihr alles miteinander teilt?»

«Ich glaube nicht», sagte ich, «jeder verdient sein eigenes Geld. Doch ich bin mir nicht sicher, ich bin nur ein Besucher.»

«Es ist ein schöner Ort», sagte der Mann, «aber trotzdem sonderbar. Ich weiß nicht, wie es funktioniert. Es ist mir eigentlich auch egal. Der Peter ist ein guter Kerl. Er besucht uns manchmal. Mein Sohn mag ihn.»

Er sagte ‹mein Sohn› in einer ganz besonderen Art.

«Ihr Sohn?»

Er senkte seine Stimme. «Mein Sohn ist zurückgeblieben. Und sehr verschlossen; er sagt nicht viel. Aber wenn Peter hier ist, kommt er immer in den Laden, und dann reden sie miteinander. Mein Sohn kennt nicht viele Wörter, aber Peter scheint ihn zu verstehen.»

«Aha», sagte ich.

«Hier sind die Sägeblätter», sagte der Ladenbesitzer. Er begann, einen anderen Kunden zu bedienen, und sagte nicht auf Wiedersehen, als ich den Laden verließ.

Ich mußte noch Peters Päckchen abliefern, und ich hielt einen Mann auf der Straße an, um ihn nach dem Weg zu fragen. Der Mann antwortete nicht, sah durch mich hindurch und lief weiter. Jeder hat Angst vor dem anderen, hatte der Mann mit der Hasenscharte gesagt.

Ich blickte um mich und bemerkte eine alte Frau, die sich auf einen Stock stützte. Alte Frauen bekommen nicht so schnell Angst, und ich ging zu ihr. Sie spähte auf die Adresse und zeigte mir den Weg mit ihrem Stock. Sie sprach mit einem Akzent.

«Sie sind keine Amerikanerin?» fragte ich.

Ihr Blick durchbohrte meinen Schädel. «Wollen Sie mich beleidigen, junger Mann?»

«Nein Madam», antwortete ich schnell. «Ich dachte nur, daß Sie vielleicht aus einem anderen Land stammen.»

«Ich bin Russin», sagte sie kurz.

«Sind Sie schon lange hier?»

«Wenn Sie sechsundsechzig Jahre lang nennen», sagte sie und humpelte fort.

«Danke», rief ich ihr nach, aber sie reagierte nicht.

Amerika, das mächtigste Land der Welt. Ein Alkoholiker mit einer Hasenscharte. Ein Ladenbesitzer mit einem zurückgebliebenen Sohn. Eine alte Dame mit einem Stock und schlechter Laune. Und die Welt zittert vor Angst. Schemen in einem Schattenspiel. Ich will verdammt sein, wenn es nicht wahr ist, dachte ich. Dies kann nicht die Wirklichkeit sein. Dies muß ein Spiel vorübergehender Formen sein, dies ist nicht echt, und wenn es nicht echt ist, gibt es keinen Grund, über irgend etwas bestürzt zu sein. Aber muß man jahrelang unter einem Baum sitzen, um das zu wissen? Gewiß, gewiß, dachte ich. Man muß jahrelang unter einem Baum sitzen, um das zu wissen. Zu erkennen, daß es nicht wahr ist, ist leicht. Aber zu erkennen, *was* wahr ist, wird einige Mühe kosten.

Ich fand die Adresse, aber nicht den Mann, den ich sprechen wollte. Seine Frau oder Freundin, ein zierliches Mädchen Anfang Zwanzig, wollte das Päckchen nicht annehmen, als sie hörte, daß es von Peter sei.

«Robert wird mit Ihnen sprechen wollen», sagte sie, «Sie geben es ihm besser selbst.»

Sie erzählte mir, wo ich ihn finden könnte, und bot mir an, mich hinzufahren, als sie merkte, daß ich mich in der Stadt nicht auskannte. Ich war überrascht, wie leicht sie mit dem großen Auto umgehen konnte, und machte eine Bemerkung darüber.

«Sie sind in Amerika», sagte sie. «Wir lernen schon als Kinder, diese Kombis zu fahren.»

Ich dachte an den Krieg, an die letzten Tage des Krieges. Ich war damals in Rotterdam, ein vierzehnjähriger Junge, der ein Haus in unserer Straße beobachtete. In dem Haus waren SS-Offiziere, und sie lehnten es ab, sich zu ergeben. Der Krieg war offiziell vorüber, und die deutschen Soldaten hatten gehorsam aufgegeben. Die meisten waren in Zivilkleidung nach Hause gegangen oder von den Alliierten und den neu organisierten holländischen Einheiten unter Arrest genommen worden. Die SS war eine Ausnahme, sie wußten, daß sie wegen Kriegsverbrechen angeklagt werden würden.

Etwa zwanzig holländische Soldaten hatten einen Versuch unternommen, das Haus zu stürmen. Zwei von ihnen waren tot und einige verwundet. Die Straße war sehr ruhig.

Und dann kamen die Amerikaner. Ein Panzer rumpelte vorbei, dann noch einer. Ihre Kanonen feuerten ein paarmal. Das Haus stürzte ein. Als sich der Rauch verzog, taumelte ein SS-Offizier aus der brennenden Ruine. Auf der Straße, dicht bei den Panzern, brach er zusammen. Der Junge, der aus dem Panzer kletterte, war der erste Amerikaner, den ich je gesehen hatte. Ich sprang auf und winkte ihm zu. Er hob seine Maschinenpistole, ließ sie aber wieder sinken, als er sah, daß ich ein Zivilist war. Ich war beeindruckt. Ein Junge, nur vier oder fünf Jahre älter als ich, aber fähig, einen Panzer zu fahren und die allmächtige SS mit einem beiläufigen Knopfdruck zu töten.

«Ihr seid ein sehr fortgeschrittenes Volk», sagte ich nun zu dem zierlichen Mädchen am Steuer dieses riesigen Autos.

Sie hob eine Augenbraue. «Sie wollen mich auf den Arm nehmen», sagte sie.

«Nein», antwortete ich. «Ich meine es ernst.»

Sie setzte mich am Eingang der Werkstatt ab, winkte und fuhr weg. Robert arbeitete drinnen an irgendeiner komplizierten Maschine. Ich stellte mich vor und gab ihm das Päckchen. Er war groß, breitschultrig mit einem Bürstenschnitt, der ihn wie einen Filmhelden aus der Vergangenheit aussehen ließ.

«Von Peter?» fragte er.

«Ja», sagte ich, «erkennst du seine Handschrift?»

«Nicht nur die Handschrift. Dich erkenne ich auch. Peter hat mir oft von dir erzählt, über die Zeit, in der ihr zusammen in Japan wart. Du warst ihm einmal sehr nahe, oder?»

«Ja vielleicht», sagte ich, «aber bei Peter weiß man nie. Warst du mit ihm befreundet?»

Robert nickte. «Gehen wir zusammen Mittag essen», fragte er. «Hast du Zeit? Wir können uns unterhalten, während wir essen.»

Ich wartete, bis er seine Hände gewaschen hatte, und folgte ihm auf die Straße.

Das Restaurant, in das er mich brachte, gefiel mir, es war ganz anders als der Papierladen, in den mein hasenschartiger Freund mich mitgenommen hatte. Es war ein ehrliches, einfaches Eßlokal mit Holzbänken und gescheuerten Tischen und mit einer dikken Dame mit einem freundlichen Lächeln, die ein Interesse an unserer Wahl zeigte.

«Einen Drink?» fragte Robert.

«Wenn du einen nimmst.»

Er bestellte zwei Martinis und lächelte mir zu.

«Normalerweise trinke ich tagsüber nicht, aber dies ist eine besondere Gelegenheit. Du bist ein Bote vom Himmel und sollst gut empfangen werden.»

«Du hältst die Kommarde für den Himmel?» fragte ich erstaunt.

Er lachte. «Nein. Ich drücke mich falsch aus. Sie sollte zum Himmel führen. Fegefeuer hätte ich sagen sollen.»

«Und was ist dann dies hier? Dein Leben in dieser Stadt?»

Er lachte wieder. «Nicht die Hölle, falls du das meinst. Dies ist ein ganz angenehmer Ort. Eine Zwischenstation. Ich ruhe mich hier aus.»

Wir tranken die Martinis, und er bestellte noch eine Runde.

«War es da drüben eine schwierige Zeit für dich?»

Er erzählte mir davon, während wir aßen. Allmählich konnte ich mir ein Bild von seinem Leben in der Kommarde machen. Irgendwie war es eine amüsante Geschichte, weil er zufällig dorthin gekommen war. Er war dorthin gebracht, sogar geschleppt worden.

«Ich war ein kranker Mann. Psychisch, meine ich. Wirklich krank. Ich hatte all meinen Lebenswillen verloren. Ich lag im Bett, mit Schmerzen im Rücken, sehr vagen Schmerzen, denn ich konnte nie genau sagen, wo sie waren. Die Schmerzen lähmten mich, und ich konnte mich nicht bewegen. Ich lag im Bett und starrte an die Decke. Ins Badezimmer zu gehen, war eine größere Anstrengung.»

«Und dann?»

«Dann holte Peter mich da raus. Er ist ein Freund eines Freundes von mir, und mein Freund traf Peter in New York auf der Straße, rein zufällig. Peter verläßt selten die Kommarde. Sie aßen

Mittag zusammen, und mein Freund erzählte Peter von mir. Er kam in mein Zimmer und zog mich aus dem Bett. In derselben Nacht fuhr er mit mir aus New York fort. Ich fragte nie, wohin er mich brachte. Mein Rücken schmerzte nicht, und ich fuhr einen Teil der Strecke. Wir hielten ein paarmal, um zu essen, und wir schliefen im Auto. Ich fragte nie nach unserem Ziel. Es war mir egal.»

Ich konnte es kaum glauben, sie mußten tagelang zusammen gefahren sein.

«Du hast nie gefragt?»

«Nein. Ich tat, was man mir sagte. Monatelang bewegte ich mich wie eine Maschine. Wenn er mir sagte, ich solle auf der Farm arbeiten, arbeitete ich auf der Farm. Wenn er mir sagte, ich solle die ganze Nacht meditieren, meditierte ich die ganze Nacht. Wenn er mir nichts sagte, tat ich nichts. Ich saß herum und starrte vor mich hin und rauchte.»

«Hast du dir deine Zigaretten selbst gekauft?»

«Nein, Peter brachte sie mir mit, wenn er zum Einkaufen ging. Ich bat ihn, sie zu kaufen.»

«Und?»

«Oh, ich erwachte aus meiner Betäubung. Es brauchte seine Zeit, aber schließlich wurde ich wieder einigermaßen normal. Eine Zeitlang leitete ich die Arbeit auf dem Hof, und ich baute mir meine eigene Hütte.»

«Warum bist du dann weggegangen?»

«Warum hast du das japanische Kloster verlassen?»

«Ich konnte es nicht mehr aushalten. Ich hatte das Gefühl, daß ich dort nichts lernte und mein *Koan* in mir starb.»

Robert grinste. «Das *Koan*, was?»

«Hast du auch eins?»

«Sicher.»

«Hast du es gelöst?»

«Wir sollen nicht über unsere *Koans* sprechen», sagte er.

«Hast du es gelöst?»

«Nein. Ich ging weg. Peter stellte mich immer in den Mittelpunkt. Mir schien, daß er soviel Zeit auf mich verwandte wie auf alle anderen zusammen. Jedesmal, wenn er seinen Mund aufmachte, rief er ROBERT. Und außerdem wurde seine Laune immer schlechter. Deshalb ging ich eines Tages.»

«Bist du jemals wieder dort gewesen?» fragte ich.

«Oh, mehrere Male. Zu Besuchen. Ich nahm auch meine Freundin mit, aber sie mochte diesen Ort nicht. Sie glaubt, ich wolle dahin zurückgehen und sie verlassen.»

«Aber sie könnte ebenfalls dort wohnen.»

«Sie will aber nicht. Ich glaube, sie möchte nur mit mir zusammen sein.»

«Tut es dir leid, daß du weggegangen bist?»

Er beugte sich vor und tätschelte mir den Kopf, eine Geste, die er von Peter gelernt haben mußte.

«Sicher. Aber ich habe eine Menge gelernt. Ich kann jetzt für mich selbst sorgen. Ich könnte sogar eine Familie gründen. Ich kann jetzt arbeiten, ich bin Mechaniker, ich habe meine eigene Werkstatt, ich verdiene sogar ein bißchen Geld. Die Welt ist manchmal sehr schön, die Kommarde hat mich sehen gelehrt. Ich kann eine Pflanze, einen Baum, einen Käfer sehen.»

Wir aßen eine Weile schweigend.

«Nimm noch einen Drink. Morgen beginnt Rohatsu, dies ist so ziemlich deine letzte Gelegenheit, dich zu entspannen.»

Er überraschte mich. «Du erinnerst dich noch an die Termine? Du weißt, wann die wichtigen Ereignisse fällig sind?»

Er lächelte.

«Wie du siehst, bin ich doch nicht weggegangen. Ich bin immer noch da drüben, jeden Tag. Jene beiden Jahre waren die wichtigsten Jahre meines Lebens. Alles, was ich jetzt tue, ist eine direkte Folge dessen, was dort drüben geschehen ist.»

«Und wirst du wieder zurückgehen?»

Er schüttelte seinen Kopf. «Ich weiß es nicht.»

Auf dem Rückweg fuhr ich wieder in einem Pulk von Autos, die alle dieselbe Geschwindigkeit einhielten. Ich redete laut zu mir selbst, um nicht einzuschlafen. Meine Kehle tat mir weh; ein Anflug von Erkältung, die ich aus den holländischen Sümpfen mitgebracht hatte.

Du bewegst dich zwischen zwei Punkten, von denen du keinen genau bestimmen kannst.

Von nirgendwo nach nirgendwo?

Verrottete, schiefe Reklameflächen, die für Dinge werben, die du nicht brauchst, versperren deine Aussicht.

Der Wald ist kahl und dürr.

Du solltest dich traurig fühlen, aber du fühlst dich innerlich warm.

Du weißt, daß es jeden Augenblick geschehen kann.

Und wenn es nie geschieht? Wäre das schlimm?

Du bist über deinen eigenen Schluß überrascht. Es wäre nicht schlimm.

Die Eichelhäher

Sieben Tage lang zehn Stunden pro Tag meditieren. Wenn man es so direkt formuliert, erscheint einem die Aufgabe schrecklich.

Vielleicht ist alles eine Frage der Vorstellung. Und mit der richtigen Vorstellung ist beinahe alles zu schaffen. Man darf sich nur nicht zuviel vorstellen und nicht zu weit vorausdenken. An jenem Morgen stand ich um halb drei auf. Der Wecker rasselte heiser und zermürbend.

Er stand in einer Ecke der Blockhütte, weit von Ruperts Schlafsack und weit von meinem Stapel Pferdedecken entfernt.

Ich rührte mich nicht und wartete auf Rupert. Es ist leicht, sich in eine Situation hineinzudenken, in der man immer recht hat. Ich sagte mir, daß ich der Gast sei und Rupert der Gastgeber. Gastgeber haben Pflichten. Sie müssen zuerst aufstehen und Kaffee machen. Und erst wenn der Kaffee fertig ist, steht der Gast auf. Ich rührte mich also nicht, aber Rupert rührte sich auch nicht.

Die Situation beunruhigte mich, und ich rief: «Rupert, der Wecker! Der Wecker!» Rupert grunzte. Ich rief weiter.

«Ja», sagte Rupert, langsam und sehr deutlich sprechend, «ich höre den Wecker. Aber ich bin heute morgen ein bißchen langsam.»

Er war wieder still, und der Wecker rasselte weiter.

«Rupert!»

«Ja.»

Er stand auf. Beruhigt ließ ich mich zurücksinken und lehnte meinen Kopf an die Wand. Ich beobachtete Rupert, wie er sich aus seinem Schlafsack befreite. Langsam kam er auf die Beine, langsam ging er zum Wecker. Ich schlief wieder ein. Das leise metallische Geräusch des Bechers, der den Boden neben mir berührte, weckte mich auf.

Ein paar Minuten später gingen wir durch den schmelzenden pappigen Schnee. Dieses plötzliche Tauwetter trug nicht dazu bei, daß ich mich wohler fühlte. Schnee und Eis können sich negativ auswirken, wenn man in einer schlecht geheizten Blockhütte lebt und viel Zeit draußen verbringen muß, aber sie steigern die Schönheit der Landschaft. Sogar mit Schneestürmen kann man sich abfinden. Man denkt an die Eremiten im Himalaya, die im Schnee meditieren, und an kleine Gruppen von Mönchen, die über die Pässe wandern, auf dem Weg zu einem heiligen und unzugänglichen Ort, wo sie, unter Führung eines Meisters, tief in die Geheimnisse unserer Existenz eindringen werden. Aber was kann man sich vorstellen, wenn man knöcheltief durch eine dicke, zähe, graue Masse watet? Es nieselte sogar, und mein Mantel wurde feucht und schwer.

Wir gelangten zum Zendo, und ich hatte Schwierigkeiten, aus meinen Stiefeln zu kommen. Um mich drängten sich die Schüler. Ich hüpfte auf einem Bein herum, als ich mit einem dicken Mädchen zusammenstieß und über einen älteren Mann stolperte, der seine Schnürsenkel aufzuknoten versuchte. Niemand sagte etwas. Das Schweigen hatte begonnen. Eine Woche lang würden wir nur dann reden, wenn es etwas Wichtiges zu sagen gab.

Auf dem Weg zum Zendo hatte Rupert mich hinter sich gelassen. Er war der Jikki-Jitsu, der Meditationsleiter, und mußte vor den anderen im Zendo sein. Ich sah ihn jetzt am Ende der Halle, hoch auf seinen Kissen thronend, bewegungslos, die hölzerne Klapper bereit, um das Signal für die erste Periode zu geben.

Ich hatte mir vorgenommen, nicht vorauszudenken. Dies war die erste Periode von insgesamt sieben. Siebenmal fünfundzwanzig Minuten und sechs Ruhepausen von fünf Minuten. Also dreieinhalb Stunden insgesamt. Dreieinhalb Stunden sind zu schaffen, besonders wenn man sie aufteilen kann. Und zwei Perioden würden ganz leicht sein, weil sie teilweise darin bestünden, zwischen Zendo und Peters Haus hin und her zu gehen. Und da wäre die Aufregung des neuen *Koans.*

Die Zen-Sekte, in die ich in Japan hineingestolpert war, gehörte zur Rinzai-Schule. Rinzai ist für seinen ausgiebigen Gebrauch von *Koans* bekannt, aber es gibt auch andere Zen-Methoden. Soto-Zen zum Beispiel benutzt das *Koan* kaum. Und *Koans,* betonen die Soto-Priester, seien nicht wirklich notwendig. Buddha benutzte keins, als er unter seinem Baum saß. Der einzige Grund – sagen die Soto-Priester –, warum die Rinzai-Schulung beinahe ununterbrochen mit *Koans* arbeite, sei, daß Rinzai intellektuelle oder lediglich rastlose Geister anziehe. Einen rastlosen Geist zu zwingen, stillzusitzen, um sich auf das große ‹Nichts› zu konzentrieren, das alle Phänomene verursacht und erklärt, ist unmöglich. Deshalb muß der Rinzai-Schüler überlistet werden, und er wird überlistet, indem man ihm ein *Koan* zu lösen gibt. Mit einem *Koan* hat er den Eindruck, daß er ‹etwas zu tun hat›.

Ob an dieser Kritik etwas Wahres ist, weiß ich nicht. Es mag sein, daß die Ablehnung, wie viele Ablehnungen, aus Eifersucht geboren wurde. Es könnte sein, daß die Soto-Priester sich unterlegen fühlten. Viele Rinzai-Schüler in China und Japan wurden berühmt. Sie hatten einen brillanten Verstand. Und die Soto-Mitglieder, die wegen ihrer einfachen Meditationsform leicht in eine Apathie verfallen konnten, waren vielleicht versucht, Rinzai-Anhänger zu verspotten.

Jeder Weg, jedes Verfahren zieht seinen eigenen Typ an. Ich hatte bei meinem ersten Kontakt mit Buddhismus in Kioto, ohne es zu wissen, an ein Rinzai-Tor geklopft. Und als ich mich jetzt erinnerte, tat es mir nicht leid. Das neue *Koan* erregte mich. Erregung ist natürlich eine oberflächliche Empfindung und besitzt weder Tiefe noch Wert, aber sie würde mir durch diese Woche helfen.

Indem ich so meine Vorstellungskraft benutzte, versicherte ich mir, als ich mich auf meine Kissen niederließ, daß diese Woche ganz leicht sein würde. Das Anfangssignal war noch nicht ertönt, und ich hatte Gelegenheit, mich umzusehen. Ich mußte es schnell tun, denn niemand läßt sich gern anstarren, vor allem nicht in der Meditationshalle. Auf der einen Seite neben mir saß mein dicker Freund mit dem Walroß-Schnurrbart, das schmächtige Mädchen auf der anderen. Vor mir saßen drei Mädchen, zwei von ihnen sahen beinahe glücklich aus; sie saßen gut im doppelten Lotus. Eine von ihnen beeindruckte mich, sie hatte ein ruhiges rundes Gesicht und erinnerte mich an eine primitive Buddhastatue auf meinem Bücherregal in Amsterdam, eine einfache Figur, die nichts weiter als Ruhe ausdrückte. Das dritte Mädchen saß schlecht. Sie war sehr groß und konnte ihre Beine nur mit Mühe verschränken. Ihr Gesicht drückte einen grimmigen, verbissenen Mut aus. Sie würde die Woche hinter sich bringen, und wenn es sie umbrächte. Ich hatte sie vor ein paar Tagen auf der Straße getroffen, und wir unterhielten uns ein wenig. Sie war noch nicht lange dabei, und sie hatte Angst vor Rohatsu. Als ich versuchte, sie aufzumuntern, lächelte sie mich an.

‹Ich weiß, was du durchmachst›, dachte ich nun, aber gleichzeitig fragte ich mich, ob ich es wirklich wußte. Vielleicht wissen wir nie, was in dem anderen vorgeht. Die Gesellschaft der vier Mädchen in meiner Nähe tat mir gut. Die amerikanische Schule erlaubt Frauen, an der Ausbildung teilzunehmen. Grundsätzlich tut die japanische Schule das auch, aber Frauen werden nie in den Zendo gelassen. Sie müssen für sich in einem Raum sitzen, irgendwo im Haupttempel des Klosters, und manchmal kommen die Mönche zu ihnen und schlagen sie mit ihren Stökken. Es gibt noch andere diskriminierende Vorschriften, aber der Kern der buddhistischen Ausbildung, *Sanzen*, die Begegnung mit dem Meister, ist für alle gleich, und Frauen können Meister werden, wenn dies auch selten geschieht.

Peter hatte glücklicherweise jede Diskriminierung abgeschafft, und ich war sicher, daß der alte Meister es billigte. Da waren wir also, vierundzwanzig Männer, zwölf Frauen, glücklich vereint in derselben Feuerprobe.

Rupert gab mit seiner Holzklapper das Signal, und ein leichtes nervöses Zittern lief meine Wirbelsäule hinunter. Ich nahm meine ganze Energie zusammen und tauchte, so weit ich konnte.

Zehn Minuten vergingen, dann hörte ich das Rascheln eines seidenen Kimonos. Der Meister war bei uns. Peter machte langsam seine Runde. Bei der zweiten Runde korrigierte er unsere Haltungen. Ich hatte meinen Kopf nicht geneigt, und er drückte ihn sacht nach vorn, so daß meine Nase ein wenig nach unten zeigte. Mit geradem Nacken schläft man leicht ein, und die Konzentration weicht kreisenden Träumen. Wenn man das Kinn nach unten hält, meint man eine Woge der Kraft zu verspüren.

Mein dicker Freund zog Peters Aufmerksamkeit auf sich. Er schob und drückte, trat einen Schritt zurück, wie ein Bildhauer, der seine Schöpfung begutachtet. Mein Nachbar mußte sogar seine Hände auseinandernehmen und sie neu ineinanderlegen. Kein Detail wurde übersehen.

Das schmächtige Mädchen war als nächste dran. Ihre Haltung war schon einmal korrigiert worden, aber sie war wieder nach vorn gesackt, und Peter kam zu ihr zurück, schüttelte sie bei den Schultern und bog ihren Rücken, bis er sich in der richtigen Position befand.

Als er damit fertig war, ging er zum Altar und sprach zu uns.

«Dies ist der Beginn einer langen Woche. Tut euer Bestes und laßt nicht nach. Rohatsu ist ein seltenes Geschenk, wie das Leben selbst ein seltenes Geschenk ist. Träumt nicht. Vergeßt, was immer ihr glaubt, verstanden zu haben, vergeßt, was ihr wißt. Arbeitet an eurem *Koan* und an nichts sonst. Findet euer wahres Selbst.»

Er sprach langsam, ohne seine Stimme zu heben. Er war früher einmal Gesangslehrer gewesen, und seine Stimme erreichte mühelos den entferntesten Winkel des Zendo.

Ich hörte den Kimono wieder an mir vorbeirascheln, und die Tür des Zendo schloß sich mit dem trockenen Geräusch, das Holz gegen Holz verursacht. Der Mann, der für den Tee zuständig war, kam mit seinem schweren Kessel vorbei. Wir hoben unsere Tassen, die auf einem festgelegten Platz hinter unseren Kissen standen. Wir tranken auf das Kommando der Glocke. Als die Glocke erneut ertönte, stellten wir die Tassen zurück. Wir brauchten nicht zu denken, alles war geregelt, bis auf die letzte Minute. Wir brauchten uns nur auf das *Koan* zu konzentrieren. Ganz einfach.

Aber doch schwierig, fast unmöglich. Während ich mich bemühte, nicht auf meine Gedanken zu achten und zu meinem *Koan* zurückzukehren, verflossen die Minuten, und die Glocke ertönte erneut. Mein Bein verkrampfte sich, und ich erhob mich von meinem Kissen, froh, für eine Weile stehen zu können. Im Zendo sind keine unnötigen Bewegungen erlaubt. Während der Meditation sitzt man, auch während der Pause. Aber man kann, wenn es unbedingt sein muß, stehen. Oder man verläßt die Halle, um draußen ein bißchen hin und her zu gehen. Aber egal, was man tut, man tut es ruhig. Man sieht sich nicht an. Man räuspert sich nicht oder schneuzt sich die Nase. Nur niesen oder husten darf man, denn selbst die Zen-Disziplin akzeptiert, daß ein Niesen oder Husten nicht immer auf Befehl gestoppt werden kann.

Der Morgen verstrich schnell. Zweimal ging ich in Peters Kammer und hörte die kleine Glocke klingeln. Ich würde das *Koan* in dieser Woche lösen, und andere ebenfalls, aber damit war kein Verdienst zu erringen. Dies waren die ‹kleinen› *Koans,* Satelliten des ‹großen›, das mich ein wenig geöffnet hatte. Die kleinen *Koans* konnten den Spalt vergrößern oder auch nicht. Es schien mir, als begriff ich die Richtung, der ich folgte. Es schien mir – nicht mehr. Ein Meister ist ein Meister, und ich konnte nicht wissen, wohin er mich führte. Ich war darauf eingestellt, daß er sich plötzlich umdrehte, mich anschnauzte, um mich in meine ursprüngliche Verwirrung zurückzustoßen. Ich schritt müde dahin, mit gespitzten Ohren. Ich wollte mich nicht überraschen lassen, wenn ich es vermeiden konnte. Gleichzeitig wußte ich, daß meine Anstrengung nutzlos war, wenn er mich zurückstoßen wollte, würde er mich zurückstoßen. Er war mit der Ebene, auf der ich mich befand, bestens vertraut, denn er war dort selbst viele Jahre gewesen. Und ich konnte mir *seine* Ebene nicht einmal vorstellen.

Die *Koans*, die er mir gab, waren mir bekannt. Ich hatte sie in Japan gehört. Die Mönche hatten sie erwähnt, und ich war in der Zen-Literatur auf sie gestoßen. Einige davon hatte Peter mir zehn Jahre zuvor in Kioto selbst erzählt, beiläufig, während wir zusammen im Garten arbeiteten, abwuschen oder einkauften.

Ich hatte über diese *Koans* schon früher nachgedacht, vielleicht sogar an ihnen gearbeitet, ohne mir dessen bewußt zu sein. Aber jetzt wurde ich mit meiner Nase direkt in sie hineingestoßen. Die ungewöhnlichen Fragen, Sätze, Feststellungen nahmen mich gefangen, und ich gab zögernde Antworten, die wieder und wieder abgelehnt wurden, bis plötzlich, gewöhnlich während ich draußen auf der Straße oder den Wegen umherging, die Antwort auftauchte und beim nächsten *Sanzen* akzeptiert wurde, um unmittelbar darauf von einer neuen idiotischen oder unmöglichen Aufgabe abgelöst zu werden.

In gewisser Hinsicht waren sich diese *Koans* alle ähnlich. Sie zu ‹lösen›, bedeutete eigentlich nicht allzuviel. Die große und tiefe Einsicht, die sie bedeuteten, war unergründlich. Ich wußte, daß, wenn ich nur durch einen Teil von ihnen hindurch gelangte, ich sicher auf ›dem anderen Ufer› wäre, im Zustand der Transzendenz, den Buddha erreicht haben soll. Aber ich transzendierte überhaupt nichts, ich schnupperte bloß an diesen Bissen höchster Weisheit, schnupperte vorsichtig und nervös.

Sanzen ist eine außergewöhnliche Methode. Es findet überhaupt keine Unterhaltung, keine Diskussion statt. Nichts wird begründet. Die Frage ist sonderbar und die Antwort ebenso. Frage und Antwort sind von der gleichen Art. Es gibt keine Möglichkeit, einen Standpunkt zu verteidigen. Es gibt nur *eine* Antwort, und der Schüler weiß, wann er die falsche gibt. Es ist nie eine Überraschung, wenn der Lehrer seine Glocke läutet und das Gespräch vorbei ist. Und wenn der Schüler die richtige Antwort gibt, weiß er, daß sie akzeptiert wird. Der Lehrer kann sie nicht zurückweisen, und der Schüler sorgt sich nicht einmal um eine mögliche Ablehnung. Es findet keine Prüfung statt, vielleicht ist das Gespräch eine direkte Begegnung zweier Geister. Und man braucht sich nicht zu beeilen, es gibt keine Möglichkeit, die Antwort zu erzwingen. Der einzige Weg, sie zu finden, ist die Konzentration, wenn sie nicht plötzlich von selbst auftaucht, muß die Konzentration erneuert werden. Es gibt keinen anderen Weg.

Die *Koans*, die mir aufgegeben wurden, stammen aus China. Dem China vor tausend Jahren, als die Meister ungezwungen mit ihren Schülern an abgelegenen Orten in den Bergen lebten. Die Fragen tauchten in unvorhergesehenen Augenblicken plötzlich auf. Die Schüler meditierten in Höhlen, in Hütten oder im Wald. Die *Koans* begannen, von selbst zu leben und wurden weitergegeben, von Meister zu Meister, und wenn der Schüler ein Meister wurde, benutzte er die *Koans*, an denen er selbst gearbeitet hatte. Nach der Gründung der Klöster wurden die *Koans* Bestandteil der Ausbildung und in die Lehre aufgenommen, um sie zu einer Methode mit verschiedenen Stufen zu entwickeln.

Und ich, ein Mensch von heute, mußte diese Antiquitäten benutzen und feststellen, daß sie funktionierten und daß mein Geist von dem eines alten Chinesen nicht allzu verschieden war. Und wie der alte Chinese mußte ich lernen, meine Antworten in einer Kern-Sprache auszudrücken. Wenn ich irgend etwas hinzufügte, eine Geste, ein Wort, eine Erklärung, wurde die Antwort zurückgewiesen. Wenn ich den bloßen Knochen gab, würde der Meister lächeln. Allein das Mark des Knochens zählte. Nicht mehr. Kein konjugiertes Verb. Kein Subjekt. Kein Objekt. Keine Projektion des Selbst. Warum einen Schatten projizieren, der nur die Dauer eines Augenblicks hat?

Kein Selbst. Ich fing an, mich an den Gedanken zu gewöhnen. Was dort im schmelzenden Schnee eines fernen Landes umherging, war nichts als eine zeitweilige, durchsichtige, sich ständig verändernde Gestalt. Eine Schein-Identität, nicht mehr. Ein Vehikel. Ein nebelhaftes Gespenst auf dem Weg von einem unwirklichen Anfang zu einem ebenso unwirklichen Ende. Aber ich glaubte, daß ich das akzeptieren konnte. Doch ich wußte, daß beim geringsten Anlaß diese Schein-Identität kein Blatt vor den Mund nehmen, die Geduld verlieren, eifersüchtig, habgierig oder ängstlich sein würde. Sie würde wahrscheinlich zittern, wenn sie sich in den Finger schnitt; aus einem freien Geist könnte man Hackfleisch machen, und er würde immer noch lächeln. So weit wollte ich kommen.

Aber in der Zwischenzeit freute ich mich auf die kleinen Ereignisse. Auf den Becher Kaffee, den ich in den längeren Pausen, in denen wir in unsere Hütten zurückkehren konnten, trank, auf die Zigarette, die ich auf dem Weg in Ruperts Behausung rauchte, auf das Abendessen. Die Pausen wurden sehr wichtig. Wir hatten eine eineinhalbstündige Mittagspause und eine andere ähnliche Pause später am Tag. Um neun Uhr abends war alles vorbei. Und obwohl ich versuchte, mich nicht auf diese Inseln der Freiheit zu freuen, tat ich es doch.

Um viertel nach neun lag ich in der Falle, von der rauhen Welt durch meinen Stapel Decken getrennt. Ich fiel in einen tiefen, traumlosen Schlaf, nach Sokrates der glücklichste Zustand, den ein Mensch erreichen kann. Jedesmal, wenn ich in den Schlaf glitt, dachte ich, Sokrates könnte recht haben.

Mein Wohlbefinden erlitt eine zusätzliche Beeinträchtigung. Wie die meisten Schüler hatte ich mich erkältet. Meine Brust fühlte sich an, als ob sie mit gemahlenem Glas gefüllt wäre. Während ich meditierte, lief die Rotze in meinen Schnurrbart und über meine Lippen. Ich konnte nichts dagegen tun. Ein Taschentuch zu benutzen war natürlich völlig ausgeschlossen, aber sogar das leiseste Schniefen brachte mir einen Anschnauzer vom Jikki ein. «Laß es laufen», brüllte Rupert, und der einzige Trost der Schüler bestand darin, daß Ruperts Erkältung genauso schlimm war wie ihre.

Traumloser Schlaf ist das Ende von allem. ‹Niemand› ist übrig, und ‹niemand› ist zu allem unfähig. Wenn ‹ich› nicht da bin, kann ‹ich› nicht leiden, empfinden, mich sorgen, beklagen oder sogar unwohl fühlen.

Aber das war nicht das eigentliche Ziel. Ich weigerte mich zu glauben, daß Buddhismus nach totaler Auslöschung trachtet. ‹Das andere Ufer› müßte sich vom Zustand des traumlosen Schlafs schon unterscheiden, und sollte es dennoch identisch sein, würde ich es nicht akzeptieren und es wieder verlassen, Buddha und die Zen-Meister verfluchend. Unterdessen meditierte ich fröstelnd in meiner Strickjacke und meinem Schaffellmantel. Ich hatte Fieber, und der Schmerz in meinen Beinen kroch allmählich in mir hoch, bis er die Schultern erreichte. Mein Kopf kribbelte. Das große Mädchen mir gegenüber hatte ebenfalls Schwierigkeiten. Sie nieste alle paar Minuten, und ihre Beine wurden so steif, daß sie in den Pausen kaum von ihrem Sitz hochkam. Der Gedanke, daß ihre langen Beine schmerzten, gab mir das Gefühl, ihr nahe zu sein, und als ich sie auf der Straße sah, ging ich neben ihrer schlaksigen

Gestalt her, wortlos, aber mit einem gelegentlichen Niesen, um ihr Gesellschaft zu leisten.

Buddha weigerte sich, Fragen nach dem Ziel der menschlichen oder der allgemeinen Existenz zu beantworten. Und wenn er doch antwortete, sagte er, daß es weder ein Ziel noch ein Nicht-Ziel gäbe. Ich glaube – aus Bequemlichkeit –, daß sich die Antwort als eine Existenz in einer anderen Dimension, weit jenseits meiner Vorstellungskraft, herausstellen würde. Dieser Glaube erschien mir freundlicher als die Idee der völligen Auslöschung.

Dieser freundliche Gedanke wurde achtmal täglich auf meinen Spaziergängen zwischen Ruperts Blockhütte und der Meditationshalle von einem Paar Vögel bestätigt. Rupert hatte mir erzählt, daß es ‹blue jays› waren, eine größere Ausführung des holländischen Eichelhähers mit hellblauer Färbung. Eichelhäher sind keine harmlosen Vögel; im Frühling ernähren sie sich von den Eiern und Jungen anderer Vögel, aber im Winter führen sie ein ehrbares Leben und ernähren sich von den Abfällen des Waldes. Doch selbst dann sind sie nicht sehr freundlich. Ich streute Brotkrumen und andere Reste in der Nähe von Ruperts Hütte aus und wollte damit aber auch die kleineren Vögel füttern. Sie hatten nie eine Chance, die Eichelhäher erkämpften sich den Futterplatz.

Jedesmal, wenn ich die Eichelhäher beobachtete, wuchs meine Überzeugung, daß das Leben ein unglaubliches Wunder ist und daß sein letztendliches Ziel ebenso wunderbar sein muß. Die Eichelhäher waren eine Manifestation des Wunders, das noch kommen sollte. Und nicht nur die Eichelhäher, sondern auch die kahlen Bäume um mich herum mit ihren lieblichen Kompositionen feiner Zweige und das Bächlein, das durch den Wald floß und durch dicke rostige Rohre an der Straße entlanggeführt wurde. Am Ende eines dieser Rohre ließ der Frost, der wieder eingesetzt hatte, Eiszapfen an der Mündung des Rohres entstehen. Märchen hatten mich als Kind nie beeindruckt, ich hielt sie für dumme Erfindungen, um kleine Kinder zu erfreuen oder zu erschrecken, aber jetzt begann ich, an sie zu glauben. Ich konnte mir leicht eine Märchenkönigin vorstellen, die in dem Rohr lebte, einen prächtigen Hof unterhielt und dem Jazz lauschte, der von Zwergen gespielt wurde. Jedesmal, wenn ich an dem Rohr stehenblieb, verliebte ich mich in die Märchenkönigin, einen kleinen sexy Bodhisattwa, ein intelligentes, verführerisches Wesen.

Jemand berührte meine Schulter. Ich drehte mich um und erkannte meinen dicken Nachbarn mit dem Walroßschnurrbart. Er hatte die Kapuze seines Dufflecoats über den Kopf gezogen, und ein Paar lebhafter Augen blickte darunter hervor.

«Mein Name ist Edgar», sagte mein Mit-Schüler.

Ich nannte meinen Namen, und wir schüttelten uns die Hand. Die Schweigeregel galt noch. Eigentlich hätten wir nicht miteinander sprechen dürfen, aber Regeln machen keinen Spaß, wenn sie nicht hin und wieder übertreten werden.

«Du rauchst gute Zigaretten», sagte Edgar, «ich rieche sie immer, wenn ich auf der Straße an dir vorbeigehe, sie machen mich verrückt. Gib mir eine.»

Ich hatte noch ein Päckchen in meiner Tasche und gab es ihm. Er bedankte sich überschwenglich.

«Du solltest dich nicht bedanken», antwortete ich. «Rauchen ist eine schlechte Angewohnheit. Es verengt deine Venen und verklumpt dein Blut, und wenn du weiterrauchst, kannst du ein Körperteil verlieren.»

Edgar zündete eine Zigarette an und betrachtete mich durch den Rauch. Das Schweigen war zurückgekehrt.

Ich hob eine Hand und kehrte in die Hütte zurück. Auf dem Weg dachte ich über Edgar nach. Am Ende der Woche hatten wir ungefähr achtzig Stunden nebeneinander still gesessen. Ich hatte ihn stöhnen und fluchen hören. Am Ende jeder Periode seufzte er «Ah, gut», ganz leise. Nur ich konnte ihn hören. Er hatte keinen anderen Nachbarn, sein Platz war am äußersten Ende des Zendo.

Du bist nicht allein.

Da sind andere, sie gehen denselben Weg.

Reisende von Nirgendwo nach Nirgendwo, auf dem Weg vom Nichts ins Nichts.

Der Weg mag schmal und steil und langweilig und erschreckend sein, aber jeder geht auf ihm.

Du bist nicht allein, sondern mit allem um dich herum verbunden.

Die weiße Maus

Der achte Dezember ist der Jahrestag der Einsicht Buddhas, der Einsicht, die er unter dem berühmten Bodhi-Baum in Indien erlangt haben soll. Irgend jemand muß das Datum notiert haben. Ich wäre ihm gern begegnet. Vielleicht war er ein dünner, vertrockneter Mönch mit einem Bleistift hinter dem Ohr und einem Block liniertem Papier unter dem Arm.

Alle Zen-Mönche feiern den Jahrestag der Einsicht, und alle Zen-Klöster kennen die Woche von Rohatsu, die sieben Tage, die der Festlichkeit vorausgehen. Und jetzt war der siebente, der letzte Tag. Ich fühlte mich etwas behaglicher auf meinem Kissen. Jetzt saß ich beinahe ungestört. Zweimal war ich für eine halbe

Stunde aus der Halle geschickt worden, weil ich mich bewegt hatte. Einmal war ich streng ermahnt worden, weil ich zu langsam gegangen war.

Die Mahlzeiten nahmen wir in Peters Haus ein, beherrscht von der Glocke des Jikki. Wir verließen den Zendo im Gänsemarsch, marschierten ins Haus, setzten uns auf das Kommando der Glocke, aßen auf das Kommando der Glocke, wuschen unsere Schalen auf das Kommando der Glocke. Und dann gingen wir unter Führung des Jikki im Gänsemarsch zum Zendo zurück. Es war mir gelungen, mich an den Schwanz der Schlange zu mogeln. Ich mochte dieses reglementierte Verhalten nicht, und als der letzte in der Schlange konnte ich meine Geschwindigkeit selbst bestimmen. Aber mein Verhalten war bemerkt worden. Ich wurde der Verweigerung beschuldigt, und das mit Recht. Aber ich hatte mich gebessert. Von dem Augenblick an ging ich mit den anderen und lief ich mit den anderen. Wir steckten zusammen da drin, und ich hatte die Regeln akzeptiert.

Und dennoch protestierte ich insgeheim schwach. Ich hatte einmal in Japan an der Ausbildung teilgenommen, und jetzt wieder in Amerika, um einem Mysterium von Angesicht zu Angesicht zu begegnen. Die Zen-Leute waren mir frei erschienen, wie die Gestalten vom Kalten Berg*, «zwei groteske kleine Männer, die in der Wildnis ihr schallendes Gelächter ertönen ließen und Gedichte in Bäume und Felsen ritzten». Ich fragte mich, was Männer wie Han-Shan und sein Freund Shih-te davon halten würden, ihre Mahlzeiten auf das Kommando einer von einem Zuchtmeister geläuteten Glocke einzunehmen.

Sowohl die Japaner als auch die Amerikaner haben einen militärischen Ruf, sie schwenken Fahnen und tragen Uniformen. Die Holländer sind anders; unsere Helden, wenn wir überhaupt welche haben, sind bärtige Piraten mit einem Ohrring, die sich Zeit lassen, bevor sie einem Befehl gehorchen. Sie werden ihn bei einer Flasche Genever auf dem Tisch diskutieren und dann, vielleicht, etwas völlig anderes tun. Als die deutsche Armee unser Land überrannte, reagierten die Holländer mit Verweigerung und schließ-

* Han Shan. 150 Gedichte vom Kalten Berg (aus dem chinesischen Han Shan Shih – übersetzt, kommentiert und eingeleitet von Stephan Schuhmacher). Diederichs Gelbe Reihe Bd. 5, Köln, 1980

lich mit Aggression. Selbst unsere Nazis, die sich der SS anschlossen, mußten anders behandelt werden und kämpften nur, wenn man ihnen ein wenig individuelle Freiheit gestattete.

Aber meine Kapitulation zahlte sich aus. Niemand belästigte mich in den letzten paar Tagen. Der schnelle Lauf zum Haus entspannte meine Beinmuskeln, und ich saß ohne Schmerzen. An die Stelle des Schmerzes trat mein alter Feind: der Schlaf. Ich schlief ständig ein und mußte in den Pausen nach draußen rennen, um mein Gesicht mit Schnee abzureiben.

Ich hatte mich gefragt, wie es wäre, wenn diese Übung das ganze Leben lang dauerte. Alles auf der Erde ist schon einmal getan worden, und sogar heute gibt es Klöster, wo Mönche zehn Stunden täglich sitzen, jeden Tag. Die katholische Kirche hat ihre Nonnen und Mönche, die ihr Leben, in verschlossenen Zellen, mit Meditation zubringen, und der tibetanische Buddhismus und die Yoga-Religion haben Eremiten, die sich freiwillig hinter Ziegelsteinmauern zurückziehen, um sich nur durch ein kleines Loch einmal alle zwei Tage eine Mahlzeit reichen zu lassen.

Im Zendo, gerade in meinem Blickfeld, hatte ein älterer Mann mit kahlem Kopf meine Aufmerksamkeit auf sich gezogen. Alle Bewegungen im Zendo waren vorgeschrieben, aber es sah so aus, als ob die Bewegungen dieses Mannes noch stärker reglementiert waren als die der anderen. Immer wenn es Zeit war, die Halle zu verlassen, erhob er sich mit den Bewegungen einer Marionette von seinem Kissen, selbst sein Atem schien mechanisch. Wenn er seine Windjacke anzog, hatte er jedesmal Schwierigkeiten mit dem linken Ärmel, und er warf einen irritierten Blick darauf, schüttelte ihn und schaffte es schließlich, seinen Arm hineinzustecken. Das geschah mit äußerster Regelmäßigkeit, und ich wußte genau, wie er handeln würde, trotzdem fragte ich mich jedesmal nervös, was er jetzt wieder tun würde.

Wenn die Übung statt sieben Tage sieben Wochen gedauert hätte, hätte ich bei diesen endlosen Wiederholungen angefangen zu schreien. Jetzt, nach einer Woche, machte sich die Anspannung bemerkbar.

Spannungen im Zendo sind normal. In Japan hatte ich erlebt, wie einige der Mönche, vor allem die jungen, den Stress nicht ertragen konnten. Vom Meister und den älteren Mönchen unbarmherzig angetrieben, ihr *Koan* zu lösen, rebellierten sie, ohne es eigentlich zu wollen. Ich hatte gesehen, wie sich ein Mönch auf dem Weg zum *Sanzen* an einen der Altarpfosten geklammert hatte und sich weigerte weiterzugehen.

Der Mönchs-Älteste hatte sofort eingegriffen. Er sprang von seinem Sitz, geschmeidig wie ein Panther, und stürmte zu dem Mönch. Unterwegs packte er einen *Kesaku*, den Stock, mit dem sich die Mönche während der Meditationsperioden gegenseitig schlagen, und löste, diesen als Hebel benutzend, die Arme des Mönchs gewaltsam von dem Pfosten. Dann hob er den kleinen Burschen mit Hilfe eines anderen Mönchs einfach auf und trug ihn zum *Sanzen*-Raum. Dort ließen sie ihn, wie ich später erfuhr, auf die Matte vor dem Sitz des Meisters fallen und warteten im Flur, bis das Gespräch zu Ende war.

Ich begann zu glauben, daß ich zu einem ähnlichen Verhalten fähig wäre. Was mich besonders störte, war, daß ich an zwei *Koans* gleichzeitig arbeitete. Ich hatte mein eigenes, das mir der Meister gegeben hatte, aber dann war ich noch auf ein anderes gestoßen.

Wie es die Tradition will, halten Zen-Meister an jedem Tag von Rohatsu einen kurzen Vortrag, *Teisho* genannt. Peter hatte ein besonderes *Koan* für diese *Teishos* ausgewählt und konfrontierte uns siebenmal damit. *Teishos* wurden in seinem Haus abgehalten, in dem großen Wohnzimmer, das gerade groß genug für uns alle war. Er erwartete uns auf Knien in seinem formellen Gewand hinter einem niedrigen Tisch, auf dem wir ein dünnes Buch sahen, ein Buch, das ich aus seinem Haus in Japan kannte. Das Buch enthielt eine Sammlung berühmter *Koans* aus der Zeit des Mittelalters. Wir kamen leise herein, knieten nieder und sahen ihn an. Er ließ seinen Blick durch den Raum schweifen, holte tief Atem und trug das *Koan*, für das er sich entschieden hatte, vor.

Das *Koan* war lang:

Ein Zen-Meister ist alt und krank. Er liegt seit ein paar Tagen im Bett, und ein Mönch besucht ihn. Der Mönch erkundigt sich nach der Gesundheit des Meisters. Der Meister antwortet, daß es merkwürdig wäre, wenn sein Körper nicht binnen drei Tagen auf den Friedhof getragen würde.

Der Mönch schweigt, aber plötzlich setzt sich der Meister auf und sagt:

«Buddhas mit Mondgesichtern, Buddhas mit Sonnengesichtern.»

Die Geschichte wurde aufgeschrieben, und ein späterer Zen-Meister gibt den folgenden Kommentar:

«Sehr frisch, sehr frisch. Aber zu freundlich. Der alte Lehrer will es seinen Schülern zu leicht machen. Er erinnert mich an ein Kindermädchen.»

Dieses *Koan* traf uns kollektiv, dicht zusammengedrängt in dem stickigen Raum. Wir sahen den Meister an, der seine Augen geschlossen hatte. Tiefe Linien durchzogen sein Gesicht, kein Muskel in seinem Körper bewegte sich.

«Buddhas mit Mondgesichtern, Buddhas mit Sonnengesichtern.» Was sollte ich mit einem Satz wie diesem anfangen?

Aber das *Koan* fing an, mich zu faszinieren. Das Mädchen, das mir im Zendo gegenübersaß, hatte ein Mondgesicht. Die kleine Buddhastatue auf meinem Bücherregal zu Hause hatte ein Mondgesicht. Ich begann zu glauben, daß Mondgesichter von größter Wichtigkeit seien, daß ich herausfinden müsse, was sie bedeuteten.

Der Mond selbst trug noch dazu bei, mich an den Rand des Wahnsinns zu treiben. Jede Nacht hing er am Himmel, voll und rund schwebte er durch die große Leere. Ich bildete mir ein, daß ich den Mond hören konnte, der mit seinem schrillen, gespenstischen Ton die stille Landschaft durchdrang. Er ging mir durch Mark und Bein, während ich durch meine weiße Welt wanderte.

Peter kommentierte das *Koan*. Er erwähnte die Tatsache, daß Buddhas mit Mondgesichtern einen Tag und eine Nacht leben. Buddhas mit Sonnengesichtern leben achtzehnhundert Jahre. Vielleicht hatte der Kern des *Koans* etwas mit Zeit zu tun. Aber ich wollte nicht daran arbeiten, ich hatte mein eigenes *Koan*, das ich fünfmal am Tag zum *Sanzen* trug.

Eines Abends blieb ich auf dem Weg zu Ruperts Hütte stehen und lehnte mich an einen Baum. Der Mond schien mir voll ins Gesicht. Ich hatte die Antwort auf mein *Koan* gefunden, und ich wollte sie nicht akzeptieren. Sie verlangte von mir, weiter zu gehen, als ich zu gehen bereit war. Ich schüttelte meinen Kopf und lachte über mich. Ich würde weitergehen müssen. Der alte Lehrer hatte recht gehabt, als er im Traum zu mir sprach. ‹Deine Persönlichkeit wird abbröckeln, bis nichts mehr davon übrig ist.› Worauf hatte ich mich eingelassen?

Ich dachte ernsthaft daran wegzulaufen. Ich hätte in den nächsten Laden gehen und nach einem Taxi telefonieren können. Ich hätte wahrscheinlich noch in derselben Nacht ein Flugzeug bekommen können. Aber ich schüttelte den Gedanken ab und ging zur Hütte zurück.

Ich glaube, das Lächeln Buddhas rettete mich. Buddha, am Ende seines langen Bemühens, lächelte.

Mein Vater hatte mich einmal in Rotterdam in ein Museum mitgenommen. Ich muß sechs oder sieben Jahre alt gewesen sein. Es war das erste Mal, daß ich eine Buddhastatue gesehen hatte. Sie lächelte.

«Warum lächelt sie, Vater?»

Mein Vater hatte mein Haar zerzaust.

«Warum, Vater?»

«Vielleicht wirst du es eines Tages herausfinden.»

Ich wollte es immer noch herausfinden.

Der siebte, der letzte Tag. Die Tradition schreibt vor, daß Rohatsu mit einer Party endet. Rupert hatte keine Vorbereitungen für die Party getroffen, deshalb nahm ich an, daß wir außerhalb feiern würden. Ich freute mich auf das letzte Läuten der Glocke. Es würde langsam verklingen, wir würden noch eine Minute auf unseren Sitzen verharren und darauf warten, daß der Jikki die Halle verließe. Dann würden wir, zum letztenmal, antreten und ordentlich hinausgehen. Aber draußen wären wir frei, frei, zu lachen und zu scherzen und uns auf die Schultern zu klopfen. Und dann würden wir irgendwo anders sein, um zu essen und zu trinken.

Die letzte Periode kam, und ich tat mein Bestes, um sie nicht zu vergeuden. Die plötzliche Stimme des Jikki schreckte mich auf.

«Heute abend wird es keine Party geben», sagte Rupert. «Peter will, daß wir das Schweigen bis morgen früh fortsetzen. Wir werden alle um neun Uhr am Grab des alten Meisters erwartet. Danach gibt es ein gemeinsames Frühstück.»

Er hustete. Ich wartete auf den Rest der Botschaft, aber das Schweigen lastete wieder auf dem Zendo. Edgar, mein Nachbar, blies durch seinen Schnurrbart.

‹Mahlzeit›, dachte ich. ‹Keine Party. Schrecklich.›

Doch als die Woge der Enttäuschung vorüber war, grinste ich. Keine Party. Na und? Die Party war mir eigentlich egal. Es gab andere schöne Dinge, an die man denken konnte. Rohatsu war vorbei, und ich konnte gemütlich Kaffee trinken, schönen starken Kaffee mit einem Schuß Büchsenmilch. Und hinterher unter meine Decken tauchen. Und am nächsten Morgen lange schlafen. Ich brauchte nicht vor acht Uhr aufzustehen. Und nach dem Frühstück würde ich einen Spaziergang im Wald oder am Strand machen. Ich könnte mir die Schwertschwänze ansehen und die Eichelhäher füttern. Und ich hatte ein gutes Gewissen. Ich hatte mein Bestes getan, natürlich hätte es besser sein können, aber trotzdem, diesmal hatte ich mich wirklich bemüht.

Ich schätzte, daß uns noch fünf Minuten blieben, und verstärkte wieder meine Konzentration.

Das vertraute Rascheln von Peters seidenem Kimono holte meine Aufmerksamkeit wieder in die Halle zurück. Er hatte Rohatsu eröffnet, nun würde er die Woche beschließen. Ich lauschte, zweifellos würde er die richtigen Worte wählen. Er hatte den Altar erreicht und wandte sich uns zu. «Ich möchte euch die Geschichte von der kleinen weißen Maus erzählen.» Eine Woge des Glücks durchströmte mich. *Die weiße Maus.* Hätte er einen besseren Titel aussuchen können? Das kleine Tierchen mit seinem langen Schwanz, das in einem Glaskasten wohnt und Tunnel durch das Sägemehl gräbt, um als Höhepunkt seiner Aktivitäten in einem aus einer Zigarrenkiste gezimmerten Rad zu laufen. In dem Moment, in dem Peter die Worte *die weiße Maus* aussprach, wußte ich, daß meine Zweifel an der Lehre und an der allgemeinen Ausbildung, an der ich teilgenommen hatte, gegenstandslos waren. Ich lebte schließlich doch in der Welt Han-Shans und seines Freundes Shih-te, der verrückten kleinen Burschen, die vor tausend Jahren auf ihrem Kalten Berg herumliefen. Ich hatte getan, was ich hatte tun müssen, als ich nach Japan gegangen war.

Blitzschnell zogen eine Reihe weit zurückliegender Szenen an meinem Auge vorbei, die ersten Anzeichen der Befreiung, die ich an diesem Abenteuer schließlich finden würde. Ich erinnerte mich, wie ich schon als ganz kleines Kind gewußt hatte, daß die

Aufregung, die Ängste und die Sorgen der Erwachsenen in meiner unmittelbaren Umgebung keine wirkliche Grundlage besaßen. Ich erkannte es blitzartig, aber es gelang den anderen immer, mich davon zu überzeugen, daß ich unrecht hatte, und dann fühlte ich mich wieder schuldig oder ängstlich – oder beides.

Die menschliche Natur hat keine wirkliche Verbindung mit den Gefühlen Schuld oder Angst – sie ist frei. Und ich wußte auch, daß diese Entdeckung nichts mit irgendeiner spezifischen Religion, nicht einmal mit dem Lächeln der Buddhastatue, zu tun hatte. Buddha entdeckte, was lange vor ihm bekannt gewesen war. Die auf sein Erlebnis gegründete Religion hatte mit dem plötzlichen Befreiungsblitz, den ich an jenem Abend im Zendo verspürte, nicht das Geringste zu tun. Ich begriff jetzt, warum der Meister im Tempel von Kioto sich geweigert hatte, mich zum Buddhisten zu machen. Wer sich fanatisch an irgendeinen Glauben bindet, versperrt sich den Weg nach draußen.

Ich erinnerte mich, daß der alte Lehrer, in den mehr als zwanzig Jahren seines Meister-Daseins, es immer abgelehnt hatte, die Wörter Buddhismus oder Zen zu gebrauchen. Er hatte immer überrascht gelächelt, wenn ein Schüler Buddha zitierte, um etwas zu beweisen.

«Eine kleine weiße Maus», wiederholte Peter.

«In Japan ist eine weiße Maus ein gutes Omen. Wenn man eine weiße Maus sieht, kann man mit ein bißchen Glück rechnen. Sie ist ein Zeichen für Gesundheit, viel Geld, Erfolg.

Eines Tages nahmen ein Vater und sein Sohn in ihrem kleinen Haus ihren Abendreis zu sich.

‹Vater›, sagte der Sohn, ‹sieh dich jetzt nicht plötzlich um, hinter dir läuft ein kleiner Gast, jemand, der uns Glück bringen wird.›

Der Vater blickte vorsichtig über seine Schulter. Er sah eine kleine weiße Maus.

Vater und Sohn lächelten. Still beobachteten sie die Maus, die auf den Reisstrohmatten hin und her lief.

Aber dann schüttelte sich die Maus und wurde mit dieser Bewegung zu einer gewöhnlichen grauen Maus. Eine graue Maus, die zufällig in die Mehlbüchse gefallen war.»

Peter sah uns an, einen nach dem anderen.

«Seid nicht wie die kleine weiße Maus. Es ist eine harte Woche gewesen. Eine schwierige Übung. Wenn ihr euch jetzt schüttelt, werdet ihr so grau sein wie am Anfang von Rohatsu. Paßt auf und bleibt weiß. Eines Tages werdet ihr vielleicht wirklich weiß sein.»

Er verbeugte sich und verließ den Zendo. Rupert läutete seine Glocke zum letztenmal.

Vielleicht hast du jetzt *Satori* erfahren. Die große Erfahrung, von der die Zen-Bücher sprechen.

Ist es wichtig, was genau du erfahren hast?

Natürlich nicht.

Nichts ist wichtig.

Auch *Satori* ist nicht wichtig.

Vergiß das Wort.

Lebe, als ob du es nie gehört hättest.

Der Buddha mit dem Mondgesicht

Der große Felsen, der das Grab des alten Lehrers überschattete, wirkte kahl gegen seinen Hintergrund aus Tannenbäumen. Der Tag war klar und windstill. Ich stand allein, und während ich meinen Blick auf dem Felsen ruhen ließ, dachte ich an den alten Meister, wie ich ihn zuletzt gesehen hatte, sehr ordentlich in seinem frisch gewaschenen grauen Kimono, ruhig und sehr stark.

Peter hatte den richtigen Platz ausgesucht. Der Felsen drückte Strenge und Einsamkeit aus, und die Tannen wirkten perfekt plaziert. Ich mußte an die Farben der Zen-Gärten denken, mit ihren vielen Grau- und Grüntönen.

Ich war freiwillig zehn Minuten früher gekommen. Ich wollte mit dem alten japanischen Priester, der mich einst in seine Sekte und seinen Unterricht aufgenommen hatte, allein sein. Aber ich war nicht der einzige, der in der Nähe des Felsens stand. Etwa zwanzig Meter entfernt stand Rupert, die Hände auf dem Rücken, und hinter mir spürte ich die Gegenwart Edgars, des dicken rätselhaften Schülers, der durch seinen Walroßschnurrbart blies und am Ende jeder Periode ‹Ah, gut› sagte. Keiner von ihnen hatte den alten Lehrer gekannt, aber sie waren ihm so nahe, oder vielleicht so fern, wie ich.

Ein weiterer Schüler traf ein, ein großer Mann, etwa dreißig Jahre alt, der aussah, als sei er in Eile zusammengesetzt worden. Er mußte seine Sachen in einem Laden gekauft haben, der mit ausrangierten Armee-Kleidungsstücken handelte. Er trug eine Castro-Mütze mit Ohrenklappen. Ich hatte den Mann mit seinem spärlichen Ziegenbart schon vorher gesehen, aber nie mit ihm gesprochen. Er blieb in einiger Entfernung stehen, das Gesicht dem Grab zugewandt, und rührte sich nicht mehr. Ungefähr fünf Minuten lang waren wir nur zu viert, dann kamen die anderen und füllten den freien Platz im Wald allmählich aus.

Ich fühlte mich zu dem großen Mann in den Armee-Kleidern hingezogen, er kam mir sehr vertraut vor, als ob wir zusammen zur Schule gegangen wären, und ich wollte später mit ihm reden. Ich spürte, daß eine Begegnung sehr fruchtbar sein könnte, vielleicht einige der vielen Rätsel klären würde. Rätsel, dachte ich mutlos, zu viele Rätsel. Er versucht, seinen Weg durch sie hindurch zu finden, und ich versuche es ebenfalls. Er sieht genauso verwirrt aus, wie ich den anderen erscheinen muß. Und doch haben wir die gleiche Arroganz gemeinsam, denn er muß ebenso entschlossen sein wie ich, ‹das andere Ufer› zu erreichen. Bei dem Wort ‹Arroganz› hielt ich inne. Vielleicht hatte ich einen Schlüssel gefunden. Nach etwas zu streben, egal wonach, ist egozentrisches Verhalten. Streben bedeutet grapschen. Vielleicht sollte ich nicht grapschen.

Der alte Meister hatte mir von dem Mann unter dem Apfelbaum erzählt. Zuerst grapschte er nach den Äpfeln, so daß er hin und wieder einen zu fassen bekam, aber sie waren klein und wurden in seiner Hand zerdrückt. Dann änderte er sein Verhalten. Er stand einfach unter dem Baum und hörte auf zu springen. Er hielt bloß seine Hände auf, und als die Äpfel reif waren, fielen sie in seine Hände. Schließlich besaß er so viele Äpfel, daß er nicht wußte, was er mit ihnen machen sollte, und sie verschenkte.

‹Ich muß also warten›, dachte ich, ‹so wie ich hier im Schnee warte. Und während ich warte, kann ich mein Bestes tun.›

Der Buddhismus weist auf die Möglichkeit vieler Leben, auf ein Meer illusorischer Zeit hin. Was ich mir auch wünschen mag, es wird kommen, wenn es kommen will. Ich muß nur da sein, wenn es kommt. Und dann kann ich es verschenken.

Sicher, dachte ich. Sehr nett. Aber in der Zwischenzeit besteht die Dringlichkeit der *Koans*. Immer wenn ich eins löse, gibt es ein neues. Ein endloser Vorrat an Rätseln, die alle auf der Stelle gelöst werden müssen. Peter findet es nicht gut, wenn seine Schüler herumhängen und geduldig warten.

Ich sah den alten Meister wieder vor mir. Ich kniete auf der Matte vor seinem Sitz. Da er ein kleiner Mann war, befanden sich unsere Augen auf der gleichen Höhe. Wir waren nur einen Meter voneinander entfernt. Wieder einmal hatte ich die Antwort auf mein *Koan* nicht gewußt, und er war im Begriff, seine kleine Glocke zu läuten, um das Ende des Gesprächs anzuzeigen. Verzweifelt hielt ich seine Hand fest.

«Wie ist es möglich», sagte ich in meinem gebrochenen langsamen Japanisch, «daß wir so weit voneinander entfernt sind. Ich sitze Ihnen hier direkt gegenüber. Aber Sie sind unerreichbar. Ich habe nicht die geringste Ahnung, wie ich dahin kommen kann, wo Sie sind.»

Er beobachtete mich ruhig. Seine Augen, fast schwarzen Perlen ähnlich, zwinkerten unter seinen buschigen Augenbrauen.

«Du bist, wo ich bin», sagte der Meister, «und da bist du schon immer gewesen. Was du wissen willst, weißt du bereits, und wo du sein willst, bist du. Es gibt keinen Unterschied zwischen uns. Du bist ein Buddha, ich bin ein Buddha.»

Er läutete seine Glocke, und ich machte meine Verbeugungen. Als ich zur Meditationshalle zurückging, wußte ich, daß er recht hatte, aber auch, daß der Abstand immer noch da war. Zweifellos besaß ich die Buddha-Natur, und nicht nur ich, sondern jeder und alles. Die Grashalme am Wegesrand, die Tiere, die Käfer und alle Wesen, tot oder lebendig, im ganzen Universum. Die Bösewichte, die Sadisten aus den Konzentrationslagern, die Ausbeuter, die korrupten Richter, die Generäle, die Städte in Schutt und Asche legen, alle haben die Buddha-Natur. Eine wunderbare Wahrheit, die ich intuitiv verstehen konnte. Aber verstehen ist nicht genug. Ich mußte die Kluft zwischen mir und dem Meister überbrücken. Ich mußte ihn mit einem verzweifelten Sprung zu erreichen versuchen. Und das würde mir nur gelingen, wenn ich alles aufgäbe.

Mir war kalt. Wir waren jetzt alle da. Der ältere Mann mit dem Kahlkopf wurde auf einer Bahre getragen, er hatte sich am letzten Morgen von Rohatsu den Fuß verrenkt, und Edgar hatte ihn ins Krankenhaus gefahren. Er war nicht schwer verletzt, aber er würde ein paar Wochen nicht gehen können. Zwei der kräftigeren Jungen trugen die Bahre und setzten sie, dicht am Felsen, sanft ab. Wir warteten noch immer auf Peter. Es gab nichts zu tun, und ich begann, mich auf mein *Koan* zu konzentrieren. Bei dieser Art von Ausbildung kommt keine Langeweile auf, es gibt immer etwas zu tun.

Ein tibetanischer Mönch in Holland, dessen Papiere nicht in Ordnung waren und der damit rechnen mußte, eine Weile im Gefängnis zu verbringen, lachte mich aus, als ich mir Sorgen um ihn machte. «Kein Grund zur Beunruhigung», sagte er, «im Gefängnis kann ich meditieren.» Glücklicherweise mußte er nicht ins Gefängnis, die Grenzpolizei gab ihm ein Visum.

Ich erinnerte mich an Peter in Kioto. Er hatte mich eingeladen, mit ihm ins Kino zu gehen, es sollte ein Naturfilm gezeigt werden, aber er hatte sich geirrt, und wir sahen Gangster, die eine hübsche Jungfrau entführten. Er wollte gehen, blieb aber, als er sah, daß ich den Film genoß. Nach einer Weile blickte ich zu ihm hinüber und sah, daß er meditierte, er hatte es geschafft, auf dem unbequemen, engen Sitz in den vollen Lotus zu kommen. Auch wenn er beim Frisör warten mußte, bis er an der Reihe war, meditierte er.

Es war sehr still am Grab. Manchmal hustete jemand. Eine Frau, die ich aus dem Zendo kannte, hatte ihre beiden Kinder mitgebracht, einen fünfjährigen Jungen und ein dreijähriges Mädchen. Sie standen neben mir und zappelten unruhig herum.

Ein rhythmisches Knirschen verkündete Peters Ankunft. Er trug einen seidenen Kimono und die Kordeln, die an dem großen weißen Ring der Zen-Schule befestigt waren. Drei der jüngeren Schüler folgten ihm. Der erste trug ein Bündel Räucherstäbchen, der zweite eine Teekanne, der dritte eine Teetasse auf einem ornamentverzierten Tablett.

Ich mußte lächeln. Dieses formelle religiöse Verhalten würde mir immer fremd bleiben. Zeremonien hatte ich immer für überflüssig gehalten. Die alten chinesischen Meister, die ursprünglichen alten Männer, die mit ein paar Schülern in einer Berghütte lebten, waren auch ohne das ausgekommen. Ich zuckte die Schultern. Na und? Wenn Peter eine Zeremonie wollte, würde ich daran teilnehmen.

Und vielleicht machte es mir sogar Spaß. Die Psychoanalyse könnte mir wahrscheinlich erklären, warum ich Zeremonien nicht mochte. Vielleicht irgendeine traumatische Assoziation mit Weihnachtsfesten oder den holländischen Nikolausfeiern. Diese Zeremonie könnte durchaus einen Sinn haben. Sie war ein Symbol der Achtung, und ich achtete den alten Meister zweifellos. Dank ihm war diese Kommarde entstanden. Der alte Meister hatte seine Einsicht weitergegeben. Er hätte seine Einsicht mit sich in die Berge nehmen und dort glückselig alleine leben können, wie andere heilige Männer das getan haben, und die Flamme wäre mit seinem Körper erloschen. Aber der alte Meister hatte die mühevolle Disziplin eines klösterlichen Lebens gewählt. Jeden Tag, sehr früh am Morgen, mußte er seine Schüler empfangen, einen nach dem anderen. Er hatte ihnen auf ihren verschiedenen Wegen geholfen, hatte sie geleitet und sie aufgemuntert. Wenn sie glaubten, daß sie nicht weiter konnten, wenn sie in die verkehrte Richtung gingen, hatte er sie angefahren und geschlagen. Bis zu seinem Tod war er im Kloster geblieben. Und einer der Männer, die er ausgebildet hatte, war Peter, der Mann, der jetzt bei dem Felsen kniete und das erste Räucherstäbchen anzündete, um es in den Schnee zu stecken.

Peter forderte uns auf, seinem Beispiel zu folgen. Ich kam an die Reihe und zündete es mit meinem Feuerzeug an. Ich verbeugte mich, streckte mich im Schnee aus, er schob mich auf meine Knie und steckte das Räucherstäbchen in den Schnee. Die Zeremonie dauerte nicht lange, alle, außer den beiden Kindern, hatten sich daran beteiligt.

Peter rief die Kinder. Das Mädchen versteckte sich unter dem

Mantel seiner Mutter, nur der Junge kam, nach einigem Zögern, nach vorn. Peter zündete das Räucherstäbchen für ihn an.

Der Junge wollte und wollte auch wieder nicht. Es besteht kaum ein Unterschied zwischen Kindern und Erwachsenen. In beiden leben die gleichen Gefühle. Ein Kind weiß, oft sehr bewußt, daß es auf einem seltsamen Planeten umherläuft, daß es sonderbare Wunder gibt und daß diese Wunder einen Sinn verbergen, den es entdecken muß. Ein Erwachsener ist leicht bei seiner Suche zu bremsen, ein Kind nicht. Aber ein Kind wird von den es umgebenden Erwachsenen, die sein Leben beherrschen und es gewohnheitsmäßig frustrieren, zurückgehalten.

Ich war froh, daß Peter das Mädchen nicht gezwungen hatte, an der Zeremonie teilzunehmen.

Der Junge wollte mitmachen, er hatte das Räucherstäbchen angenommen und drehte es in der Hand, unschlüssig, was er damit tun sollte. Peter half ihm nicht. Plötzlich entschloß sich der Junge, ein Ruck ging durch seine Schultern, er bewegte seinen rechten Arm, ging zu dem Felsen, verbeugte sich und streckte seinen kleinen Körper auf dem Boden aus. Ich sah, daß das Räucherstäbchen seine Hand berührt und sie verbrannt hatte. Der Junge verzog sein Gesicht, fing aber nicht an zu heulen.

Als er zu seiner Mutter zurückging, kam er an Peter vorbei. Peter tätschelte ihm den Kopf, und der Junge verlor seine Spannung – er lächelte. Die Party begann mit dem Lächeln des kleinen Jungen.

Es fiel mir schwer, mich zusammenzunehmen. Ich wollte den heiligen Boden verlassen, die Brücke überqueren und umhertanzen. Genug ist genug. Eine ganze Woche lang war ich still gewesen und hatte zwischen Schatten an Stelle von Menschen gelebt. Der Mann mit dem Ziegenbart war der erste, den ich auf der anderen Seite der Brücke traf. Wir umarmten uns.

«Ja, ja», sagte er.

Meine Aufmerksamkeit wurde durch Edgar abgelenkt, der mir begeistert auf die Schulter schlug.

«Nimm eine Zigarette», sagte er.

Erst später, als das Flugzeug seinen Landeanflug auf den Amsterdamer Flughafen begonnen hatte, erinnerte ich mich wieder an den Mann mit dem Ziegenbart. Ich hatte ihn nicht mehr gesehen und ihn vergessen. Vielleicht war er nur zu Rohatsu in die Kommarde gekommen, er mochte einer von Peters ‹externen› Schülern sein, Leuten, die in anderen Teilen der Vereinigten Staaten lebten und die Niederlassung nur jeweils für ein paar Wochen besuchen konnten. Vielleicht hatte er unmittelbar nach der Zeremonie ein Flugzeug nach Hause genommen. Und vielleicht existierte der Mann mit dem Ziegenbart gar nicht. Aber ich kannte ihn gut.

Etwas zaghaft betrat ich Peters Wohnzimmer. Fünfmal täglich, sieben Tage lang, hatte ich in jenem Raum gekniet und mich auf *Sanzen* vorbereitet. Von jenem Raum aus hatte ich den Sprung nach der Einsicht des Meisters versucht. Der Raum erschien mir unheimlich, das Grün des Teppichs war ein höllisches Grün, die mit Jute bedeckten Wände waren die Begrenzungen meines kleinen ‹Ichs›, und selbst das große staubige Piano war ein Monster, dessen Tasten Zähne darstellten.

Aber nun hatte sich der Raum verändert. In dem immer leeren Kamin prasselte jetzt ein gemütliches Feuer, und in jeder Ecke brannten dicke Kerzen, die in mächtigen grünen Flaschen steckten. Peter, der Führer zu den großen Geheimnissen, der grimmige Meister, die Manifestation aus dem Jenseits und dem Absoluten, war nun ein freundlicher Mann, der irgendwo auf dem Fußboden saß, einen Teller mit dicken Pfannkuchen vor sich und ein Glas in der Hand. Ich erhielt auch ein Glas, und Edgar schenkte mir aus einem riesigen Krug ein. Ich schmeckte Orangensaft, der stark mit Wodka vermischt war. Ich nahm einen großen Schluck. Hinter der Flasche sah ich Edgars grinsendes Gesicht.

«Ist es so recht?» fragte er.

«So ist es recht», sagte ich.

Ich sah mich um. Das Mädchen mit dem runden Gesicht saß neben mir, der mondgesichtige Buddha aus meinem Bücherregal. Ich erzählte ihr, daß sie zu Hause auf meinem Bücherregal sitze, aber sie verstand nicht, wovon ich sprach. Ich mußte es erklären, was schade war. Ich wollte nichts erklären. Auch das versuchte ich zu erklären, was ebenfalls schade war.

Zum Glück hörte sie nicht zu. Sie erzählte mir, wie sie zur Kommarde gekommen war. Das war gut. Ich hörte lieber zu. Währenddessen aß ich Pfannkuchen mit kleinen eingebackenen Stückchen Speck und trank mehr Orangensaft aus dem Krug, den Edgar herumtrug.

Das Mädchen fragte mich, ob ich schon einmal LSD genommen hätte. Ich mußte zugeben, daß ich es noch nicht probiert hatte. Vielleicht hätte ich es versuchen sollen, aber die Gelegenheit hatte sich nie ergeben. Die Hippies, die im Sommer in unserer Fabrik arbeiteten, hatten die Droge oft empfohlen und mir ihre Wirkungen zu erklären versucht. Ich hatte wenig davon verstanden. Sie berichteten mir von durchsichtigen Bäumen, Klangvisionen und Reisen ins Unterbewußtsein. Einer der Hippies, ein Engländer mit vierkantigem Kopf und enormem Bart, hatte gemeint, daß jeder wenigstens einmal LSD versucht haben sollte. Aber es schien, daß ich diese Art Abenteuer verpassen würde. Vielleicht würde ich die Droge ausprobieren, wenn ich einen zuverlässigen Führer fände. Die Hippies flößten mir nicht viel Vertrauen ein.

Ich erklärte dem Mädchen also, daß ich noch nie LSD genommen hätte.

«Aber ich», sagte das Mädchen.

Ich wartete, doch sie sagte nichts mehr.

«Und dann?» fragte ich höflich.

Sie zeigte mir ihre Handgelenke. Beide wiesen die gleichen Narben auf. Das war keine Rasierklinge gewesen.

«Ein Brotmesser?» fragte ich.

«Ein Bajonett», sagte das Mädchen. «Von meinem Bruder. Ein chinesisches, er brachte es aus Vietnam mit. Ich habe es ihm gestohlen und geschliffen. Ich bewahrte es unter meinem Kissen auf. Ich hatte nicht genug Mut, es zu tun.»

«Mußtest du es tun?» fragte ich dumm.

«Ja», antwortete das Mädchen, «und ich habe es getan.»

Ich sah noch einmal auf die Narben. Die linke war breiter als die rechte. Sie war offensichtlich Rechtshänderin.

«Ich habe es an einem Wochenende getan. Eigentlich sollte ich an dem Wochenende allein sein, aber es kam zufällig jemand vorbei. Ich wachte im Krankenhaus auf.»

Ihr Glas war leer, und ich gab ihr etwas aus meinem.

«Und dann bist du hierher gekommen?»

«Ein halbes Jahr später. Sie steckten mich für eine Weile in eine Anstalt.»

‹Was für ein Abenteuer›, dachte ich.

Ein mondgesichtiger Buddha. Ein Bild der Ruhe und Kraft. Eine Woche lang hat sie mir gegenübergesessen, und sie hat sich nicht einmal bewegt.

Rupert setzte sich zu uns.

«Hast du auch Narben?» fragte ich.

«Nicht an meinen Handgelenken.»

Ich trank noch ein bißchen Orangensaft.

«Ohne Narben kommt man nicht hierher», sagte Rupert.

«Man muß verzweifelt sein, um nach dem Ausweg zu suchen. Buddhismus ist nicht für die Zufriedenen.»

«Buddhismus», antwortete das Mädchen. «Buddhismus interessiert mich nicht. Ich habe eine christliche Erziehung genossen, aber Christentum interessiert mich auch nicht. Das sind alles Worte. Clubs, denen man angehören kann. Auf der Universität war ich auch Mitglied eines Clubs. Es war so schrecklich, daß ich mir meine Adern mit einem Bajonett aufschneiden mußte.»

Sie stieß mich mit ihrem Ellbogen an.

«Weißt du, wovon ich rede?»

«Ich glaube schon», sagte ich.

«Dann sag's ihm.»

«Rupert», sagte ich. «Ich glaube, ich weiß, wovon dieses Mädchen spricht.»

«Wie schön für dich», bemerkte Rupert.

Er klopfte auf meine Jackentasche und fand mein Zigarettenetui. Ich zündete ihm seine Zigarette an. Er fuchtelte damit vor meiner Nase herum.

«Also, wovon redet ihr jetzt eigentlich?»

Das Mädchen legte ihre Hand auf meinen Arm.

«Buddhismus ist Unsinn», sagte ich. «Wenn wir hier sind, um Buddhismus zu praktizieren, sollten wir es vielleicht besser aufgeben.»

«Ich weiß jetzt, was ich nicht tun sollte», erwiderte Rupert.

«Nun sag mir, was ich tun sollte.»

«Das weißt du verdammt gut», antwortete das Mädchen.

Und sehr wahrscheinlich wußte er es.

Ich stand auf, um ein bißchen herumzuwandern. Ich fühlte mich zufrieden. Dies war eine Party. Ich fühlte mich von allem, was mich beunruhigte, losgelöst. Ein vorübergehend inkarnierter Geist auf einer kleinen Kugel in einem unermeßlichen Raum. Ein

Geist ohne eine Seele. Ein Geist ohne eine Seele hat nichts zu verlieren.

Meine Wanderung durch das Zimmer brachte mich in Peters Nähe, der allein in einer Ecke saß. Edgar hatte soeben sein Glas wieder gefüllt. Er lächelte mir zu, und ich lächelte zurück.

«Bist du bereit?» fragte Peter.

Ich war zu entspannt, um etwas zu argwöhnen.

«Klar», antwortete ich. «Bereit wozu?»

Er schüttelte seinen Kopf.

Wieder bist du in die Falle gelaufen.

Zum soundsovieltenmal liegst du am Boden. Wehrlos.

Dieses Spiel bringt dir an jeder Ecke eine Niederlage ein.

Aber du versuchst es weiter.

Du rappelst dich wieder auf.

Vielleicht wird der Augenblick kommen, daß du nicht mehr in die Falle gehst.

Das wäre schön.

Aber es wird viel Zeit, viel Mühe erfordern.

Der Augenblick ist weit entfernt, weit im Raum, weit in der Zeit.

Und inzwischen wirst du weiter hinfallen. Und wieder aufstehen.

Und weitergehen, wenn du kannst.

Der Berg Meru

Der Orangensaft-Strom war noch nicht versiegt. Ich schlich mich in die Küche, um zu sehen, wo das alles herkam. Edgar goß Wodka in seinen Krug. Er blickte ein wenig schuldbewußt auf.

Ich sah eine Kiste voller Wodkaflaschen und mehrere Fünfzehn-Liter-Gefäße mit Orangensaft.

«Mach dir keine Sorgen», sagte Edgar.

«Ich mache mir keine Sorgen.»

«Dann hilf mir mit den Eiswürfeln.»

«Was ist das», fragte ich, «eine weitere Übung?»

«Vielleicht», sagte Edgar und fuhr fort einzugießen. «Vielleicht.

Peter organisiert diese Parties. Möglicherweise will er uns auf die Probe stellen. Manche von denen da drin werden allmählich ganz schön blau. Hör mal.»

Ich lauschte.

«Sie reden laut, merkst du das?»

«Ja.»

«Und wahrscheinlich sagen sie mehr, als sie sollten. Gegen Ende dieser Parties lockt er sie zu sich, und sie bilden einen Kreis um ihn. Er stachelt sie ein bißchen an, und sie reden. Sie erzählen lustige Geschichten darüber, was während Rohatsu passierte. Wie der Jikki sich auf sie gestürzt hat. Wie sie eingeschlafen sind. Über Visionen, die sie gehabt haben. Das klingt alles ganz lustig, wenn man Wodka trinkt. Aber manchmal waren sie im Zendo zu Tode erschrocken. Hast du Angst gehabt?»

«Gib mir was zu trinken.»

Er goß mir etwas in mein Glas.

«Siehst du», sagte er, «du trinkst, und du redest über das, was da drinnen geschehen ist, und du entspannst dich.»

«Ich habe nichts gesagt.»

Er lachte.

«Das mußt du auch nicht.»

Ich nippte an meinem Drink, und Edgar ging in das Wohnzimmer zurück. Es war Zeit, nach Hause zu gehen. Ich hatte genug gehabt.

Ich fand Rupert in der Hütte, er schlief fest in seinem Schlafsack. Der Reißverschluß war bis oben hin geschlossen. Ich öffnete ihn ein wenig, damit Rupert etwas Luft bekommen konnte. Ein vorwurfsvolles Auge sah mich an.

«Geh weg», sagte er, änderte dann aber seine Meinung und setzte sich auf.

«Hast du viel getrunken?»

«Es geht so», sagte ich.

«Hm. Du sprichst nicht undeutlich. Du mußt ziemlich nüchtern sein. Ich wurde allmählich betrunken, deshalb bin ich gegangen. Schade, ich habe mich gut amüsiert.»

«Warum bist du dann nicht geblieben?»

«Der Meister war dort», sagte Rupert, «und ich möchte mich nicht lächerlich machen, nicht, wenn ich es vermeiden kann. Er hat mich einmal ertappt.»

«Hat er etwas zu dir gesagt?» fragte ich neugierig.

«Nichts, was dich angeht», zischte Rupert, und dann, nach einer Weile, kicherte er.

«Hat er etwas Lustiges zu dir gesagt?» fragte ich nochmals.

«Nein. Er hat mich ertappt. Es ist nicht lustig, ertappt zu werden. Ich habe über etwas anderes gelacht. Soll ich es dir erzählen?»

Ich war überrascht, es war nicht Ruperts Art, mir irgend etwas zu erzählen. Vielleicht hatte der Alkohol ihn locker gemacht, oder vielleicht war er froh, daß er nicht mehr der Jikki sein mußte.

«In Ordnung», sagte Rupert, «gib mir eine Zigarette, und ich werde es dir erzählen. Und mach etwas Tee.»

Als wir uns niedergelassen hatten, kicherte er wieder.

«Du kennst die Leute hier nicht, deshalb weißt du nicht, was so passiert. Ich muß dir das alles erklären. Hast du den älteren Burschen mit dem Kahlkopf gesehen?»

«Den, der sich den Knöchel verrenkt hat?»

«Ja. Er ist sehr zäh, sehr dickköpfig, würde ich sagen. Er ist, oder war, ein orthodoxer Jude, und er ist sehr bestimmt in seinem Verhalten. Er hält viel davon, Dinge richtig zu tun. Er hat sich eine sehr hübsche Hütte gebaut, und als er fertig eingerichtet war, schickte Peter ihm einen Untermieter, einen jungen Hippie, der vor ungefähr einem Jahr hier aufkreuzte und nicht wegging. Sehr intelligent, sehr schlagfertig und sehr unordentlich.»

Ich lachte.

«Richtig», fuhr Rupert fort, «deshalb hat Peter ihn in das Haus des alten Knaben gesteckt. Um ihn aufzurütteln.»

«Und sie kommen miteinander aus.»

«Der Hippie kommt mit jedem aus. Ihm ist alles egal. Ihm ist wirklich alles egal. Er sitzt sogar gut, weil es ihm egal ist. Schmerz scheint ihm nichts auszumachen. Er arbeitet auf dem Hof, er tut alles, was Peter ihm aufträgt,und er arbeitet wahrscheinlich hart an seinen *Koans*. Wenn der alte Knabe ihn anschnauzt, grinst er. Er würde den alten Knaben nicht absichtlich irritieren, aber er kann nicht vermeiden, daß er ihn ständig irritiert.»

«Und dem macht es nichts aus?» fragte ich.

«Keineswegs.»

«Erzähl weiter.»

«Drängle mich nicht», antwortete Rupert. «Ich bin kein guter Geschichtenerzähler. Aber es ist gerade erst geschehen. Peter ermunterte uns zu reden, und er sah dabei den Hippie an, bis dieser schließlich mit der Sache herausrückte. Er erzählte, wie es ihm mit dem alten Burschen während Rohatsu ergangen war. Der Hippie verbrachte die Pausen redend und lachend in der Hütte, und der alte Bursche protestierte.»

«Er hatte recht», sagte ich.

«Sicher hatte er recht. Und der Hippie gab nach. Er hielt den Mund. Aber etwas quälte den Hippie. Ein paar der Mädchen mußten täglich einige Stunden in der Küche arbeiten, um Peter bei der Zubereitung des Essens für uns alle zu helfen. Sie bekamen dafür frei und brauchten ein paar Perioden nicht zu sitzen. Und immer wenn der Hippie an der Küche vorbeiging, was mehrmals am Tag geschah, hörte er ein Mädchen schnipseln.»

«Schnipseln?»

«Ja, schnipseln. Schneiden mit einer Schere, weißt du. Natürlich wußte der Hippie, daß er seine Konzentration nicht unterbrechen sollte, aber dieses Schnipseln ging ihm auf die Nerven. Es schien, als mache sie es den ganzen Tag, jeden Tag, immer wenn er an der Küche vorbeiging. Eines Tages, als er wieder am Fenster vorbeikam, sprang er also hoch und guckte.»

«Ja?»

«Und er sah, daß sie eine rötliche Frucht zerschnitt.»

«Frucht?»

«Ja, und das mitten im Winter. Er dachte also darüber nach und wußte nicht, was für eine Frucht es sein könnte. Als er in der Pause nach Hause kam und dort still in der Hütte des alten Burschen saß, fing er an, darüber zu sprechen und fragte den alten Burschen, was das Mädchen wohl schnipseln könnte.»

«Ha», sagte ich.

«Und der alte Bursche wurde sehr böse. Rohatsu ist eine Meditationswoche, und Meditationswochen werden in der Zen-Schulung *Sesshins* genannt. Der alte Bursche fragte den Hippie also, ob er wisse, was *Sesshin* bedeute. Und der Hippie sagt ‹Klar, *Sesshin* heißt geistige Konzentration›.»

«‹Genau›, antwortete der alte Mann, ‹also laß mich mit deinem Schnipseln in Ruhe. Ich will es nicht hören. Ich will mich konzentrieren›.»

Ich lachte höflich, ich dachte, die Geschichte wäre zu Ende.

«Nein, nein», sagte Rupert, «warte! Der alte Bursche interessierte sich jetzt also auch für das Schnipseln. Er hatte es gehört, wir hatten es alle gehört, aber es gibt viele komische Geräusche hier draußen, und wir dachten nicht darüber nach. Nur den Hippie plagte es, und auch der alte Mann fing an, sich den Kopf über das Schnipseln zu zerbrechen. Eines Tages sagte der alte Bursche, er glaube, das Mädchen schnipsele kleine Auberginen, denn Auberginen sind die einzigen dunkelroten Früchte, die er kennt, und der Hippie lacht, weil es keine Auberginen in diesem Teil der Welt gibt, und schon gar nicht mitten im Winter. Und dann, am letzten Tag von Rohatsu, kommt der alte Mann in die Hütte gestürmt, es ist wieder Pausenzeit, und der Hippie ist zuerst dort gewesen und macht Kaffee. ‹He›, ruft der alte Bursche, ‹ich weiß, was es ist. Es sind FEIGEN. Sie schnipselt FEIGEN. Sie tun kleine Stückchen Feigen in den Kuchen, den wir jeden Tag zum Nachtisch bekommen. FEIGEN›.»

Ich lachte, Rupert lachte, und es endete damit, daß wir umherkugelten und uns die Bäuche hielten. Ich bekam Krämpfe.

«Gut», sagte Rupert, er rieb sich die Augen. «Laß uns etwas schlafen. Ich muß diesen ganzen Alkohol loswerden.»

«Hat er sich dabei seinen Knöchel verrenkt?» fragte ich, bevor ich einschlief. «Als er in der Hütte herumsprang und FEIGEN rief?»

«Nein», antwortete Ruperts Stimme aus dem Schlafsack, «das passierte später. Er rutschte auf dem Weg zum Zendo aus, wir sollten Asche auf das ganze Eis streuen, ich mache das morgen.»

Ich wachte auf, weil mich jemand schüttelte. Ich war weit weg, ich sprach mit irgendwelchen chinesischen Mönchen, die ich in meinem Traum getroffen hatte, und sie gaben mir Hinweise auf die Antwort zu meinem *Koan*, indem sie lächelten und Gesten machten, die irgendeine Bedeutung haben sollten. Rupert kam auch in dem Traum vor, und meine Mutter schnipselte Feigen. Ich wollte nicht aufwachen. Es war ein lustiger Traum, und ich fühlte mich darin wohl.

«He.» Es war Peters Stimme.

«Ja?»

Er saß auf seinen Fersen neben meinem Kopf.

«Ich komme in einer Stunde wieder, ich will mit dir wegfahren. Oder besser, du kommst zu mir. Ich warte im Auto auf dich, es wird vor meinem Haus stehen.»

«Wohin fahren wir?»

«Du wirst schon sehen. Zieh dir ein Hemd an und eine Krawatte, wasch dich. Eine Rasur kannst du auch vertragen.»

«Ja, ja.»

Er winkte, und fort war er.

Rupert saß neben dem Ofen und las in seinem Notizbuch.

«Sonderbehandlung, wie?»

«Nimmt er dich nicht manchmal irgendwohin mit?» fragte ich.

Rupert lächelte. «Oft. Keine Sorge. Ich bin nicht eifersüchtig. Aber es gibt viel Eifersucht hier draußen. Jeder möchte der Lieblingsschüler sein.»

Ich stand auf und begann, meine Kleider und mein Rasierzeug zu suchen.

«Bist du jemals der Lieblingsschüler gewesen?»

«Ja», sagte Rupert, «er hat eine Menge Zeit auf mich verwandt, vor einem Jahr oder so. Ich wurde praktisch sein persönlicher Begleiter, er nahm mich überallhin mit. Abends mußte ich ihm sogar Massagen verabreichen.»

«Persönlicher Begleiter des Zen-Meisters», sagte ich, während ich meine Krawatte band.

«Sicher. Ein sehr intensives Training, kann ich dir sagen. Zu intensiv. Als er mit der Behandlung aufhörte, brauchte ich eine Weile, bevor ich alles verdaut hatte.»

«Ließ er dich abrupt fallen?»

«Ja», sagte Rupert, «eines Tages hörte er auf. Jemand anders wurde ausgewählt. Aber er nimmt mich immer noch ab und zu mit. Wir gehen einkaufen, oder er findet jemanden, der uns zu einem guten Essen in einem teuren Restaurant einlädt, oder wir machen eine lange Spazierfahrt.»

Ich kam gerade rechtzeitig. Peter saß im Auto und trommelte mit seinen Fingern auf das Lenkrad.

Zehn Minuten lang folgte das Auto der Küstenstraße, in jeder Kurve sah ich eine neue Bucht oder ein kleines Kap, das in die graue stürmische See hineinragte. Vielleicht hätte ich eines Tages die Möglichkeit, ein Boot zu kaufen und von einer dieser Buchten nach Holland und wieder zurück zu segeln. Ich erzählte Peter von dieser Idee.

«Ich werde es machen, wenn ich alt bin. Das ist besser, als in einem Altersheim in Amsterdam zu sitzen, ich kann mich immer über Bord gleiten lassen, wenn ich krank werde. Es wird ein schöner Tod sein.»

«Wie alt?» fragte Peter.

«Achtzig.»

Er sagte nichts dazu.

«Du kannst mitkommen. Du wirst dann fünfundachtzig sein», sagte ich.

Er brummte vergnügt. Die Idee gefiel ihm wahrscheinlich. Er liebte es zu reisen, vielleicht fühlte er sich hier eingesperrt, umgeben von seinen Schülern in einem Wald.

Dies war einmal indianisches Land gewesen. Die Sonne stand niedrig und beleuchtete die Felsen um uns herum. Die Indianer waren verschwunden, und nun wohnte hier niemand mehr. Wir sahen ein paar Hütten und Häuser, einige der Häuser waren sehr groß, Villen wäre vielleicht treffender, aber sie waren alle verschlossen.

«Ferienhäuser», sagte Peter. «Ein paar Leute leben hier im Sommer, aber nicht viele, die meisten gehen lieber in den Süden.»

Er hatte offensichtlich keine Lust zu reden, und so fuhren wir schweigend weiter. Nach einer Weile fragte ich, wohin wir führen. Er antwortete nicht, und ich berührte seinen Arm. «Wohin fahren wir, Peter?»

Er drehte seinen Kopf zur Seite und sah mich an, als wüßte er nicht, wer ich wäre.

«Was, was?»

Ich wiederholte meine Frage.

Er brummte vor sich hin. «Sie wollen alles wissen. Wo gehen wir hin? Wo kommen wir her? Auf diese Weise kann man sein ganzes Leben lang weiterfragen.»

Ich zuckte mit den Schultern und betrachtete die Aussicht.

Dennoch antwortete er ein wenig später.

«Wir besuchen Freunde von mir. Einen Antiquitätenhändler, der sich hierher zurückgezogen hat, er ist sehr reich. Er lebt hier mit seiner Frau.»

Er deutete auf einen großen Bungalow auf einem Hügel und bog in eine unbefestigte Straße ein. Drei Autos standen in der Auffahrt. Die Veranda war von dekorativen Lampen erleuchtet, und der Gastgeber, ein gutaussehender alter Mann mit festem weißem Haar, das über die Ohren gekämmt war, begrüßte uns.

Peter stellte uns vor. Die Gastgeberin erwartete uns im Flur und führte uns ins Wohnzimmer. Sie war jünger als ihr Mann und trug ein elegantes, bodenlanges Abendkleid aus Velours. Ich meinte, das Kleid schon einmal gesehen zu haben, in einer teuren Modezeitschrift. Der Artikel zu den Fotos trug die Überschrift ‹The Careless Fashion›.

Ich murmelte höfliche Sätze. Ich schüttelte Hände. Ein Herr mit kurzem grauem Haar wurde als Schriftsteller vorgestellt. Die Gastgeberin hatte gehört, daß auch ich ein Schriftsteller war. Zwei Schriftsteller schütteln einander die Hand. Was für ein Zufall. Ein anderer Herr machte Filme. Noch ein Künstler. Noch ein Zufall. Ich erhielt einen Martini und eine kleine Zigarre. Nachdem die Höflichkeiten erledigt waren, kehrten die Gäste zu ihrer Konversation zurück, und ich ging ein bißchen herum. Auf einem Flügel sah ich eine Anzahl gerahmter Fotografien. Sie stellten alle unseren Gastgeber dar. Auf manchen Fotos befand er sich in Gesellschaft berühmter Persönlichkeiten. Ich erkannte eine Königin, einen Filmstar und einen Komponisten.

Ich erhielt einen weiteren Martini und ging damit zum Bücherregal. Ich besah mir die Gemälde, die Möbel und die Teppiche. Das Haus stand an einem guten Platz, die Fenster zur Bucht boten eine herrliche Aussicht auf die Küste.

Die Gäste bezogen mich in ihre Unterhaltung ein, eine angenehme, freundliche, oberflächliche Unterhaltung. Jemand fragte mich, warum ich in Amerika sei.

«Ich besuche meinen Freund Peter.» Ich wies auf Peter.

Der Herr, der die Frage gestellt hatte, sah Peter an. «Ja, ja», sagte er nachdenklich. «Ist Ihr Freund nicht ein Zen-Meister?»

Ich nickte.

«Und Sie sind auch Zen-Buddhist?»

«Ja.» Warum nicht? Wenn ich schon etwas sein muß, will ich ein Zen-Buddhist sein. Ich war froh, daß Peter nicht zuhörte. Wie der alte Lehrer erwähnte er das Wort nie. Es gab eine Menge Wörter, die er nicht benutzte. Ich hatte ihn nur einmal fluchen hören, das war in Japan, als eine amerikanische Journalistin ihn zum drittenmal am selben Tag anrief, um einen Termin für ein Interview zu erhalten. «Scheiße», rief er und hängte auf, aber die ersten beiden Male war er höflich gewesen.

Der Herr, er war der Schriftsteller, dem ich vorgestellt worden war, sah auf meinen Martini und meine Zigarre, sagte aber nichts.

Das Abendessen war fertig und der Tisch hübsch gedeckt. Das Mahl war köstlich und der Wein ausgezeichnet. Ich saß neben der Gastgeberin, dicht bei der Küche, die einen Teil des Zimmers bildete. Sie hatte keinen Diener, ich half ihr, die Gäste zu bedienen. Ich füllte Teller, schenkte Wein aus und versuchte zu erraten, was die Gäste wollten, damit sie nicht zu fragen brauchten. Das ist ein Trick, den chinesische Schiffstewards sehr gut beherrschen. Da ich aber noch kein chinesischer Steward war und zum erstenmal dieses Spiel versuchte, tippte ich ein paarmal daneben.

Ich half spülen.

«Ganz lieb von Ihnen», sagte die Gastgeberin.

«Ich bin lieb», erwiderte ich.

«Wo haben Sie gelernt, so hilfsbereit zu sein?»

«Bei Peter», sagte ich. «Er hat es mir beigebracht.»

Ich begriff nicht ganz, was das alles sollte. Die Unterhaltung ging nach dem Essen weiter. Wir nippten am Brandy und sagten das Richtige. Ich hatte geglaubt, Peter gut genug zu kennen, um zu wissen, daß er von höflicher Konversation nichts hielt, doch da saß er und schwatzte fröhlich über die Vorzüge eines VW gegenüber allen anderen Kleinwagen, über die Verbindungen zwischen diesem Staat und New York, über die kleinen Insekten, die das Land in den Sommermonaten heimsuchten, und was man dagegen tun konnte. Ein Gast erkundigte sich nach dem Befinden eines gemeinsamen Bekannten; anscheinend hatte ihn jemand kürzlich besucht.

«Er ist immer noch sehr krank.»

«Was hat er denn?» fragte Peter.

«Eine Hautkrankheit. Seine Haut wird schuppig, wie bei einem Fisch, scheint eine Alterserkrankung zu sein. Es ist sehr schmerzhaft und juckt.»

Die Gastgeberin schüttelte ihren Kopf. Sie saß anmutig auf

einem kleinen Sofa und bot ein reizendes Bild, die Farbe ihres Kleides bildete einen wunderbaren Kontrast zu der Polsterung der Couch.

«Schrecklich», sagte sie, «was für eine Art, ans Ende zu gelangen. Der Mann ist über achtzig, er muß sowieso sterben, und nun muß er auch noch dieses schmerzhafte Jucken ertragen.»

Ihr Mann hustete, das Thema war nicht sehr erfreulich. Schweigen trat ein, und ich dachte, daß ich ebensogut etwas sagen könnte.

«Jener Mann stirbt mit einem Jucken», sagte ich, «die Hälfte der Bewohner dieser Erde hat nicht genug zu essen. Die größte Industrie, die wir kennen, ist die Waffen- und Munitionsindustrie. Ein Prozent der Bevölkerung der Vereinigten Staaten ist alkoholkrank oder drogenabhängig. In Europa ist der Prozentsatz niedriger, aber dort nimmt er auch stark zu. In manchen Ländern Südamerikas ist der Gebrauch von Verhütungsmitteln verboten, während gleichzeitig die Bevölkerung so rasant wächst, daß das Problem des Hungers täglich an Schärfe gewinnt.»

Der Gastgeber hustete wieder. Er hatte recht. Und inzwischen litt ein alter Mann an einem schmerzhaften Jucken und mußte Pillen nehmen, Pillen zum Schlafen, Pillen zur Beruhigung seiner Nerven, Pillen gegen die endlose Irritation des bloßen Weiterlebens.

«Dies ist der falsche Planet», antwortete die Gastgeberin. «Was auch immer man hier zu tun versucht, ist hoffnungslos. Ein einzelner mag dem Leiden vielleicht entkommen, aber die anderen werden weiter Schmerzen haben, in der einen oder anderen Form. Vielleicht leiden die Erfolgreichen mehr als die anderen, denn die anderen leiden zu sehen, ist ein subtiler Schmerz, aber subtile Schmerzen können sehr wirksam sein.»

Sie sah Peter an. «Sie sind doch Buddhist, oder?» fragte sie.

Peter antwortete nicht.

«Ich weiß nicht viel über den Buddhismus», sagte die Gastgeberin, «aber der Gedanke, daß wir mehr als ein Leben haben, tröstet mich. Vielleicht können wir uns das Recht verdienen, eines Tages auf einem anderen Planeten zu leben. Vielleicht gibt es Planeten ohne Leiden, wo wir denken und schöpferisch tätig sein und ohne Reue genießen können. Das Universum ist so groß, es muß bessere Orte als diese verfluchte kleine Kugel geben. Ich glaube, daß ich mein Leben hier verdient habe und daß es dumm wäre, sich zu beklagen, weil ich nicht hier wäre, wenn ich nicht hier sein müßte, aber es scheint mir vernünftig, zu glauben, daß diese Art von Leben ein Ende haben wird, es muß eine bessere Art geben zu leben.»

Alle sahen Peter an. Er rührte unschuldig in seinem Kaffee.

«Wie denken Sie darüber?» fragte der Schriftsteller.

«Warum so weit in der Ferne suchen?» sagte Peter. «Warum sollte ein zufriedenstellendes Leben nicht hier auf der Erde möglich sein?»

‹Aha›, dachte ich, ‹nun wird er über das Hier und Jetzt sprechen. Nur Hier und Jetzt können wir etwas tun, wenn wir unser Bestes tun, wach bleiben und uns bewußt machen, wo wir sind und was wir tun.›

«Irgendwo im Himalaya», erzählte Peter, «gibt es einen hohen Berg, der Meru heißt. Der Berg ist schwer zu finden, und die Forschungsreisenden laufen immer daran vorbei. Es gibt viel Nebel in dem Teil des Hochlands, und es sieht ganz so aus, als würden die Bewohner des Berges von der Natur vor Eindringlingen geschützt. Aber der Berg existiert, und er ist bewohnt. Von seltsamen Wesen. Es sind menschliche Wesen. Sie haben Körper wie wir, doch ihre Körper sind vollkommen geformt. Sie wachsen sehr schnell heran und werden erwachsen, aber ihre Körper scheinen nie älter als vielleicht fünfundzwanzig, dreißig Jahre zu werden. Die Frauen sehen sehr attraktiv aus, und die Männer sind alle Athleten, mit langen Beinen, breiter Brust und schmalen Hüften. Sie brauchen nicht zu arbeiten. Der Berg ist mit Obstbäumen und Sträuchern bedeckt, an denen Beeren und Nüsse wachsen. Sie haben kein Bedürfnis, Fleisch zu essen, gekochte oder gebratene Gerichte, sie trinken das klare Wasser der Bäche.»

Ich studierte die Gesichter der Leute. Alle schienen von Peters leiser, beinahe hypnotischer Stimme fasziniert zu sein.

«Aber das Schönste an jenen Wesen ist, daß sie fliegen können. Sie haben große, starke Flügel, die aus leichten, biegsamen Knochen und hauchzarten elastischen Häuten bestehen. Ein kleiner Sprung genügt, dann fliegen sie schon und gleiten davon; wenn sie nur ein wenig Kraft aufwenden, schnellen sie in die Höhe.»

«Oh, wie herrlich», sagte die Gastgeberin. Sie sprang auf, breitete ihre Arme aus und tanzte leicht durch den Raum. «Sie erzählen das so schön. Ich habe das Gefühl, bereits dort zu sein. Und das ist unsere Zukunft? So können wir auch werden?»

«Aber natürlich», antwortete Peter. «Vom Insekt zum Tier, vom Tier zum Menschen, vom Menschen zum Engel. Warum nicht? Der Kreislauf setzt sich fort, endlos, wir werden immer wieder geboren und immer in einer anderen Gestalt.»

Der Schriftsteller mit dem kurzen grauen Haar hatte aufmerksam zugehört.

«Wie lange leben diese Engel?» fragte er.

Peter lächelte. «Genau vierhundertneunzig Jahre, dann sterben sie. Und drei Jahre bevor sie sterben, verlieren sie die Fähigkeit zu fliegen. Ihr Leben ist lang, und das Alter nähert sich nur ganz langsam, aber eines Tages springen sie hoch und fallen zurück. Das Gewebe zwischen ihren Flügelknochen hat bereits angefangen zu modern.»

Ich lachte. Die Gastgeberin sah mich an. Das höfliche Verhalten des Abends war für den Augenblick vergessen. Ich sah das angstvolle Gesicht einer Frau, die nicht mehr jung ist, deren Schönheit täglich abnimmt, einer Frau, die die ersten Anzeichen ihres Todes gesehen hat. Die Falten, die erste Brille, die kleinen Flecken auf den Händen – die im Englischen so treffend Grabesflecken heißen –, rheumatische Schmerzen.

«Finden Sie das komisch?» fragte sie. «Diese Engel verlieren ihre Flügel. Finden Sie das komisch?»

«Nein, Madam», sagte ich. «Ich finde das nicht komisch.»

«Warum lachen Sie dann?»

Ich wußte keine Antwort. Der Schriftsteller kam mir zu Hilfe.

«Unser Freund lacht, weil alles relativ ist. Auch das Leben eines Engels geht zu Ende. Die Götter werden sterben. Das Universum wird sich eines Tages auflösen. Was einen Anfang hat, hat ein Ende.»

Er sah mich an. «Ist es nicht so?»

Ich nickte erleichtert. Ich wollte die Gastgeberin nicht kränken.

«Und ist es nicht so, daß Buddha einen Weg weist, wie man den Kreislauf durchbrechen kann? Um sich von der Zeit zu befreien? Und vom Raum?»

Er wandte sich jetzt an Peter.

Peter war aufgestanden. Er dankte dem Gastgeber und der Gastgeberin für die Einladung und den reizenden Abend. Man half uns in unsere Mäntel und Schals. Kurz darauf saßen wir wieder im Auto.

«Da wären wir, Kumpel», sagte Peter, als er mich an der Straße zu Ruperts Haus aussteigen ließ. «Schlaf dich gut aus, denn morgen haben wir viel Arbeit zu erledigen. Das nächste *Sesshin* ist erst in ein paar Tagen; wir müssen unsere Zeit nutzen.»

Auf der langen Fahrt zurück vom Bungalow des Antiquitätenhändlers hatte Peter kein Wort gesprochen.

Ich war nicht müde und beobachtete, wie die Rücklichter seines Autos zwischen den Bäumen verschwanden.

«Hallo», sagte eine Stimme, und ich machte einen Satz vorwärts.

Die Stimme lachte, und ich erkannte einen Mann, dessen Gestalt sich plötzlich von den in der Nähe stehenden Büschen gelöst hatte. Ein großer Mann, den ich im Zendo gesehen hatte.

«Ich mache einen Spaziergang hier draußen», sagte er, «wenn du nicht vorhast, schlafen zu gehen, kannst du mitkommen und bei mir etwas trinken. Ich wohne in der nächsten Hütte. Du hast bei mir Wasser geholt, glaube ich.»

Ich hatte mich gerade entschlossen, ins Bett zu gehen, änderte jedoch meinen Plan. Ich hatte mir immer gewünscht, diesen Mann zu treffen, diesen geheimnisvollen Nachbarn, der es laufend geschafft hatte, nicht dazusein, wenn ich Ruperts Eimer in seine Küche schleppte.

«Gerne», antwortete ich und schüttelte ihm die Hand. Der Mann stellte sich als Simon vor, den Nachnamen bekam ich nicht mit, aber er klang jüdisch. Er ähnelte einem der zähen jungen Juden, die ich in Israel getroffen hatte, den Soldaten, die sich nicht von ihrem kurzen Maschinengewehr trennen können und in den Städten ebenso zu Hause waren wie in der Wüste. «Bist du Israeli?» fragte ich.

«Nein. Aber ich hätte einer sein können. Ich habe da ein paar Jahre gelebt, konnte mich aber nicht eingewöhnen.»

«Gibt es hier irgendwelche Araber?» fragte ich plötzlich.

Er lachte schallend und schlug mir auf die Schulter.

«Es gibt tatsächlich einen. Seine Eltern sind aus Syrien.»

Innerhalb weniger Minuten hatte er ein Feuer im Kamin entfacht. Ich ließ mich dicht bei den brennenden Scheiten nieder, und er brachte mir ein paar bestickte Kissen. «Mach's dir gemütlich», sagte er, «leg dich hin. Streck dich aus. Wir haben so viel aufrecht gesessen, daß wir die andere Seite des Lebens vergessen haben. Das Leben in dieser Hütte kann sehr angenehm sein, wenn man Zeit hat, es zu genießen. Nimm etwas hiervon.»

Er goß mir in mein Glas eine braune Flüssigkeit. Es war süßer Branntwein. Ich mochte den Geschmack nicht, aber das Getränk war so stark, daß der Geschmack keine Rolle zu spielen schien.

Es fiel mir schwer, Simons weitschweifiger Unterhaltung zu folgen. Er zerbiß die Wörter und gebrauchte Ausdrücke, die ich nie gehört hatte, aber es gelang mir, der allgemeinen Richtung dessen zu folgen, was er sagte. Er sei Hafenarbeiter gewesen und sei es manchmal immer noch, wenn ihm das Geld ausgehe. Er schien überall gewesen zu sein. In Indien. In Persien. Auf Ceylon.

«Als Hafenarbeiter?»

Nicht als Hafenarbeiter. Er füllte mein Glas wieder. Selbstgemachter Ingwerbranntwein, von seinen Eltern, die Tausende von Meilen entfernt auf einem kleinen Bauernhof lebten.

Er sei in diese Länder gereist, um einen Guru zu finden.

«Hast du einen gefunden?»

«Man findet, was man sucht», sagte Simon, «aber ich habe nie wirklich gewußt, was ich suchte.»

«Aber was hast du gefunden?»

«Ich fand Swami-Ji. Einen großen, starken, vierschrötigen Burschen mit kahlem Schädel. Er war heilig. Jeder sagte, er sei heilig, deshalb nannte man ihn Swami-Ji, verstehst du?»

«Und was hat dieser große, starke Bursche gemacht?»

Simon lachte.

«Was er gemacht hat?»

Ich saß sehr bequem, mit meinem Rücken lehnte ich an einer vom Feuer schön gewärmten Backsteinwand. Simon hatte eine Schallplatte aufgelegt. Ich lauschte einem langsamen Blues, den ein schwarzer Musiker vorsichtig aus einer gedämpften Trompete quetschte, untermalt vom Rascheln eines Schlagzeugs und dem gelegentlichen trockenen Pochen einer kleinen Trommel.

«Wir müßten ein paar tanzende Mädchen hier haben», sagte ich.

«Ich wußte nicht, daß du kommst», antwortete Simon, «es gibt massenhaft Mädchen hier, und einige von ihnen tanzen sehr gut. Sie sind wahrscheinlich jetzt irgendwo auf einer Party. Wir haben hier ein paar gute Parties gehabt, ziemlich wilde sogar, aber heute abend hatte ich keine Lust dazu.»

«Ja», sagte ich. Vielleicht hätte ich das nicht sagen sollen. Ich hatte keine wilde Party gemeint. Ich hatte an einen Tanz gedacht, an langsame, anmutige Bewegung, mit Tänzerinnen, die von der Trompete und den Trommeln in Bann gehalten würden. Es hätte ein endloser Tanz sein können, und ich hätte am Feuer gesessen und zugesehen. Aber es war nicht notwendig, zu erklären, was ich empfand. Ich wollte von Swami-Ji hören. Simons Gesicht hatte sich verändert. Er hatte sich entspannt und sah freundlich aus – älter, gereift. Er benutzte jetzt Wörter, die ich verstehen konnte.

«Was er gemacht hat? Ich traf ihn in einer engen Straße. Er saß in einem kleinen Restaurant, sah mich an und zog mich zu sich hin. Er besaß eine magische Kraft und konnte sehr leicht Menschen beeinflussen. Es war wie in den Geschichten, die man liest, der Meister zieht seine Schüler an. Ich war sehr zufrieden. Ich hatte ihn gefunden. Und der richtige Ort war es auch. Wir begegneten uns in einer Stadt nahe am Ganges, auf äußerst heiligem Boden.»

«Und war er ein Meister?»

«Nun», antwortete Simon und stocherte im Feuer, «zweifellos benahm er sich wie ein Meister. Jeden Samstag empfing er stilvoll Besuch. Alte Damen suchten ihn auf und Damen mittleren Alters. Manchmal sehr wohlhabende Frauen. Sie brachten ihm Geschenke, Geld und kicherten. ‹Swami-Ji. Swami-Ji.› Der große Prophet, der die Erleuchteten empfängt. Sehr ehrenwert. Er wußte Leute zu beeindrucken, besonders Frauen. Und dann ging er in die Krankenhäuser. Ich begleitete ihn, wohin er ging, und trug seine Taschen. Ich war sein erster Schüler.»

Ich konnte es mir vorstellen. Simon muß ein beeindruckender Schüler gewesen sein mit seinem kurzen schwarzen Bart und seinem aufrechten militärischen Verhalten. «Was tat er in den Krankenhäusern?»

«Er besuchte die armen Patienten. Gab ihnen kleine Blumensträuße. Ich mußte sie für ihn machen. Ich pflückte die Blumen sogar. Ich brauchte tagelang, um einen solchen Besuch vorzubereiten. Ich mußte alles tun, was er mir auftrug. Wenn ich gehorsam wäre, würde ich auch heilig werden.»

Er unterbrach seine Geschichte und machte plötzlich ein wütendes Gesicht.

«Unglaublich, was? Aber ich tat es. Ich pflückte Blumen und machte entzückende kleine Sträuße. Tausende. Und er verteilte sie. Außerdem munterte er die Patienten auf. Immer wenn er einen von diesen Schwerkranken sah, von denen manche dem Tod so nahe waren, daß man sie hinübergleiten sehen konnte, marschierte er zu ihm, schlug ihm auf die Schulter und brüllte «SEI GLÜCKLICH». Er hatte eine fürchterliche Stimme. Wenn er brüllte, hörten die Kranken auf zu wimmern. Er erschreckte sie wirklich zu Tode. Doch wenn wir gingen, wimmerten sie wieder. Es gibt keine Medikamente für die Armen in Indien.»

«Und was tat er sonst noch?»

«Er fuhr ein Auto. Eins von diesen ulkigen kleinen Autos, die sie in Indien machen. Er fuhr so schnell er konnte, er hupte und schrie herum. Er war der schlimmste Fahrer, den ich je getroffen habe, aber die Polizei belästigte ihn nie. Er war ein Heiliger.»

«Hmm», meinte ich.

«Sicher», sagte Simon, «ich hätte es sofort erkennen müssen, aber ich brauchte lange dafür. Ich wollte, daß er heilig war, weißt du? Eines Tages jedoch schlug er mir ins Gesicht, und ich boxte ihn in den Bauch. Ich schlug ihn glatt nieder und ging, als er auf den Boden fiel. Ich habe mich nicht einmal umgedreht. Ich hatte viel Kraft in den Schlag gelegt.»

Ich sagte nichts. Heilige sollte man nicht schlagen. Das ist ein ungeschriebenes Gesetz. Wer Heilige schlägt, dem wachsen die Hände aus dem Grab.

«Und dann?»

«Ich ging in die Staaten zurück und wurde wieder Hafenarbeiter. Es ist eine interessante Arbeit. Ich fuhr einen Traktor, mit dem ich viele kleine Wagen zog, und ich entwickelte großes Geschick, damit herumzurasen, ohne in etwas hineinzufahren. Das ist eine Kunst. Und die Hälfte der Zeit streikten wir, deshalb konnte ich durch New York wandern. Ich besuchte alle Vorträge. Ich glaube, es gibt keinen einzigen religiösen Spinner, ob Hindu, Yogi, Sufi, Buddhist, Theosoph oder sonst wen, den ich nicht gehört hätte.»

«He», sagte ich, «dies ist eine buddhistische Niederlassung.»

«Na und? Die Leute, die darüber reden, sind Spinner. Ich will niemanden beleidigen. Wenn sie ehrlich sind, geben sie es selbst zu.»

«Na gut», antwortete ich, «mach weiter.»

«So kam ich also hierher. Ich fand die Adresse in einer Buchhandlung. Ein paar Leute unterhielten sich über verschiedene Arten der Schulung, und sie erwähnten diesen Ort. Ich hatte etwas Geld gespart und konnte eine Weile bleiben. Seit vielen Jahren komme ich immer wieder zurück. Wenn ich gehe, gibt Peter die Hütte jemand anderem. Wenn ich zurückkomme, ziehen sie wieder aus, oder sie bleiben, wenn sonst nirgendwo Platz ist. Ich kann auf dem Dachboden schlafen, wenn es sein muß.»

«Und ist Peter der Heilige, nach dem du gesucht hast?»

Er spie einen Strahl Ingwerbranntwein ins Feuer. Ich betrachtete die auflodernde Flamme.

«Ich suche keine Heiligen mehr.»

«Du hast die Suche ganz aufgegeben?»

«Suche, Suche», sagte Simon. «Ich suche nicht. Ich tue etwas, das ist ein Unterschied. Ich gehe, setze ein Bein vor das andere. Ich esse, und ich schlafe. Ich helfe Hütten bauen. Ich melke Kühe.»

«Und du meditierst mindestens sechs Stunden täglich.»

«Ja», sagte Simon, «ich meditiere, und meine Beine tun mir davon weh.»

Ein Idiot

Die Kommarde hielt sich an den gleichen Zeitplan wie die Zen-Klöster in Japan. Die Tage nach der Feier von Buddhas völliger Einsicht sind frei, werden jedoch teilweise mit den Vorbereitungen für das Neujahrsfest ausgefüllt. Um den fünften Januar herum beginnt wieder die normale Routine mit Meditation und Arbeit, und die Mönche unternehmen wieder ihre täglichen Betteltouren.

Peter hatte die Kommarde angepaßt. Betteln war hier nicht möglich, das amerikanische Gesetz verbietet es, und außerdem hätte man hier ohnehin nirgendwo betteln können. Niemand wohnte in unmittelbarer Nähe des Bauernhofs, und man konnte von den Schülern schlecht erwarten, daß sie in ihren Autos betteln fuhren.

Betteln ist eine Übung für sich. Ich hatte den alten Meister oft vom ‹wahren Geist des Bettelns› sprechen hören. Ich hatte nicht verstanden, was er meinte, doch hatte ich angenommen, daß er ‹Würde› meinte. Die Mönche sprachen nie irgend jemanden an. Sie gingen und hielten ihre Schalen. Wenn jemand etwas geben wollte, wurde die Gabe, entweder Reis oder Geld, mit Dank angenommen. Und wenn nichts gegeben wurde, nun, dann wurde eben nichts gegeben. Das Spiel des Bettelns war ein zweiseitiges Spiel. Es schloß sowohl den Geber als auch den Empfänger ein. Vielleicht meinte der Meister, daß ‹Geben-und-Nehmen› die vollkommene Verbindung sei, durch die das Ego und alles Trennende ausgelöscht würde.

Ich habe nie gebettelt. In Japan war es mir nie erlaubt worden, mit den Mönchen nach draußen zu gehen, aber ich hatte sie jedesmal beobachtet, wenn sie durch das große Tor hinausgingen.

Betteln mußte man hier zwar nicht, aber freie Tage gab es, ein anderer wichtiger Bestandteil der Ausbildung, und freie Tage dürfen gefeiert werden. Folglich hatte ich kein schlechtes Gewissen, als ich mit Kopfschmerzen aufwachte.

Peter saß in der Nähe des Ofens. Ich begrüßte ihn, aber meine Stimme krächzte.

«Wie bitte?» fragte Peter.

Ich versuchte es wieder. Ich setzte mich vorsichtig auf und leckte ein paarmal mit der Zunge über die Lippen. «Ich habe einen Kater», erwiderte ich.

«Wie kommt das? Du warst nicht betrunken, als ich dich letzte Nacht absetzte. Bist du anschließend auf eine Party gegangen?»

«Party eigentlich nicht», antwortete ich. «Ich traf zufällig einen Mann namens Simon und habe etwas bei ihm getrunken.»

«Wieviel?»

«Fünf Gläser. Ingwerbranntwein. Bah.»

«Wieso bah?»

«Ich mag keinen Ingwerbranntwein.»

«Warum hast du ihn dann getrunken?»

«Das weiß ich nicht. Ich habe Kopfschmerzen davon.»

«Und?»

«Ich werde es in Ordnung bringen.»

Ich war eine Weile sehr beschäftigt. Ich fand Aspirintabletten und schluckte sie, wusch mich, ging nach draußen und rieb mein Gesicht mit Schnee ab, zog mich aus und rieb meine Brust ebenfalls ab, ging hinein und machte Tee. Es dauerte nicht lange.

Ich gab Peter einen Becher und setzte mich zu ihm.

«Gut», sagte Peter. «Besser als ich erwartet hatte. In Japan hättest du dich geweigert aufzustehen, ich hätte dich aus dem Bett zerren und ins Badezimmer schleifen müssen. Erinnerst du dich?»

«Ja.»

Ich wußte nicht, ob er recht hatte. Es war zehn Jahre her. Die Person, die ich in Japan gewesen war, war jetzt völlig tot. Veränderung bedeutet nicht notwendigerweise Verbesserung. In gewisser Hinsicht bewunderte ich immer noch die Clochards in den Großstädten Westeuropas. Die völlig Heruntergekommenen, die sich um gar nichts mehr kümmern und die sich weigern, ihre Namen zu nennen, weil ihre Namen nicht mehr wichtig sind. Nichts ist wichtig. Sie haben sogar aufgehört zu leiden.

Ich konnte ihn natürlich beim Wort nehmen. Beim Wort eines Zen-Meisters. Aber das würde ich nie tun, nicht einmal, wenn ich es wollte. Auch sonst würde niemand das tun, niemand von denen, die ich kennengelernt hatte. Dieser Zen-Meister war mit sehr ernsthaften Schülern gesegnet.

«Was für Pläne hast du für heute?»

Ich überlegte schnell. Es gab viele Dinge, die ich tun konnte. Ich könnte Simon, dem Nachbarn, helfen, er hatte einen Stapel Holz zu hacken. Ich konnte zum Strand gehen und mir noch einmal die Schwertschwänze ansehen. Im Koffer war ein Buch, das ich gern lesen wollte. Und es war gerade der richtige Tag, um einen langen Spaziergang zu machen.

«Ich habe keine Pläne für heute.»

Und ich hatte mir vorgenommen zu meditieren. Eine Stunde wenigstens.

«Gut», sagte Peter. «Trink deinen Tee aus, und nimm dir ein Sandwich mit. Du kannst es unterwegs im Auto essen. Ich möchte mit dem alten Lastwagen herumfahren, da ist ein Stück Land, das zum Gut gehört, das ich nie gesehen habe. Wir brauchen gutes Holz für das Sägewerk, und ich suche etwas Land für Kartoffeläcker. Zieh dich warm an, im Wagen wird es kalt sein.»

Er meditierte, während ich die Brote machte und mir mehr anzog. Er war der einzige Mensch, von dem ich wußte, daß er sich plötzlich in tiefe Konzentration zurückziehen konnte, wenn seine Aktivität aufhörte. Nicht einmal die älteren Mönche in Japan meditierten, wenn andere da waren, außer, natürlich, sie befanden sich im Zendo in einer Meditationsübung.

Ob es jemals eine Zeit gäbe, dachte ich, während ich mir die Zähne putzte, in der Meditieren eine allgemein akzeptierte Tätigkeit wäre?

«Wo ist Vater?»

«Vater meditiert.»

«Oh.»

Vater meditiert. Das tut er häufig. Die Kinder meditieren auch, wenn sie die Gelegenheit haben. Und Mutter. Und die Nachbarn. Sie sind alle Schüler des Meisters im Stadtviertel. Es wird neue Klassen, neue Rangordnungen geben. Wenn man Mitglied der Regierung sein möchte, muß man eine bestimmte Anzahl von *Koans* gelöst haben, da die Einsicht sonst nicht ausreicht, um das Land regieren zu können. Der Ministerpräsident ist ein weiser alter Bursche mit kahlgeschorenem Kopf. Er hat keine Wünsche. Er hat keinen Besitz. Außer dem, was er für sein einfaches tägliches Leben braucht. Er ist ein Hohepriester, der fast immer dieselben Sachen trägt. Je höher man kommt, um so einfacher wird man. Nur die gewöhnlichen Leute sind reich, sie wollen immer noch Dinge haben. Je prunkvoller jemandes Haus ist, um so geringer ist seine Stellung in der Gesellschaft.

Vielleicht wohnt der Ministerpräsident in einem schönen Haus, aber dann ist es ein Geschenk vom Volk. Er lebt darin, um seinen Staatsbürgern einen Gefallen zu tun, doch sein Schlafzimmer ist ein kleiner kahler Raum mit weißen Wänden, und seine Matratze ist dünn und hart. Er steht um drei Uhr morgens auf, und die Minister kommen einer nach dem anderen zum *Sanzen*.

Der Staat ist sehr reich. Die Brücken, Straßen, öffentlichen Gebäude, Flughäfen, Wasserwerke und Naturschutzgebiete sind von höchster Qualität und werden in gutem Zustand gehalten. Die Natur ist wieder Natur und voll wilden Lebens, aber die wilden Tiere sind zahm.

Ich ging nach draußen. Peter folgte mir. Der uralte Lastwagen, den ich schon auf dem Hof gesehen hatte, stand am Weg. Peter übernahm das Steuer und wies mir den Beifahrersitz zu. Er startete den Motor, indem er den Zündschlüssel drehte.

«Das ist das erste, was sie abschaffen werden», sagte ich.

«Was?» fragte Peter.

«Schlüssel», antwortete ich. «Schlüssel sind ziemlich überflüssig. Ein Schlüssel ist ein Symbol der Angst. Wir brauchen Schlüssel, weil wir einander nicht vertrauen können. In Amsterdam habe ich immer so viele Schlüssel bei mir, daß sie nicht alle an einen Bund passen, ich brauche zwei.»

Peter sah mich erstaunt an. «Ja, und?»

«Das ist nicht richtig», erklärte ich vorsichtig und erzählte ihm von dem Ministerpräsidenten, der täglich um drei Uhr morgens seine Minister empfängt.

Peter sah mich immer noch verwundert an. Jetzt wunderte ich mich auch. «Aber glaubst du denn nicht, daß die Zukunft so aussehen muß?»

«Tagträume», sagte er verächtlich. «Hast du nichts Besseres zu tun?»

Ich fühlte mich, wie meine Tochter sich wahrscheinlich fühlt, wenn ich sie zu erziehen versuche. Protest ist zwecklos, aber ich wollte es trotzdem versuchen.

«Dann muß auch Plato Tagträume gehabt haben. In ‹*Die Republik*› beschreibt er den idealen Staat. Die Regierenden sind weise alte Männer, die auf die verschiedenste Weise geprüft wurden. Sie verdienen einen Hungerlohn und haben nur einen geringen Status. Sie regieren, nicht weil sie Macht haben wollen, sondern weil …»

«Wegen was?»

Ich mußte nachdenken. «Wegen der Übung. Sie wollen dem Volk dienen. Sie wollen ihre Einsicht weitergeben.»

«Unsinn.» Er sah mich lächelnd an.

«Plato war kein Idiot.»

«Nein», sagte Peter, «du bist ein Idiot.»

Wir fuhren durch den Wald. Der kleine Lastwagen hatte Schwierigkeiten mit dem Schnee und dem Eis. Peter schaltete den Motor in den niedrigsten Gang, aber wir kamen kaum vorwärts. Ab und zu drehten die Räder durch, und der Lastwagen rutschte zurück. Nach halbstündiger beschwerlicher Fahrt erreichten wir eine ziemlich große Ebene.

«Hier bin ich noch nie gewesen», sagte Peter. «Ich frage mich, ob mein Vater von diesem Land wußte, als er das Gut kaufte. Er ist nur zweimal hier oben gewesen. Er zog das näher am Haus liegende Land vor.»

«Du willst hier etwas anbauen?» fragte ich.

«Ja. Ich denke, für Kartoffeln wird es gut sein. Wir haben jetzt genügend Land für Gemüse und könnten eine gute Kartoffelernte gebrauchen.»

«Schade um all das schöne Land.»

Peter zuckte die Schultern. «Jede Menge Land. Du bist heute in einer sehr idealistischen Stimmung. Wir leben hier, und wir brauchen Kartoffeln. Wir brauchen viele Nahrungsmittel. Und außerdem brauchen wir Geld. Ich kann den Überschuß in der Stadt verkaufen.»

Ich hatte eine Vision von einem großen effizienten Bauernhof. Traktoren, die mit ihren großen mechanischen Pflügen den Boden aufreißen. Uniformierte Mönche, die mit den verschiedensten Aufgaben sehr beschäftigt sind. Büromönche. Ladenmönche. Eine von einem Rechnungswesen-Mönch und seinen Assistenten aufgestellte Bilanz. Ein Computer, der kilometerlange Magnetbänder verarbeitet und angibt, welche Kartoffelart am besten wann und wo angebaut werden soll. Und wenn man schon einen Computer hat, kann man ihn auch benutzen. Man kann ihn mit den notwendigen Daten füttern, und er wird einem genau sagen, wann welcher Mönch welches *Koan* lösen soll.

«Du willst diesen Hof so effizient wie möglich betreiben?» fragte ich.

«Warum nicht?» antwortete Peter. «Wenn wir es schon tun, können wir es auch richtig tun. Alle diese Leute hier müssen essen. Ihre Kinder müssen in die Schule gehen. Wir brauchen Geld. Du arbeitest doch auch effizient, oder? Was ihr herstellt, versuchst du doch bestimmt für den besten Preis an den zuverlässigsten Kunden zu verkaufen?»

«Ich versuche es.»

«Na also.»

Ich machte ein unglückliches Gesicht.

Peter klopfte mir auf die Schulter. «Tu dein Bestes und kümmere dich nicht um das Ergebnis. Wenn es gutgeht, ist es sehr schön. Wenn es, trotz allem, nicht gutgeht, ist es sehr schön. Oder umgekehrt. Du kannst auch sagen, daß alles falsch und überhaupt nicht schön ist. Beide Schlußfolgerungen sind richtig. Du kannst lachen, und du kannst weinen. Es spielt keine Rolle, was du tust, aber ich persönlich würde es vorziehen zu lachen. Und in der Zwischenzeit versuchen wir weiter unser Bestes zu tun. Aus gar keinem Grund. Verbinde keine Absicht damit. Und mach weiter, bis du stirbst. Oder zu alt wirst. Dann ruh dich aus. Vielleicht wirst du krank. Du kannst einen Unfall haben. Oder alles gelingt dir. Vielleicht bist du bis zur letzten Minute gesund, berühmt und reich. Was auch geschehen mag, es ist ganz belanglos. Keine Absicht.»

«Man kann verrückt werden», erwiderte ich.

«Gut möglich», sagte Peter fröhlich. «Man tut sein Bestes, und dann, eines Tages, ist man verrückt.»

Ich machte immer noch ein unglückliches Gesicht. Peter hielt den Lastwagen an und stellte den Motor ab. Er bat um eine Zigarette und setzte sich etwas bequemer hin.

«Bevor du nach Japan kamst, hatten wir einen jungen Amerikaner im Kloster. Er blieb zwei Jahre. Ein intelligenter Junge, er war auf der Universität gewesen, als psychische Störungen bei ihm auftraten. Er war nicht wirklich verrückt, und nach ein paar Monaten in einer Anstalt wurde er wieder entlassen. Ich erinnere mich nicht, was ihn veranlaßte, in ein buddhistisches Kloster zu gehen, aber er muß einen guten Grund gehabt haben.»

Ich lehnte mit meinem Rücken an der Tür, und das Schloß ging auf. Ich wäre beinahe aus dem Auto gefallen, aber Peter packte mich am Arm und zog mich zurück.

«Es beunruhigte den Jungen sehr, daß er in einer psychiatrischen Anstalt gewesen war. Er war nicht davon überzeugt, geheilt worden zu sein, deshalb versuchte er, mit dem alten Lehrer darüber zu sprechen. Der Meister hatte keine Zeit für ihn. Der Junge erhielt *Sanzen*, wurde im Meditieren unterwiesen, und er mußte sich der Klosterroutine anpassen, das war alles. Dann versuchte er, mit mir über sein Problem zu reden, aber der Meister hatte mir verboten, ihm zuzuhören. Ich durfte mit ihm über die Arbeit sprechen, die er im Gemüsegarten und in der Küche tun sollte, aber jede Unterhaltung über seinen ‹Zustand› mußte ich abbrechen. Ich fand das damals grausam, aber ich hatte Vertrauen in den Meister.»

Ich lehnte mich wieder gegen die Tür.

«Hör auf, aus dem Auto zu fallen, es ist schwer, mit dir zu reden, wenn du das tust.»

«Und der Junge wurde wieder gesund?»

«Ich glaube es», sagte Peter. «Aber er erhielt auch eine ausgezeichnete Behandlung. Jeden Morgen ging der Meister herum, bis er den Jungen gefunden hatte. Wenn er ihn sah, sagte er ‹Guten Morgen. Wie geht es dir? Bist du wieder ein bißchen verrückt heute morgen?› und dann ging er weiter, bevor der Junge antworten konnte. Der Meister guckte immer sehr freundlich, wenn er mit dem Jungen sprach.»

Ich konnte mir das sehr gut vorstellen. Ich hatte oft erlebt, wenn der alte Meister freundlich guckte. Ein kleines dünnes Männchen mit großem Kopf und durchdringenden Augen. Er verstand es, Schwingungen auf einen zu übertragen. Schwingungen der Liebe und der Kraft oder nur der Liebe. Die genauen Komponenten dieser Schwingungen sind mir nie ganz klar geworden. Und wenn er das tat, fühlte man sich, als ob man zu allem fähig wäre und in der besten aller Welten lebte. Aber der alte Lehrer machte einen nicht betrunken oder high. Er gab einem einen Schuß Realität.

«Und wie geht es dem Jungen jetzt?»

Peter starrte nachdenklich auf die Baumgruppen unmittelbar vor uns. «Ich habe ihn nie wieder gesehen, nachdem er den Tempel verlassen hatte. Er ging in Frieden. Ich glaube, er ging zur Universität zurück, machte seinen Abschluß und nahm einen Job an, heiratete und gründete eine Familie. Jemand hat mir von ihm erzählt, Jahre später. Er ist jetzt in Ordnung, nehme ich an. Aber inzwischen kann irgend etwas anderes mit ihm passiert sein.»

«Er hat also seine Schulung nicht fortgesetzt.»

Peter schüttelte seinen Kopf. «Paß auf! Schulung hier, Schulung da. Wir sind nichts Besonderes. Manche von euch reden, als wären wir ein Geheimbund mit Privilegien. Es ist nichts dergleichen. Die Schulung ist überall.»

«Und die Meister? Sie sind nicht überall.»

Peter machte ein verzweifeltes Gesicht. «Wenn du eine Idee hast, kann nichts und niemand dich davon abbringen. Meister sind nicht überall, aber die Lehre ist es.»

«Buddhas Lehre?»

Peter gab auf. Er ließ den Motor an, und wir holperten weiter durch die Landschaft. Plötzlich hielt er den Lastwagen an. «Steig doch mal aus. Etwas weiter da vorn ist ein Graben. Ich glaube nicht, daß er sehr tief ist. Wir können vielleicht durchkommen, wenn ich diesen Lastwagen ein bißchen auf Touren bringen kann. Sieh mal schnell nach.»

Ich sah eine undeutliche Vertiefung und einen Schatten dahinter. Als ich näher kam, konnte ich sehen, daß der Graben ziemlich tief war. Der Lastwagen würde ganz darin verschwinden und die Steigung auf der anderen Seite nicht aus eigener Kraft hinaufkommen. Es war eine perfekte Falle, besonders dafür geschaffen, kleine Lastwagen hineinzulocken. Ich ging zurück und berichtete ausführlich.

«Macht nichts», sagte Peter, «es wird schon gehen. Komm rein und halt dich fest.»

Ich hielt mich fest, eine Hand gegen das Dach gestemmt, um meinen Schädel zu schützen. Vielleicht hätte ich mich weigern sollen mitzufahren, aber ich war neugierig, zu erfahren, wie es enden würde. Peter beschleunigte und erreichte den Graben mit Höchstgeschwindigkeit. Die Schnauze des Lastwagens tauchte in den kleinen Abgrund, und auf der Hälfte der anderen Seite blieben wir stehen und rutschten zurück. Der Motor rasselte, hustete und setzte aus.

Peter starrte mich an. Der Stoß hatte ihm den Atem geraubt, und er rieb sich den Kopf. Zum Glück hatte er eine dicke Pelzmütze aufgehabt.

Als ich sah, daß ihm nichts passiert war, kicherte ich, und als ich einen Ausdruck lebhafter Mißbilligung auf seinem Gesicht erkannte, lachte ich lauthals. Meine Tür hatte sich durch den Aufprall geöffnet. Ich fiel wieder hinaus und wälzte mich brüllend vor Lachen im Schnee und zeigte auf Peter, der langsam aus dem Fahrerhaus kletterte.

«Ja, ja», sagte er. «Ist schon gut. Du hattest recht. Ich hätte dir glauben sollen. Jetzt kannst du mir helfen, den Wagen da wieder herauszubekommen.»

«Das schaffen wir nie», antwortete ich. «Unmöglich. Wir brauchen einen Elefanten oder einen Traktor, einen großen Traktor.»

Er wollte mir immer noch nicht glauben und versuchte, den Motor zu starten. Er versuchte es so lange, bis die Batterie leer war. Ich saß auf einem Felsen und sah geduldig zu. Schließlich gab er auf, und wir gingen nach Hause. Unterwegs nannte er mir die Namen der Bäume, an denen wir vorbeikamen. Es schien, als ob er den Lastwagen vergessen hätte.

Nach dem Mittagessen kehrten wir mit einem Traktor zurück. Der Traktor war nicht stark genug, und wir liehen uns einen anderen von dem nächstgelegenen Hof. Einer der Schüler reparierte die Maschine, aber es kostete viel Zeit und Mühe. Schließlich sprang der Lastwagen an. Wir fuhren ihn zum Haus zurück, und Peter diskutierte die künftige Kartoffelernte. Der Vorfall war abgeschlossen.

Rupert wartete am Haus auf uns. Peter erschrak, als er Ruperts Gesicht sah.

«Was ist los?»

«Jeremy ist zusammengebrochen. Es ist passiert, als ihr dort draußen wart. Er hat sich schon eine ganze Weile krank gefühlt. Niemand weiß, was er hat. Wir haben ihn in sein Haus getragen und ins Bett gesteckt, aber er sieht furchtbar aus.»

Peter war weiß im Gesicht. «Hast du den Arzt angerufen?»

«Wir haben auch nach einem Krankenwagen telefoniert. Er müßte unterwegs sein. Eins der Mädchen, das Krankenschwester ist, meint, er sei nahe daran zu sterben.»

«Ich fahre zu ihm», sagte Peter und sprang in sein Auto. Ich begleitete ihn, und er hielt mich nicht zurück. «Der Junge ist schon eine Weile krank gewesen, das stimmt», sagte er im Auto. «Ich sagte ihm, er solle ins Bett gehen, aber er wollte Rohatsu unbedingt zu Ende machen. Er sagte, ihm fehle nichts, er sei nur etwas müde. Und müde waren wir schließlich alle.»

Jeremy lebte in einem zweistöckigen Haus, das ein paar Kilometer die Straße hinunter lag.

«Was ist das?» fragte Peter, als wir die Auffahrt hinauffuhren. Ein großer Baum war direkt auf das Haus gefallen. Das Dach war zu hoch, als daß man den genauen Schaden hätte bestimmen können, aber der Anblick dieses großen Baums, der an dem Haus lehnte, war nicht erfreulich. Eine junge Frau, die ein Baby trug, kam aus dem Haus. Ich kannte sie nicht, aber ich erinnerte mich an Jeremy, einen schmächtigen Mann mit einem kleinen Bart, der mit uns zusammen meditiert hatte. Mir war nicht aufgefallen, daß er krank aussah, aber ich war damals höchstwahrscheinlich zu sehr von meinen eigenen Problemen in Anspruch genommen.

«Das ist kein guter Tag für uns», erzählte das Mädchen. «Letzte Nacht fiel der Baum auf das Haus. Der Sturm knickte ihn, aber es ist seltsam, der Baum war nicht tot, und er war nicht direkt dem Wind ausgesetzt. Er knickte einfach um und traf uns. Wir konnten uns nicht vorstellen, wie so etwas passiert. Und dann, heute morgen, schickte die Bank eine Mahnung wegen der Rückzahlung unseres Darlehens. Und jetzt ist Jeremy plötzlich zusammengebrochen.» Sie tat ihr möglichstes, nicht zu weinen. Peter legte seinen Arm um sie und küßte sie auf die Wange. Er ging ins Haus, und ich wartete draußen, bei der Frau und ihrem Kind. Ich sagte nichts, es gab nichts zu sagen.

Der Krankenwagen traf ein und ein Arzt. Innerhalb weniger Minuten war Jeremy im Auto. Mir kam er vor, als ob er bereits tot wäre. Ich konnte keine Bewegung in seinem blassen Gesicht erkennen.

Peter fuhr im Krankenwagen mit.

«Ich kann nicht mitkommen», sagte das Mädchen, «das Baby muß gefüttert werden.»

«Ist schon in Ordnung», antwortete Peter. «Ich werde mitfahren und den Laden anrufen, sobald ich kann. Einer der Jungen wird im Laden auf meinen Anruf warten und dir dann erzählen, was los ist. Der Arzt sagt, er sei in schlechter Verfassung, aber wir sind gerade noch rechtzeitig gekommen. Sie werden ihn im Krankenhaus durchbringen. Mach dir keine Sorgen.»

Der Krankenwagen fuhr mit Blaulicht davon, und der Wagen des Arztes folgte ihm. Rupert hatte sich zu mir gestellt.

«Würdet ihr etwas für uns tun?» fragte das Mädchen.

«Ja, sicher doch», sagte Rupert. «Was denn?»

«Wir haben kein Holz mehr oben, und wir brauchen welches. Im Keller ist jede Menge, aber ich bin nicht stark genug, alles hinaufzutragen.»

Ich war froh über die Gelegenheit, etwas zu tun, und wir verbrachten die nächsten Stunden damit, Feuerholz zu schleppen und einen riesigen Stoß am Ofen im Wohnzimmer aufzuschichten. Der Junge, der im Laden gewartet hatte, kam mit Peters Nachricht. Jeremy würde wieder gesund werden, aber er würde lange im Krankenhaus bleiben müssen. Die Diagnose hatte Diabetes ergeben. Sein Körper hatte alle Reserven verbraucht und, als nichts mehr vorhanden war, angefangen, sein eigenes Muskelgewebe zu verarbeiten.

Wir schleppten immer noch Holz, als Peter aus dem Krankenhaus zurückkehrte. Er hatte sich wieder erholt und strahlte Wärme und Kraft aus. Das Mädchen entspannte sich, und das Baby lachte.

«Wir werden das mit dem Baum für dich in Ordnung bringen», sagte Peter. «Ich will mir mal eben das Dach ansehen.»

Wir gingen nach draußen. Der Baum lehnte in einem sehr steilen Winkel am Haus.

«Ha», sagte Peter und ging geradewegs den Baum hinauf, sogar ohne sich an ihm festzuhalten. Wir sahen ihn auf dem Dach umhergehen, und er kam auf die gleiche Art wieder herunter, laufend und in den Schnee springend.

«Kein großer Schaden. Ich hole eine Motorsäge, und wir schneiden ihn in zwei Hälften. Die obere Hälfte wird herunterrutschen, und wir werden sie mit Seilen führen, damit sie deine Wand nicht berührt. Und morgen machen wir Feuerholz daraus.»

Ein paar von den anderen kamen uns zu Hilfe, und die ganze Sache war in einer Stunde erledigt. Peter blieb bei dem Mädchen, kochte eine Mahlzeit und wusch hinterher ab. Ich half ihm dabei, und wir gingen zusammen zurück.

«Was ist mit dem Bankdarlehen?» fragte ich.

«Es wird bald bezahlt werden», antwortete Peter. «Sie haben für eine Weile genug Probleme gehabt. Wir wollen es nicht übertreiben.»

«Hast du dafür gesorgt, daß der Baum auf das Haus fiel?» fragte ich.

«Nein», sagte Peter, «aber ich habe den Lastwagen in den Graben gefahren. Das war sehr dumm von mir.»

Ein Koan *ist ein Papiertaschentuch*

Es war ein sehr langer Tag gewesen. Ruperts Hütte war kalt, als ich hinkam. Die Asche im Ofen glühte, und es dauerte eine halbe Stunde, bevor die Holzscheite, die ich hineingelegt hatte, Feuer fingen. Ich machte Kaffee, setzte mich so dicht wie möglich an den Ofen und sah meine Rohatsu-Aufzeichnungen durch.

Rupert kam nach Hause und gähnte. «Wir müssen morgen ein Bad nehmen. Ich werde Simon fragen, ob wir seine Dusche benutzen dürfen. Es stinkt hier drin nach alter Ziege.»

Er sah auf mein Notizbuch. «Was liest du da?»

«Meine Aufzeichnungen.»

«Über *Koans*?»

Ich antwortete nicht. Es ist nicht richtig, über *Koans* zu reden. Er fragte noch einmal, und ich brummte.

«Sei nicht so schüchtern. Ich habe auch ein Notizbuch. Ich nehme an, das haben die meisten von uns. Peter unterstützt das zwar nicht, aber es ist sinnvoll, daß wir versuchen, Buch zu führen. Er hat es in Japan während seiner Ausbildung wahrscheinlich selbst getan.»

«Das hat er», antwortete ich. «Ich habe ihn oft Aufzeichnungen machen sehen.»

Rupert gähnte wieder und setzte sich hin. «Es ist ziemlich nutzlos, nehme ich an. Man hat nichts von diesen Notizen, und alles, was man erreicht, ist, daß man einen weiteren Besitz hat, um den man sich Sorgen machen kann. Vielleicht verliert man das Buch, und die ganze Erleuchtung ist zum Teufel.»

«*Koans* sind Papiertaschentücher», erwiderte ich.

Rupert war dabeigewesen, seinen Schlafsack aufzuziehen, aber nun blickte er auf. «Was ist das?»

«Die Bemerkung ist nicht von mir», antwortete ich. «Der alte Lehrer hat sie einmal gemacht. Es gab einen Mönch in Kioto, der sich immer erkältete. Er schneuzte seine Nase in Papiertaschentücher, die er sich in die Ärmel stopfte, nachdem er sie benutzt hatte. Der Mönchs-Älteste machte eine Bemerkung darüber. Er hielt es für eine ekelhafte Angewohnheit. Die Ärmel des Mönchs waren so voller Papier, daß es raschelte, wenn er vorbeiging.»

«Erzähl weiter», sagte Rupert, «ich höre gern etwas über den alten Meister. Was geschah dann?»

«Der alte Meister hörte davon und baute die Papiertaschentücher in seinen nächsten *Teisho* ein, den offiziellen Sonntagsvortrag in der großen *Dharma*-Halle, als alle externen Schüler und Laien kamen, um ihm zuzuhören. Er warnte uns, wir sollten nicht an den *Koans* festhalten, die wir gelöst hätten, sondern sie wegwerfen, wie wir benutzte Papiertaschentücher wegwerfen.»

Rupert sah mich an, als wartete er darauf, daß ich fortführe.

«Das war alles», sagte ich.

Rupert grinste.
«Schon gut, schon gut.»
Er schlüpfte in seinen Schlafsack und drehte die Gaslampe aus, während ich in der pechschwarzen Dunkelheit meine Decken zu finden versuchte.

Der Fuchs

Ich wachte auf. Rupert war weg, und der Wecker war nicht gestellt worden. Es war fast neun Uhr morgens, lächerlich spät für das Leben in der Kommarde. Wir hatten noch immer frei, und ich streckte mich genüßlich unter den Decken. Kaffee, Frühstück, eine Zigarette, spülen und herumstreifen. Ein Tag der Leere.

Auf dem Tisch lag eine Mitteilung, unterschrieben von Rupert. «Bin den ganzen Tag weg, amüsier dich allein.»

Das würde ich bestimmt tun.

Aber innerhalb einer Stunde war ich auf dem Hof und suchte Peter. Ich erinnerte mich an die Geschichte, die der alte Lehrer über einen Teufel erzählt hatte. Ein Teufel, der nichts tut, keine Routine, kein Programm hat, bringt sich selbst und seinen Meister leicht in schreckliche Schwierigkeiten. Ich lächelte über meine eigenen Gedanken. Das Leben in der Kommarde war sicher, ich würde nicht in der Lage sein, in besondere Schwierigkeiten zu geraten. Aber trotzdem, man kann nie wissen. Ich könnte ebensogut aufpassen.

Leere, der Kern des Buddhismus. Leere, das große Ziel, das zu erreichen ist, indem man alles verliert, was zu verlieren ist. Leere, die große Gefahr. Wenn man nichts zu tun hat, setzt man sich vielen Gefahren aus, und der Meister betrachtet das mißbilligend. Dennoch ist es das letzte Ziel, nichts mehr zu tun zu haben, namenlos zu sein, die letzte Aggression, die letzte Abwehr abzustreifen.

Als Bodhidharma, der indische Zen-Meister, der den Zen nach China brachte, vom Kaiser eingeladen wurde, benutzte dieser die Begegnung sogleich, um seine Eitelkeit zur Schau zu stellen. Er erzählte dem Meister von den vielen Klöstern und Tempeln, die er, der Kaiser von China, der Himmelssohn, gegründet und finanziert habe. Er erzählte Bodhidharma von der starken Ausbreitung des Buddhismus über ganz China, und alles sei ihm, dem Kaiser, zu verdanken. Er fragte den Meister, was diese großartigen Leistungen bedeuteten, und Bodhidharma sagte: «Es bedeutet nichts, eine große Leere.»

Und als der Kaiser den Meister verblüfft fragte, wer er, der Bote, der diese sonderbare Antwort gebe, eigentlich sei, sagte Bodhidharma: «Keine Ahnung», machte auf dem Absatz kehrt und verließ den Hof.

Ich suchte Peter, erfuhr aber, daß er den ganzen Tag weg sein würde. Auf dem Hof war es sehr still. Ich fand ein Mädchen im Kuhstall und fragte, ob ich ihm helfen könne.

«Nein», sagte sie, sah mich an und fragte: «Wer bist du eigentlich?»

«Keine Ahnung», antwortete ich, machte auf dem Absatz kehrt und verließ den Kuhstall.

Ich wanderte in den Wald und dachte über Bodhidharma nach, den freien Geist, der genau wußte, was er und wo er es tat. Ein freier Geist schafft sich die Situationen, in denen er sein möchte. Wohin war der alte Mönch gegangen, nachdem er den himmlischen Hof von Peking verlassen hatte? Was mag er an jenem Abend gegessen haben, und woher hatte er das Geld, um dafür zu bezahlen? Oder war er über all das hinaus wie die fortgeschrittenen Yogis, die von der Luft leben können?

Und wohin ging ich jetzt?

Ich hatte mich verirrt. Die Wege auf dem Gut sahen alle gleich aus. Überall um mich herum standen kahle Bäume, die knarrten. Schließlich gelang es mir, Ruperts Hütte zu finden, wo ich etwas aß. Den Nachmittag verbrachte ich mit Meditieren, in Perioden von knapp einer Stunde, die ich mit meinem Wecker stoppte. Ich gönnte mir zehnminütige Pausen, in denen ich körperliche Übungen machte, um die Blutzirkulation in meinen Beinen wieder in Gang zu bringen. Ich hatte oft gelesen, daß Yogis sechs Stunden oder länger in einem Stück sitzen, aber nie jemanden gesehen, der das tatsächlich machte. Ich schlief eine Stunde, las ein bißchen und wanderte wieder in den Wald hinaus. Der Himmel war mit Wolken bedeckt, durch die das Mondlicht gefiltert wurde, und der Schnee reflektierte den verschwommenen rätselhaften Schein.

Was tat ich in dieser Welt?

Hier brauchte ich kein Geld zu verdienen, es gab niemanden, für den ich sorgen mußte. Keine tägliche Arbeit, keine Bedürfnisse. Auch keine Ferien, kein Arzt hatte mir empfohlen, mich für eine Weile zu entspannen. Ich schwebte in meiner eigenen Existenz, während ich durch eine Welt kahler Bäume wanderte. Die Bäume waren lebendig. Im Licht meiner Taschenlampe konnte ich die Knospen sehen, die auf den Frühling warteten.

Ich hatte mich wieder verirrt und war ganz allein. Ein freier Geist schafft sich die Situationen, in denen er sich befinden möchte. Die Leere erschreckte mich. Sollte ich der Angst erlauben, sich heranzuschleichen und mich anzuspringen? Sollte ich mich auf diesen umgestürzten Baum setzen, eine Zigarette rauchen und meine Gedanken kreisen lassen? ‹Keine Angst›, dachte ich. Ich ging weiter. Ich setzte einen Fuß vor den anderen. Die Richtung stimmt, jedenfalls kenne ich keine bessere. Ich habe ein *Koan*, das ich lösen muß. Ich muß mir die Nase damit putzen, meinen Kopf freimachen und es dann wegwerfen, um mir mit einem frischen *Koan* die Nase zu putzen. Der Meister hat einen endlosen Vorrat. Sie alle werden mir den Kopf freimachen, und das letzte wird ihn mir vielleicht wegblasen.

Ich erinnerte mich an eines von Peters *Teishos*.

Er hatte uns freundlich angesehen – uns, die vierzig Schüler, die in seinem Wohnzimmer zusammengedrängt saßen.

«Was ihr hier tut, ist nicht leicht», sagte er. «Euer Körper schmerzt, und euer Geist ächzt vor Anspannung. Die Anstrengung, der ihr euch unterzieht und von der ihr hofft, daß sie euch am Ende befreien wird, könnte nicht größer sein.»

Ich hatte gedacht, daß er nach dieser anerkennenden Einleitung etwas Freundliches, etwas Aufmunterndes sagen würde, damit wir den Rest von Rohatsu durchstehen konnten.

«Aber», sagte Peter prompt, «ihr müßt euch darüber im klaren sein, daß es durchaus möglich ist, daß ihr überhaupt kein Ergebnis erzielt.»

Und danach hatte er sich verbeugt, als Zeichen, daß das *Teisho* beendet war.

Ich hatte den Raum gleichzeitig mit Edgar verlassen. Wir waren beide grinsend zum Zendo gegangen, wo uns zwei Stunden qualvollen Stillsitzens erwarteten. Es macht Spaß, mal etwas anderes zu erleben. Jeder Lehrer, jeder Ausbilder, jeder Pädagoge, der einen Schüler von Punkt A nach Punkt B bringen will, wird von Zeit zu Zeit etwas Ermutigendes sagen.

Aber ein Zen-Meister ermutigt nicht.

Er kann einen Anfänger, der mit seinem ersten *Koan* nicht weiterkommt und im dunkeln herumtappt, sich den Kopf an wirklichen oder eingebildeten Hindernissen stößt, entmutigen oder ermutigen. Vielleicht erzählt er dem Strauchelnden, daß er, der Meister, vor langer Zeit ebenfalls mit seinem ersten *Koan* gekämpft habe und daß er sich an die Zeit erinnere, da er nicht einmal wußte, woran er sich orientieren sollte, da es im Gefüge seines Denkens keine Stütze mehr gab, die das Gewicht einer Feder ausgehalten hätte.

Aber die Ermutigung ist nur für den allerersten Anfang. Der Meister zieht es vor zu *ent*mutigen, die Stützen zu zerstören. Der Schüler muß so weit getrieben werden, daß er nicht mehr zurück kann, daß er springen muß, und es gibt keine Garantie, daß er auf sicherem Boden landet.

Und wenn ein Meister etwas unterstützt, dann den Zweifel. Immer wenn der Schüler glaubt, festen Boden unter den Füßen zu haben, schüttelt der Meister den Kopf und läutet seine Glocke. Hakuins Rhinozeros des Zweifels weist mit seinem scharfen Doppelhorn auf deine Stirn.

Und es gibt keine Abkürzungen.

In Japan war ich mit einem Laienschüler des alten Meisters befreundet gewesen, mit einem Zahnarzt, der mir das seltene Kompliment machte, mein Verhalten zu kritisieren. Ich war in einer Kluft auf meinem Motorroller gefahren, die ich für einen hübschen Sommerkimono hielt, und er hatte mich angehalten und aufgefordert, zurückzufahren, um mich umzuziehen. Ich trug eine Art Unterkleidung, die man nur zu Hause anziehen konnte. Er hatte wegen seiner Direktheit wahrscheinlich ein schlechtes Gewissen gehabt. Deshalb hatte er mich eingeladen, Tee mit ihm zu trinken, und ich ergriff die Gelegenheit, ihn zu fragen, warum er an dieser besonderen Schulung teilnehme. Es gibt viele Wege in der buddhistischen Lehre, er hätte eine andere, leichtere Methode wählen können.

«Ich hielt Zen für eine Abkürzung», erklärte der Zahnarzt.

«Ist es das nicht?» fragte ich.

«Es gibt keine Abkürzungen», antwortete er und wechselte das Thema.

Es gibt keine Abkürzungen, und nichts ist einfach. Nur ein Teil der Lehre ist einfach. Der Schüler muß meditieren. Stunde um Stunde. Jeden Tag. Einsicht entsteht durch langes Sitzen. Früh am Morgen, wenn sich die Welt noch nicht bewegt. Still in der Ecke eines Zimmers. Oder in einer Meditationshalle. Oder draußen, auf einem Stein unter einem Baum. Oder auf dem Dachboden eines alten Giebelhauses in Amsterdam. Oder in einem richtigen Tempel mit Matten auf dem Fußboden und speziellen Kissen und vielleicht einer Buddhastatue auf einem Regal. Der beruhigende Duft von Räucherkerzen mag hilfreich sein. Aber meditieren kann man überall. Es gibt Leute, die unter einer Brücke in Kalkutta meditieren, über die unaufhörlich der Verkehr tost. Meditation ist das Rezept des Zen-Meisters, die Grundlage seines Unterrichts. Und im übrigen zwingt er einen, das Unmögliche zu tun, und läßt einen durch Wände gehen oder in den Abgrund springen. Laß los! Laß los! Halte dich nirgendwo fest. Und verdränge deine Zweifel nicht. Laß dich von deinen Zweifeln vorwärtstreiben. Denke nicht, daß du etwas gefunden hast, nur weil es langsam Zeit wird, daß du etwas findest. Mach weiter, tu dein Allerbestes. Und mach dir klar, daß es keine Garantie dafür gibt, daß du es jemals schaffst.

*

Ich murmelte vor mich hin, während ich ging. Alles schön und gut, aber ich lief hier einsam, verloren im Wald herum und war mir nicht sicher, was ich da zu tun versuchte. Indem ich zuließ, daß ich in der Leere umherwanderte, setzte ich mich einer schweren Gefahr aus. Der alte Lehrer hatte recht, als er davor warnte, ohne ein Programm zu leben. Es wäre vielleicht besser gewesen, in der Hütte zu bleiben und am Feuer zu meditieren oder zu lesen. Hier packte mich der Zweifel mit seiner ganzen Kraft.

Ich wollte jemanden treffen. Aber wen?

Einen Menschen? Eine andere verlorene Seele? Aber welchen Sinn hätte das gehabt?

Nein, keinen Menschen. Einen Engel, einen Bodhisattwa? Ein erleuchtetes Wesen aus höheren Regionen?

Nein, auch keinen Gott. Er würde mich eifersüchtig machen.

> Der Fuchs kommt graziös auf dich zugelaufen. Sein buschiger Schwanz weist in den Himmel. Es ist ein großer Fuchs, zweimal so groß wie die kleinen Füchse, die du in den holländischen Zoos gesehen hast, oder wie die ausgestopften Exemplare, die dir der Biologielehrer in der Schule gezeigt hatte.
> Dies ist ein sehr schöner Fuchs, mit einem glänzend rotbraunen Rücken und einem flaumigen weißen Bauch. Er tanzt über den Schnee, ohne jede Anstrengung hebt er die Pfoten. Er kommt direkt auf dich zu.
> Allmächtiger Gott, denkst du, es gibt noch Wunder auf der Welt. Ein Wesen, das nichts mit mir, einem Menschen, zu tun hat. Ein Tier, das im Wald wohnt, das jedes Geräusch, jede Gestalt hier kennt.

Er ist groß, gesund und intelligent. Er hat genug zu fressen. Jede Mahlzeit ist ein Abenteuer.
Der Fuchs kommt noch immer auf dich zu. Du denkst an nichts mehr, du willst nur noch dem Fuchs begegnen. Du hättest nicht einmal Angst gehabt, wenn dir auf diesem schmalen Pfad, gesäumt von mondbeschienenen Bäumen und gehüllt in die Stille der Nacht, ein Wolf oder ein Bär begegnet wäre.
Der Fuchs verringert nicht seine Geschwindigkeit. Er kommt so dicht an dich heran, daß du ihm in die großen hellbraunen Augen sehen kannst. Auch er sieht dich an und springt, nicht nach deiner Kehle, sondern zur Seite, vom Pfad herunter, ohne den Rhythmus seiner Bewegungen zu ändern.
Du schaust dich um, und er ist wieder auf dem Pfad, sein buschiger Schwanz wedelt auf und ab. Du siehst ihm nach, bis er in einer Biegung des Weges verschwindet.

Rupert starrte mich an, als ich zur Hütte zurückkam. Er fühlte sich wahrscheinlich für mein Kommen und Gehen verantwortlich, aber ich gab ihm keine Chance, zuerst zu reden.

«Ich habe einen Fuchs gesehen, Rupert», und ich zeigte ihm, wie groß der Fuchs gewesen war. «Mit einem buschigen Schwanz und hellbraunen Augen.»

Er ließ mich ausreden und goß heißes Wasser auf das Kaffeepulver.

«Ein gutes Omen», sagte er, als ich schließlich fertig war. «Ich habe ihn noch nie gesehen, aber ich habe Geschichten über ihn gehört. Es muß derselbe Fuchs sein. Es leben inzwischen so viele Menschen hier, daß die Tiere sich weiter zurückgezogen haben, aber dieser Fuchs zeigt sich immer wieder. Er hat keine Angst vor uns.»

Ich dachte an die Geistergeschichten aus Japan, die oft von Füchsen handeln, die Hexen oder tote Schüler von Meistern verkörperten. Die Hexen können aus freier Entscheidung die Gestalt eines Fuchses annehmen, wobei sie ihren eigenen menschlichen Körper an einem sicheren Ort zurücklassen, während die toten Schüler die Fuchsgestalt als eine Art Bestrafung annehmen. Sie haben eine Sünde, einen Fehler begangen, und das Leben eines Fuchses ist ihr Schicksal.

Ich war davon überzeugt, daß dieser Fuchs weder eine Hexe noch eine vorübergehend bestrafte menschliche Seele war. Er war ein richtiger Fuchs und genoß es, ein Fuchs zu sein. Und er hatte mir sehr geholfen, indem er genau im richtigen Moment auftauchte.

«Ich habe Neuigkeiten für dich», erzählte Rupert, als er mir meinen Kaffee gab. «Heute nacht können wir nur vier Stunden schlafen. Wir müssen um halb drei aufstehen. Peter hat die restlichen freien Tage gestrichen, morgen erwartet uns ein neues *Sesshin*. Ich bin den ganzen Abend herumgefahren, um allen Bescheid zu sagen.»

«Und wie fanden sie das?» fragte ich schläfrig.

«Ach», antwortete Rupert, «sie meckerten ein bißchen, aber ich glaube nicht, daß es irgend jemandem wirklich etwas ausmachte. Wir sind hierhergekommen, um etwas zu tun, nicht um uns gegenseitig zu besuchen und Ingwerbranntwein zu trinken.»

Ich ließ es dabei bewenden. Nachdem ich in tiefen Schlaf gefallen war, sah ich den buschigen Schwanz des Fuchses. Als das Rasseln des Weckers mich wachrüttelte, hatte ich das Gefühl, als ob ich wenigstens acht Stunden geschlafen hätte und der Fuchs die ganze Nacht bei mir gewesen wäre.

Karma *und ein Kaninchen sein oder nicht*

Das nächste *Sesshin* hatte begonnen, und ich glitt langsam in die Vergangenheit hinüber. Peter hatte es als ‹kleines› *Sesshin* bezeichnet. Ich konnte nichts ‹Kleines› daran entdecken. Wie jedes *Sesshin* würde es sieben Tage dauern, und wir meditierten mehr als sieben Stunden pro Tag. An den Vormittagen arbeiteten wir, die meiste Zeit hackten wir Holz und schichteten es auf, aber am Nachmittag gab es eine schöne lange Pause. Diese Pause war zu meinem privaten Abenteuer geworden, und ich nutzte die beiden Stunden beinahe verzweifelt aus.

Ich hatte Simons Steingarten entdeckt und, was vielleicht noch wichtiger war, seine private Toilette. Die Eichelhäher hatten mich dort hingeführt. Ich sah sie zwischen den Bäumen herumlärmen, hörte sie in ihren heiseren Stimmen miteinander reden. Ich hatte etwas Brot dabei, um ihr Vertrauen zu gewinnen. Ich wollte sehen, ob sie mir aus der Hand fressen würden. Aber sie flogen immer davon, und als ich ihnen folgte, befand ich mich plötzlich in einem ganz eigenartigen Garten. Die schneebedeckten Büsche sahen aus, als ob sie gepflanzt worden wären, und umschlossen eine kreisförmige Fläche, auf die jemand viele seltsam geformte Steine gelegt hatte. Es war spät am Nachmittag, als ich den Garten fand, und die Steine warfen ihren Schatten weit über den dichten Schnee. Ich wollte nicht zuviel herumlaufen, da meine Spuren das beinahe strenge geometrische Muster der Büsche, Steine und Schatten verderben würde. Ich saß auf einem der Steine und sah mich einfach nur um.

Jetzt, da ich mich nicht mehr bemühte, Kontakt zu den Eichelhähern herzustellen, spielten sie nicht mehr ihr Versteckspiel mit mir, sondern hüpften um mich herum, bis ein Weibchen sich sanft auf meinem Arm niederließ und an dem Brot zu picken begann. Es stieß den größten Teil des Brotes von meiner Hand, ihr Gefährte pickte es auf und flog zu einem anderen Stein, wo er es langsam zu fressen begann. Die Stille beruhigte ihn und minderte seine Gier. Ich fühlte mich sehr ruhig und zündete mir eine Zigarette an. Der Platz gehörte mir ganz allein, oder besser uns, da die Eichelhäher nun meine Freunde waren.

Ich begann, den Garten mit anderen Gärten zu vergleichen, die ich gesehen hatte, mit japanischen Tempelgärten und Gärten der großen Villen in Holland, in denen einst die Kaufleute des Goldenen Zeitalters lebten. Der traumhafte Charakter der Steine und ihre Schatten auf dem Schnee erinnerten mich an einige Gemälde von Dali und Delvaux, doch dann kehrte ich bestürzt in die Realität zurück. Ich machte es ganz falsch. Warum vergleichen? Warum, um aller Heiligen, Zauberer und Fakire willen, warum vergleichen?

Ich sollte ihn mir ansehen, sagte ich zu mir selbst, einfach nur ansehen. Eins damit werden, wie der alte Lehrer in Kioto gesagt hatte. Vergleichen ist die Tätigkeit des armen Mannes, des Mannes, der immer arm sein wird, weil er die Armut in seinem Geist bewahrt. Er versucht, neue Besitztümer an sich zu reißen, und möchte sie bewerten, indem er sie mit anderen Dingen vergleicht, die er vorher an sich gerissen hat. Dieser Garten war eine der Manifestationen der Wirklichkeit, der wunderbaren Welt, zu der wir alle gehören. Warum ihn besitzen wollen, wenn er uns ohnehin gehört? Und wer ist dieses ‹Ich› und dieses ‹Wir›? Der Garten *ist*. Und wenn er von einem Bulldozer oder einem Erdbeben zerstört wird oder weil sich das Universum von innen nach außen stülpt, was jetzt jede Minute sehr wohl geschehen kann, wird die Realität immer noch *sein*.

Ich saß also auf dem Stein und versuchte eine Weile, nur zu sein.

Bis ich das Geräusch einer sich öffnenden und wieder schließenden Tür hörte, gefolgt von einem Räuspern und von Schritten, die durch den Schnee knirschten. Ich sah nichts, aber ich konnte bestimmen, woher die Geräusche kamen, und wollte nachsehen. In der Nähe stand eine Gruppe von Bäumen, und direkt in ihrer Mitte, auf einer Bodenerhebung im Schutz einer riesigen Pinie, befand sich eine kleine Hütte mit einem abfallenden Dach und einer verzierten Tür. Ich näherte mich dem Häuschen mit einiger Ehrfurcht. Es konnte eine Meditationshütte sein oder einen privaten Altar mit einer Buddhastatue enthalten. Das Dach sah japanisch aus, aber die Tür war sehr amerikanisch bearbeitet. Türen wie diese hatte ich an manchen der eleganteren Ferienhäuser in der Gegend gesehen, Eichentüren, reich verziert mit geschnitzten Blumen- und Blättergirlanden.

Vorsichtig öffnete ich die Tür, bereit, mich vor dem unergründlichen Lächeln auf dem Gesicht der Buddhastatue zu verneigen, doch dann trat ich einen Schritt zurück und lachte. Dies war kein Ort der Andacht, es war ein einfaches und gewöhnliches Klo. Ein niedriger Sitz mit einem Loch, nichts sonst. Und sehr passend. Ich zog meine Hose runter und ließ mich auf dem Sitz nieder. Die Tür schloß sich.

Das war nicht so angenehm. In der Hütte war es dunkel, das kleine Fenster war lange nicht geputzt worden, und die Nadeln der Pinie draußen absorbierten den größten Teil des Lichts der niedrigstehenden Sonne. Ich stieß die Tür mit meinem Fuß auf und stützte einen Besen, den ich im Klo fand, so dagegen, daß sie nicht wieder zufallen konnte. Und dann stieg eine Woge des Glücks in mir hoch. Das war es, zweifellos. Diesmal geriet ich nicht in Versuchung zu vergleichen. Die offene Tür gab den Blick auf einen schmalen Pfad frei, der sich zwischen den Bäumen hindurchwand, und das schwere tiefgelbe Licht färbte die toten Nadeln, die den Weg bedeckten, und die Zweige der Bäume mit ihrer schimmernden Rinde. Wer das Häuschen an dieser Stelle gebaut hatte, war ein Künstler, ein Meister-Landschaftsarchitekt. Nicht einmal in Japan hatte ich solch eklatante Schönheit gesehen. Die plötzliche Bewegung in meinem Darm fiel mit der allgemeinen Bewußtheitsexplosion zusammen. ‹Ein Erleuchtungsschiß›, dachte ich und lachte, während eine Stimme mich grüßte.

«Bist du das?» fragte die Stimme, und ich rief zurück, daß ich es sei.

«Komm zum Tee, wenn du fertig bist», rief Simon. Widerstrebend zog ich meine Hose hoch und verbeugte mich vor dem Klohäuschen.

Der Abort im Kloster von Kioto hatte einen Miniatur-Altar enthalten, hoch oben auf einem Regal, um die Mönche daran zu erinnern, daß die Buddha-Natur überall und in den niedrigsten Handlungen erkennbar ist. Es war mir damals nicht möglich gewesen, diesen Gedankengang nachzuvollziehen.

Simon erwartete mich am Ende des Pfades, und ich entschuldigte mich, daß ich in seinem Garten herumgestreunt war und ohne seine Erlaubnis sein Klo benutzt hatte.

«Ist schon in Ordnung», sagte Simon. «Was mein ist, ist dein. Aber der Garten gehört mir gar nicht und das Klo auch nicht.»

«Gehört denn nicht alles zu deinem Gelände hier?» fragte ich.

Simon lächelte. «Vermutlich», antwortete er, «aber ich habe von Peter gerade nur dieses kleine Stück Land erhalten. Der ganze übrige Grund gehört zu seinem Besitz.»

«Hast du den Steingarten entworfen und das Klohäuschen gebaut?»

«Nein», sagte Simon, «das war schon alles da, als ich hier ankam. Ein sehr sonderbarer Mann hat es gemacht. Wie ich gehört habe, war er eine Reihe von Jahren in Japan und hat seine ganze Zeit damit verbracht, in Zen-Gärten herumzuwandern.»

«Hat er auch Zen studiert?»

«Aber sicher», sagte Simon, «er hat meditiert und war Schüler eines Meisters, doch die Gärten waren sein Leben.»

«Und warum ist er von hier fortgegangen?»

Simon lächelte wieder. «Warum gehen Leute fort?»

Ich widersprach nicht. Ich wußte, warum Leute fortgingen. Ich war selbst fortgegangen. Man kann aus eigenem Entschluß fortgehen, und der Meister kann einem sagen, man solle gehen. «Wird er zurückkommen?»

Simon sah in Richtung des Steingartens. «Ich glaube schon. Der Garten ist perfekt. Wo er jetzt auch sein mag, er wird daran denken. Er ist viele Jahre hier gewesen. Man sagte mir, daß er jetzt durch das Land streift, in einem kleinen Camper, mit seinem Hund. Er nimmt Gelegenheitsarbeiten an und bleibt eine Weile, und dann startet er seinen Camper und fährt wieder weiter. Manchmal taucht er hier auf. Er ist hier noch nicht fertig und wird so lange zurückkommen, bis der Meister ihm eines Tages sagen wird, daß es nichts mehr zu lernen gibt.»

«Wird man uns sagen müssen, daß es nichts mehr zu lernen gibt?» fragte ich.

Simon tätschelte mir den Kopf, sie hatten diesen Trick anscheinend alle von Peter gelernt.

«Frag nicht soviel», sagte Simon, «weißt du nicht, daß alle Antworten in dir selbst liegen?»

«Ich weiß gar nichts», erwiderte ich mürrisch.

Wir tranken Tee in seinem luxuriösen Wohnzimmer, wo das Feuer eine knisternde Wärme verbreitete. Simon sprach über *Karma* und Reinkarnation.

«Diese Reinkarnationsangelegenheit war mal ein ziemlicher Trost für mich», sagte Simon, «bis ich erkannte, daß Reinkarnation den Willen zu leben bedeutete. Es ist eine Kraft, die uns, Schritt für Schritt, auf den Tod zutreibt, und der Tod ist eine Tür. Auf der einen Seite steht AUSGANG, und man wird gezwungen hindurchzugehen und wandert weiter, blickt man sich um, steht darauf EINGANG. Wenn man weitergeht – was man muß, man hat ja keine Wahl –, nähert man sich einer anderen Tür, auf der steht AUSGANG. Es ist die Tür der Geburt. Und so geht das weiter. Es hört nie auf. Und man befindet sich immer zwischen Türen, und das Leiden dauert an.»

«Man kann manchmal lachen», sagte ich, als ich an meine Fröhlichkeit auf dem Abort dachte.

«Sicher», erwiderte Simon, «ich sollte mich nicht beklagen.

Aber der Gedanke, immer weitermachen zu müssen, langweilt mich. Es bedeutet keinen Trost, zu wissen, daß ein Leben dem anderen folgt und selbst wieder nur das Vorspiel zu einem neuen Leben ist. Das Leben besteht und mit ihm die Angst. Angst vor dem Tod, Angst vor der Geburt. Ein wirklicher, endgültiger Tod wäre schon eher ein Trost. Es wäre ein echtes Ende. Mit nichts mehr danach.»

«All diese Mühe für nichts und wieder nichts?» fragte ich.

«‹Nichts› ist der Schlüssel», sagte Simon.

Ich sprang auf. «Es ist Zeit, wir müssen zum Zendo zurück. Wenn wir jetzt gehen, brauchen wir uns nicht zu beeilen.»

«Na schön», antwortete Simon und folgte meinem Beispiel. «Ich hasse es auch, mich zu beeilen. Es gibt nichts Schlimmeres, als wenn man zum Zendo rennen und sich den ganzen Weg Sorgen machen muß, ob man noch rechtzeitig hinkommt oder nicht.»

Draußen rutschte er aus und fiel gegen die Wand seiner Hütte. Ein Nagel ritzte ihm die Hand auf, die zu bluten begann. Ich verband die Wunde.

«Trägst du immer Verbandszeug mit dir herum?» fragte er.

«Natürlich», sagte ich und zeigte ihm meine Kollektion. Ein Allzweckmesser, eine kleine Schere, eine Taschenlampe, einen Schraubenzieher, Sonnenbrille, Notizbuch, Kugelschreiber, Putzzeug für meine Brille und einiges mehr.

«Sehr praktisch», sagte Simon.

«Bist du nicht praktisch?» fragte ich.

«Etwa so wie du», sagte er. «Ich habe eine ähnliche Kollektion wie du, aber kein Verbandszeug. Ich werde es mir morgen kaufen. Es wird nützlich sein. Sicher bin ich praktisch veranlagt. Ich arbeite und versuche, genug zu verdienen, um bequem leben zu können. In der Zwischenzeit bemühe ich mich zu lernen. Ich glaube an *Karma*, ich werde unaufhörlich in der Lage sein müssen, die Folgen meiner früheren Taten zu akzeptieren. Und ich versuche, das Richtige zu tun, wenn ich kann, also so gut wie immer.»

«Ja», antwortete ich, «man muß auf der Hut sein.» Die Unterhaltung frustrierte mich. «Zweifellos», sagte ich, «wir müssen praktisch sein. Nur das tun, was notwendig ist. Geld verdienen ist zum Beispiel notwendig, aber nur bis zu einem gewissen Punkt. Danach erzeugt Geld nichts als Seifenblasen, Macht und Besitz, mit dem man nichts anfangen kann. Meine Onkel besitzen viele

Häuser, Jachten und ähnliches Zeug. Die Häuser bringen Miete ein, die sie nicht verbrauchen können, und die Jachten verrotten in irgendeinem Hafen. Auf diese Art Geld zu verdienen, ist vielleicht nicht sehr intelligent.»

«Genau», Simon klopfte mir auf die Schulter. Er kicherte. «Es scheint, ich bin intelligenter als deine Onkel. Seine Zeit hier zu verbringen, hier, wo Geld verdienen beinahe unmöglich ist, ist eine ganz schön clevere Beschäftigung. Genauso wie meditieren und sich von einem Meister den Weg zeigen zu lassen.»

«Den Weg wohin?» fragte ich.

Simon war stehengeblieben, und ich blieb ebenfalls stehen und blickte zurück. Er bot ein harmonisches Bild mit den Pinien, die ihn einrahmten, und den Eichelhähern, die über seinem Kopf kreisten. Ein Eichhörnchen war uns gefolgt und beobachtete uns von einem niedrigen Zweig, sich nervös an eine Nuß klammernd.

Ich ging zurück und fragte noch einmal. «Den Weg wohin?»

«Hör mal», sagte Simon gereizt, «wie zum Teufel soll ich das wissen? Du müßtest es eigentlich wissen. Du bist vielleicht ein fortgeschrittener Schüler. Ich weiß nicht einmal, wer fortgeschritten ist und wer nicht. Aber ich weiß, daß ich keine wirkliche Kenntnis habe. Oder versuchst du, mir eine dieser verfänglichen Fragen zu stellen, um zu zeigen, wie clever du bist, oder willst du mir etwa auf den richtigen Weg helfen?»

Jetzt war ich an der Reihe zu kichern. Es ist die Aufgabe des Meisters, verfängliche Fragen zu stellen. Schüler stolpern nur dahin und meinen gelegentlich, sie hätten irgend etwas entdeckt.

«Keine Sorge, Simon», antwortete ich, «ich versuche nicht, clever zu sein. Und ich weiß nicht, wohin ich gehe. Vermutlich sollten wir alle auf dem Weg ins Nirwana sein, aber in letzter Zeit erscheint es mir als eine unerhörte Arroganz, anzunehmen, daß ausgerechnet *wir* von allen Menschen auf dem Planeten, dank dieser Ausbildung, eine Sphäre *außerhalb des Kreislaufs der Reinkarnation* erreichen sollten. Warum wir und nicht die anderen?»

Simon hatte sich wieder in Bewegung gesetzt. «Ach», sagte er, «ich weiß nicht, was die anderen tun. Ich stecke hier in dieser Ausbildung. Ich bin der Schüler eines Meisters. Mein *Karma* hat mich in diesen Wald und zu all diesen komischen kleinen Häusern gebracht, und hier meditiere ich und begegne meinem Meister. Hier kann ich mein *Karma* ändern. *Karma* ist wirklich, nehme ich an, denn selbst Peter erwähnt es gelegentlich, obwohl er allen direkten Fragen ausweicht oder sie so beantwortet, daß man immer noch nach etwas tastet, auf das man die Hand legen kann. Kennst du die Geschichte über den Jungen, der zu Herrn Singh ging?»

«Nein», sagte ich.

«Dann hör zu», begann Simon und legte eine schwere Hand auf meine Schulter. «Hier war ein Junge, der nur wenige Monate geblieben ist. Ein echter Mystiker mit einem riesigen schwarzen Bart, um sein Gesicht dahinter zu verstecken. Er hatte seinen Kopf mit goldenen Ohrringen geschmückt, und er trug einen bestickten Anzug. Die Rückseite seines Jacketts war höchst beeindrukkend. Es war ein Berg darauf zu sehen, der von Drachen und bösen Mächten erklommen wurde. Und auf der Spitze des Berges thronte ein prachtvoller Hahn, das Symbol Gottes. Ein seltsamer Junge, aber ganz liebenswert. Er meditierte viel mehr als wir, und es bedurfte großer Anstrengung, ihn zur Arbeit zu bewegen. Wenn es Holz zu hacken gab oder etwas in den Gärten zu tun war, mußte ich ihn holen und ihn sogar aus dem Zendo zerren, wo er ganz für sich allein saß. Er wollte nur stillsitzen und sich konzentrieren.»

«Nicht schlecht», sagte ich eifersüchtig.

«Tolle Schau, was?» fragte Simon. «Meditieren macht mir nichts aus, aber Spaß macht es mir eigentlich nicht. Ich meditiere nur so viel wegen der Disziplin, wenn ich nicht dazu gezwungen wäre, würde ich wahrscheinlich eine Stunde täglich sitzen, aber der Junge schlich sich heimlich in den Zendo, wann immer er konnte. Und doch schien er nichts damit zu erreichen, jedenfalls sagte er das. Er sitze ziemlich still da, frei von allen Gedanken, und sein Bauch oder zentraler Nervenknoten, oder was immer wir in der Gegend haben mögen, glühe wie verrückt, aber es passiere eigentlich nichts. Es käme keine Erleuchtung, sagte er.»

«Was erwartete er denn?» fragte ich. «Feuerwerk? Visionen?»

«Tja», sagte Simon, «was erwarten wir? Ich frage mich auch manchmal, weshalb ich meditiere, denn das einzige, was geschieht, ist, daß der Jikki alle fünfundzwanzig Minuten seine verrückte Glocke läutet.»

«Er ging also fort, dieser bestickte Junge?»

«Er ging fort», sagte Simon, «er lief nicht weg. Er kündigte seine Abreise an. Er sagte, er wolle einen Guru in Indien aufsuchen, einen ganz besonderen Guru, von dem es heißt, daß er seine Schüler zur Erleuchtung bringen könne, indem er sie nur in einer ganz bestimmten Weise am Kopf berühre. Der Name des Mannes sollte Singh sein, und der Junge hatte die Adresse.

‹Singh› bedeutet Löwe und ist der Nachname der meisten Sikhs. Es muß Millionen Singhs in Indien geben, aber der Junge meinte, er würde seinen Singh ohne die geringste Mühe finden, und Peter ließ ihn gehen.»

«Er hätte ihn kaum daran hindern können», meinte ich. Simon nickte. «Aber Peter sagte später etwas, das mich interessierte. Er sagte nämlich, er frage sich, ob Herr Singh das *Karma* des Jungen ändern könne.»

Ich dachte darüber nach. Natürlich konnte Herr Singh das *Karma* eines anderen nicht unwirksam machen. Es schien, als wolle Peter uns sagen, daß wir durch unser *Karma*, das unbarmherzige Ergebnis unserer früheren Taten, behindert würden. Daraus konnte man schließen, daß Peter an *Karma* glaubte, denn sonst hätte er das Wort nicht gebraucht. Und wenn er an *Karma* glaubte, würde er auch an Reinkarnation glauben, denn *Karma* ist die Kraft, die uns tötet und durch die Vagina unserer Mutter wieder in die Welt zurückstößt. Ein schlechtes *Karma* jedoch kann den Regeln zufolge vermindert, sogar aufgelöst werden, aber nur durch unsere eigene Anstrengung. Wir können versuchen, es in einem Leben zu schaffen, und wenn das Leben zu kurz ist, es im nächsten weiterversuchen. Die Chance ist immer vorhanden, es muß eine Möglichkeit geben, weil das Leben keinen Sinn hat, wenn es sie nicht gibt. Wenn das Gefängnis ewig ist, wird der Wille zu fliehen neurotisch.

«Aha», sagte ich, «das ist also das Praktische an deiner Meditation. Du versuchst, Teile von deinem *Karma* abzukratzen. Schlechtes *Karma* verschwindet, und gutes *Karma* hilft dir auf deinem Weg. Deinem Weg wohin?»

Simon blieb stehen. «Jetzt fängst du schon wieder an», sagte er. «Ich weiß nicht, wohin ich will. Ich will weiterkommen, das nehme ich jedenfalls an.»

Einer der Eichelhäher krächzte, und Simon deutete auf ihn. «Da», sagte er, «sieh dir den Eichelhäher an. Der ist noch am Anfang seiner Laufbahn. Er muß noch ein Mensch werden. Ich bin bereits ein Mensch, aber das ist nur eine weitere Stufe. Ich muß praktisch handeln und meine Chancen nutzen, damit ich mein Schicksal verbessern kann. Wenn ich das nicht tue, falle ich vielleicht zurück und werde ein Tier oder ein Vogel.»

Ich beobachtete die Eichelhäher.

Simon schüttelte seinen Kopf. «Nein. Das kann nicht stimmen. Ich glaube nicht, daß wir zurückfallen können. Selbst wenn wir alles falsch machen, man lernt immer etwas. Leben muß automatisch, nehme ich an, eine Verbesserung bedeuten. Jedes Leben bringt einen ein bißchen weiter. Was meinst du? Glaubst du, daß du in deinem nächsten Leben vielleicht ein Kaninchen sein könntest?»

«Das ist mir gleich», antwortete ich.

«Würdest du denn ein Kaninchen sein wollen oder ein Eichhörnchen oder ein Eichelhäher?» fragte Simon erstaunt.

«Warum nicht», erwiderte ich.

Simon lachte. Sein Gelächter beunruhigte mich, weil er nicht damit aufhörte. Tränen traten ihm in die Augen, und er krümmte sich vor Lachen, als ob er Schmerzen hätte.

Als er wieder sprechen konnte, kamen die Worte langsam heraus. «Du hast recht», sagte er, «warum sollte ich mich darum sorgen, daß ich ein Kaninchen werden könnte? Warum sollte ich mir über *Karma* Gedanken machen? Natürlich weigert sich Peter, darüber zu reden.»

Das Grinsen blieb auf seinem Gesicht, bis wir den Zendo erreichten. Er sah sehr feierlich aus, als er seine Verbeugung machte.

Du bist acht Jahre alt. Es ist Sonntagabend. Du darfst eine Stunde länger aufbleiben.

Die Familie spielt Monopoly. Man hat dir erlaubt, mitzuspielen.

Du verlierst. Du verlierst immer mehr. Dein Magen krampft sich vor Angst zusammen. Du bist fast deinen ganzen Besitz los. Der Geldhaufen vor dir ist auf ein Nichts zusammengeschmolzen. Deine Brüder schnappen sich alle Häuser von deinen Straßen. Die letzte Straße wird verkauft. Du mußt aufgeben. Du hast verloren. Der Schweiß steht auf deiner Stirn.

Und plötzlich weißt du, daß es nur ein Spiel ist. Du springst vor Freude auf und wirfst die große Lampe um. Sie fällt auf den Boden und reißt eine Teekanne mit sich. Die anderen sind böse auf dich, aber du lachst, als du die Treppe hinaufgehst. Du weißt, daß du nichts bist, und du weißt, daß du nichts hast. Und du weißt, daß Nichtssein und Nichtshaben dir eine unermeßliche Freiheit geben.

Später verschwindet das Gefühl, aber du erinnerst dich, daß du es gehabt hast. Du weißt, daß du einmal, als du acht Jahre alt warst, Freiheit kennengelernt hast.

Der Buddha mit dem Mondgesicht II

Ein alter Zen-Meister in China liegt im Sterben. Ein Priester besucht ihn und fragt den alten Lehrer, wie es ihm gehe.

Der Meister antwortet: «Buddhas mit Mondgesichtern, Buddhas mit Sonnengesichtern.»

Ein Text aus Peters heiligem Buch, dem dünnen Büchlein, das einst seinen Platz auf dem Tempel-Altar in Japan hatte. Ein Buch voller *Koans* aus der fernen Vergangenheit, einer Vergangenheit, die wieder Zukunft werden kann, denn wir leben in seltsamen Zeiten. In dieser scheinbar so wohlgeordneten Gesellschaft mit ihren Hochhäusern, Autobahnen und unfehlbar programmierten

Computern kehren die Meister zurück, und sie sind genauso verrückt, wie sie es in den Zeiten des alten China, Tibet, Indien und Japan waren. Ein Bauer auf einem kleinen Stückchen Land in einem vergessenen Wald, ein Armenier, der Teppiche auf dem Markt in Moskau verkauft, ein Arbeiter in einer Salzmine in Nordafrika, ein Straßenkehrer in Amsterdam, ein Eremit im Schwarzwald, die Meister sind überall um uns herum, und manchmal erkennen wir sie. Die Buchhandlungen füllen sich mit Büchern über den wahren Sinn des Lebens. Mönche in fremdländischen Trachten tanzen in den Straßen der Hauptstädte und läuten ihre Glöckchen. Die orthodoxen Klöster leeren sich allmählich, aber die Wohngemeinschaften schießen wie Pilze aus dem Boden.

Und irgendwo stirbt ein weiser alter Mann und murmelt eine lächerliche Antwort auf eine wohlgemeinte Frage.

«Ein späterer Meister», erklärte Peter, «sah dieses *Koan* und gab seinen Kommentar. Er kommentierte direkt aus dem Absoluten, und der Mönch, dem sein Verstand im Wege steht, begreift nicht. Er sagte dies: ‹Buddhas mit Mondgesichtern, Buddhas mit Sonnengesichtern.

Die fünf Könige.

Bah.

Wie oft haben sie mich nicht gezwungen, in die Höhle des grünen Drachen zu gehen?›»

Peter sah uns, die Schüler, die in seinem Wohnzimmer versammelt waren, an.

«Wie versteht ihr das?»

Niemand antwortete.

Er hatte seine Augen halb geschlossen und ließ das Schweigen ins Zimmer hinein. Ich wußte, daß er in einer ganz bestimmten Weise und in tiefer Konzentration atmete, daß er sein Wesen im Hauptnervenzentrum seines Körpers gebündelt hatte und daß der Bauch unter seinem schwarzseidenen Gewand herausgepreßt und hart wie eine Eisenkugel war. «Höre mit deinem Bauch», hatte der alte Lehrer in Kioto gesagt. «Denke mit deinem Bauch. Vergiß deine Ohren, deine Nase, deine Augen. Laß dich nicht von den Vorstellungen deines Gehirns leiten. Alle Antworten liegen *da*», und er hatte mir seinen kurzen stumpfen Stock in den Bauch gebohrt. Ich fiel um. Der Meister hatte gelacht. «Du sitzt nicht gut. Wenn du richtig sitzen würdest, könnte ich dich niemals umstoßen. Du bist noch zu wackelig. Mach weiter, mach weiter, bündele deine Kraft.»

«Buddhas. Kaiser. Könige. Bah.»

«Nichts ist wichtig. Die größten Mächte unseres Planeten haben keinen wirklichen Kern. Wir respektieren Könige und Kaiser und bewundern das Beispiel Buddhas, des Mannes, der die Freiheit fand. Aber Respekt und Bewunderung sind begrenzt. Laßt euch nicht irreführen. Laßt nicht zu, daß ihr in die ‹Höhle des grünen Drachen› geratet, wo ihr nur eure Zweifel und eure Ängste finden könnt. Die Philosophen sind in der Höhle des grünen Drachen, des Drachen, der so schwer zu besiegen ist, und wenn er endlich am Boden liegt und ihr ihm seine Haut abzieht, hat er eine neue Haut darunter und darunter weitere. Die Kaufleute leben in der Höhle, sie kämpfen gegen die Wechselfälle ihrer Existenz, und manchmal gewinnen sie, aber was immer sie erfolgreich an sich reißen, löst sich in Luft auf. Die Generäle leben in der Höhle und die Politiker. Und die Zen-Schüler. Sie wollen wissen, wer Buddha ist. Sie wollen *Satori* erlangen. Wir haben Angst vor der Leere in uns und versuchen, sie zu füllen. Mit Ideen, mit Namen, mit Definitionen.»

Und das war das Ende von Peters *Teisho*. Ein weiterer ungewöhnlicher Vortrag, den ich in meinem Gedächtnis aufbewahren konnte. Er deutete an, daß Buddhismus negativ ist. Man hört immer nur, was er nicht ist, aber nie, was er ist. Geh nicht in die Höhle des grünen Drachen. Klammer dich nicht an eine Definition. Glaube nicht, daß irgend etwas wichtig ist. Mißbrauche dein Denkvermögen nicht.

Aber inzwischen müssen wir unser Bestes tun. Welche Aufgabe sich dir auch stellt, erledige sie, so gut du kannst. Laß den General versuchen, seine Schlacht zu gewinnen, den Kaufmann, sein Vermögen zu machen, den Philosophen, seine Theorien zu verknüpfen, oder den Ingenieur, seine Erfindung zu machen und zu gebrauchen. Wenn der Versuch erfolgreich ist, ist das Ergebnis ohne Bedeutung. Eine Medaille oder eine verfaulte Tomate, es ist alles gleich. Die Medaille ist für die Brust, und die Tomate trifft vielleicht dein Gesicht. In beiden Fällen solltest du lächeln.

Rupert sprach mit mir über die Buddhas mit den Mond- und den Sonnengesichtern. Wir hatten gemeinsam zu Abend gegessen, gespült und kauerten so dicht wie möglich am rauchenden Ofen. Wir warteten auf die Abendmeditation und hatten noch ein paar Minuten Zeit.

«Alles schön und gut», sagte Rupert und starrte mich finster an, «aber ich bin jetzt fast zwei Jahre hier, und das einzige, was ich erreicht habe, ist, daß ich an nichts mehr glaube und an allem zweifele. Dabei habe ich mich gar nicht schlecht gemacht hier. Ich habe sogar einen verantwortungsvollen Posten bekommen, Leiter der Meditation. Junge! Welche Auszeichnung. So einen verantwortungsvollen Posten hatte ich früher auch. Ich arbeitete als Psychologe in der Stadtverwaltung und half Beamten, deren Nerven nicht mehr mitspielten. Ich sei der richtige Mann für den Posten, hieß es, und mein Diplom wurde als Erfolgsgarantie betrachtet. Aber ob ich jemals irgend jemandem geholfen habe, weiß ich nicht. Ich ließ sie Tests machen und Fragebögen ausfüllen. Ich bestimmte die Ursache ihrer Symptome. Wenn es mir gelang, festzustellen, welchen Komplex oder welches Trauma sie hatten, konnte ich ihnen eine Therapie verschreiben oder ihre Tätigkeiten verändern oder ihnen auf die Schulter klopfen und Glück wünschen. Es ist unglaublich, was Menschen alles fehlen kann, und je intelligenter sie sind, um so schlimmer wird es. Erfolg ist eine weitere Ursache, Erfolg bringt die Leute aus dem Gleichgewicht. Versagen ist in Ordnung, jeder scheint zu wissen, wie er damit umgehen muß, es ist normal, aber Erfolg ist Pech. Schönheit ebenfalls. Schöne Frauen und hübsche Männer werden beim geringsten Anlaß verrückt.»

Ich sah auf meine Uhr, es war beinahe Zeit. Ich streckte mich und gähnte. «Komm, komm, Rupert, mein Junge», sagte ich, «erzähl nicht so düstere Geschichten. Ich muß gleich wieder drei Stunden stillsitzen, und diesmal möchte ich mich wirklich konzentrieren. Wenn du so weitermachst, werde ich eine nette Vision von einer endlosen Reihe Beamter haben, die Pillen schlucken, um ihre Nerven zu beruhigen.»

Rupert lachte. «Das ist genau das, was ich jahrelang gesehen habe. Und trotzdem war es gar kein so schlechtes Leben. Wenn man diese Hütte sieht, würde man nicht glauben, daß ich früher eine Menge Bücher hatte. Jahrelang habe ich gelesen, ich verschlang alles. Literatur, Religion, Psychologie, Philosophie. Nenn irgend etwas, ich hab's gelesen. Bevor ich hierherkam, habe ich über dreißig Kisten Bücher verschenkt und sechs Kisten Schallplatten. Meine Wohnung war hübsch möbliert. Auch das würde man nicht glauben, wenn man diesen Abfallhaufen sieht. Vielleicht lebe ich absichtlich in diesem Durcheinander. Ich lese nicht mehr, und ich höre keine Musik mehr, obwohl ich Musik wirklich sehr mag. Manchmal, wenn ich zu meditieren versuche, höre ich ganze Teile von Symphonien mit allen Instrumenten an ihrem Platz. Aber ich habe nur noch drei Jahre hier, und deshalb tue ich genau, was man mir sagt. Ich meditiere, und ich arbeite, und ich esse, und ich schlafe, und das ist es. Ich arbeite im Sägewerk. Stumpfsinnige Arbeit, immer dasselbe. Ich muß schon Tausende von Bäumen zersägt haben.»

«Nur noch drei Jahre?» fragte ich. «Wenn sie rum sind, mußt du gehen?»

«Ja», sagte Rupert. «Als ich ankam, sagte Peter, daß er mich nur fünf Jahre hierbehalten würde. Noch drei Jahre, dann kriege ich den Laufpaß. Vielleicht darf ich dann noch ab und zu wiederkommen, so wie er dir erlaubt, für kurze Zeit hierherzukommen, aber ich werde nicht mehr hier leben dürfen. Diese Hütte wird der nächste Schüler bekommen.»

«Und was wirst du dann tun?» fragte ich. «Zu den nervösen Beamten zurückkehren?» Wir gingen zum Zendo.

Er antwortete zuerst nicht und machte ein verbissenes Gesicht. «Es klingt lächerlich», sagte er, «aber als ich hier ankam, hatte ich das Gefühl, an das Ende meines Weges gekommen zu sein. Ich war davon überzeugt, daß die Möglichkeit, unter einem Zen-Meister zu arbeiten, meine letzte Chance war. Und als er sagte, ich würde nur fünf Jahre bleiben können, nahm ich mir vor, daß ich am Ende jener fünf Jahre entweder die Einsicht, die ich mir wünschte, erlangt haben wollte oder Selbstmord begehen würde. Ich plante einen ganz spektakulären Selbstmord. Ich wollte mich mit hundert Pfund Dynamit im Zentrum des Pentagon oder in irgendeinem anderen wichtigen Zentrum dieses kranken Landes in die Luft sprengen.»

«Ein Anarchist», murmelte ich.

«Ja», sagte Rupert, «einer von diesen Kerlen mit schwarzem Bart, Sonnenbrille und Plastikbomben in einem Aktenköfferchen. Anarchismus hat mich immer fasziniert. Er ist sehr religiös. Die Hindus haben einen speziellen Gott der Zerstörung, Schiwa den Schrecklichen.»

«Hast du immer noch vor, dich selbst in die Luft zu sprengen?» fragte ich.

«Das ist alles Quatsch», antwortete Rupert, «ich wußte es vermutlich damals schon. Aber es war eine Idee, von der ich zu der Zeit nicht loskam. Ich habe sie jetzt überwunden.»

«Was hast du also vor, wenn die fünf Jahre rum sind?»

«Mir wieder eine Wohnung nehmen», sagte Rupert, «Bücher kaufen, Schallplatten, Möbel und Küchengeräte.»

«Na und?» fragte ich. «Man kann nicht ohne das ganze Zeug leben. Was ist so schlimm daran?»

«Nichts. Sogar hier besitze ich Dinge. Die hat jeder, auch der Meister hat ein Haus voller Dinge. Die Leute geben ihm Geschenke. Aber er kann ohne sie auskommen. Im vergangenen Jahr kamen viele Menschen hierher, sogar ganze Familien, und wir konnten nicht alle unterbringen. Peter überließ ihnen sein Haus und wohnte selbst in einem kleinen Schuppen. Er hatte nichts als ein Wandbrett und einen kleinen Kerosin-Ofen. Er hauste dort sechs Monate, und ich glaube, niemand hat ihn darüber klagen hören.»

Ich blickte um mich und hielt nach dem Eichhörnchen Ausschau. Die Unterhaltung ging mir allmählich auf die Nerven, ich hätte lieber geschwiegen. Es sah Rupert gar nicht ähnlich, plötzlich in einen Wortschwall auszubrechen. Ich stellte fest, daß ich mich auf die Meditation freute. Der alte Lehrer in Kioto hatte mir das prophezeit. «Eines Tages», hatte er gesagt, «wirst du mit Vergnügen meditieren. Du wirst es freiwillig tun, und niemand wird dich zwingen müssen.»

«Werden meine Beine dann immer noch weh tun?» hatte ich gefragt.

«Natürlich», sagte der Meister, «der Schmerz wird immer da sein. Auch mich verschont er nicht. Wenn man seine Beine übereinanderschlägt, gerät die Blutzirkulation ins Stocken, in den Füßen und Beinen fängt es an zu kribbeln. Dieses Gefühl verwandelt sich dann in Schmerz. Aber er hört sofort auf, wenn man ein bißchen umhergeht. In dem Maße, wie sich die Konzentration vertieft, macht sich der Schmerz immer weniger bemerkbar. Schlimmer als der Schmerz sind die Gedanken, aber auch sie werden aufhören, dich zu belästigen, und du wirst lernen, mit dem Schlaf fertig zu werden. Langes Sitzen in Meditation schafft tiefe Einsicht. Man merkt es nicht heute oder morgen, weil die Veränderung sich sehr langsam vollzieht. Doch sie wird kommen. Und dann wirst du feststellen, daß du dich gerne zurückziehst, um zu meditieren. Jetzt zwingen dich noch Zeitpläne mit Glocken und Gongs. Später wirst du das nicht mehr brauchen.»

Rupert ging immer noch finster dreinblickend neben mir, vielleicht sollte ich versuchen, ihn ein bißchen aufzuheitern.

«Kopf hoch!» sagte ich. «Du mußt fröhlich dabei bleiben.» Ich klopfte ihm auf die Schulter.

Er sah mich gereizt an. «Laß mich in Ruhe», erwiderte er. «Die Leute klopfen sich hier immerzu auf die Schultern. Neuerdings umarmen sie sich sogar, wenn sie sich begegnen. Liebe! Knutschende Homosexuelle, ich mag das überhaupt nicht!»

«Ein Küßchen zur rechten Zeit, das gibt Zufriedenheit.» Während ich versuchte, einen ähnlichen Reim im Englischen zu finden, sah Rupert mich an, als ob ich ihn vors Schienbein getreten hätte. Ich versuchte es noch einmal.

Rupert is crazy, Rupert is mad.
The times are dark and the future is bad.

Danach schlug ich einen Purzelbaum im Schnee, aber er glückte nicht ganz. Ich stand auf und rieb meine Schulter. Doch es hatte funktioniert, er lachte.

«Schon gut, schon gut», sagte er grinsend, «du tust dein Bestes, das sehe ich. Und die Zukunft ist nicht so schlecht. Ich habe noch drei Jahre Zeit, um es herauszufinden, und anschließend kann ich etwas Geld verdienen und ein bißchen um die Welt reisen. Ich könnte mir ein kleines Auto oder ein Motorrad kaufen und durch den Fernen Osten fahren. Vielleicht gelänge es mir sogar, einen Heiligen ausfindig zu machen, der mir einen Schubs gibt.»

Wir waren dicht bei der Brücke, die den heiligen Boden, auf dem die Meditationshalle stand, von der gewöhnlichen Welt trennte. Wenn wir auf der Brücke wären, dürften wir nicht mehr sprechen.

Ich wartete, bis wir kurz vor der Brücke waren. «Tu dein Bestes, Rupert», sagte ich, «du hast nur noch drei Jahre.» Er warf mir einen wütenden Blick zu und wollte etwas erwidern, aber ich deutete auf die Brücke, die wir gerade überquerten, und legte einen Finger auf meine Lippen.

*

Grinsend erreichten wir die Tür des Zendo.

Ich tat mein Allerbestes während der ersten Periode und bemühte mich, die starke Stille der Meditation zu erreichen. Gedanken kamen und gingen, Phantasien störten das *Koan*, ein neues *Koan*, das ich gerade erst erhalten hatte. Ich bemühte mich weiter, und die Zeit verging schnell, der Schmerz störte mich nicht.

In der fünfundzwanzigminütigen Pause setzte ich meine Bemühungen fort und begann die zweite Periode mit demselben guten Vorsatz. Aber auf einmal war ich in Japan. Es war eine so plötzliche und außergewöhnliche Erfahrung, daß es mir schwerfiel zu akzeptieren, daß ich diese Über-Bewußtheit erreicht hatte, eine Bewußtheit auf einer viel höheren Ebene als unsere durchschnittliche tägliche Reise durch Raum und Zeit. Ich war wirklich in Japan, aber nicht so, wie ich zehn Jahre zuvor dort gewesen war. Die Augenblicke, die ich jetzt, nacheinander und äußerst deutlich, durchlebte, waren die Höhepunkte meiner Erinnerungen. Ich ging wieder durch die schmale Einkaufsstraße, wie ich es sechs Monate lang täglich getan hatte. Ich roch das frische Gemüse, den Tee, die Kräuter. Ich sprang vor einem Motorrad zur Seite, das ein junger Rowdy fuhr. Ich ging in die Tempelgärten, ich sah die Steine und die zu schönen Mustern geharkten Kiesel, aber es war mehr als nur Bewußtheit, es gab keinen Abstand zwischen dem Beobachter und dem Beobachteten. Ich begegnete dem alten Lehrer wieder, ich schlenderte durch das rote Viertel von Kobe, ich war in der Burg von Osaka, ich hörte die zarte Musik einer Bambusflöte, ich segelte ein kleines Boot auf dem Biwa-See. Einen Moment lang dachte ich daran, die Vision abzubrechen. Ich war nicht in die Meditationshalle gekommen, um eine Reise durch Japan zu machen, ich sollte mein *Koan* lösen, mich auf es konzentrieren. Aber das Erlebnis war zu phantastisch. Zeit war völlig jetzt bedeutungslos. Rupert läutete seine Glocke, und das Abenteuer brach ab. Ich sprang von meinen Kissen und ging nach draußen. Es war alles weg, ich konnte mich nur noch an die Erinnerung erinnern. Eine ungewöhnlich abstrakte Erfahrung, die die Essenz von eineinhalb Jahren meines Lebens bildete. Das Ereignis enthielt keine Handlung, keine tägliche Routine. Ein Opiumtraum.

Meinen guten Absichten zum Trotz versuchte ich in der nächsten Periode, das Abenteuer fortzusetzen, aber ohne jeden Erfolg. Ich gab auf und konzentrierte mich wieder. Meine Beine schmerzten, und ich zitterte. Die Zeit verging schleppend. Ich versuchte, auf meine Uhr zu sehen, aber die Zeiger waren stehengeblieben. Endlich ertönte die Glocke. Ich ging nicht nach draußen, sondern blieb unglücklich vor meinem Kissen stehen. Und dann begann ich von neuem.

Ich verstand das *Koan*. Ich wußte nicht, woher die Antwort gekommen war, aber sie war zweifellos richtig. Sie erschien mir zu einfach, und ich präsentierte sie mit Mühe.

Auf dem Rückweg vom *Sanzen* fragte ich mich, ob der Meister wußte, was mit seinen Schülern in der Meditationshalle geschah. Er gab uns das *Koan*, möglicherweise aus dem antiken *Koan*-Büchlein, das er in seinem privaten Zimmer aufbewahrte. Vielleicht würde er mir später eigene *Koans* geben. Fast alle Meister fügen der Sammlung bestehender *Koans* neue hinzu. Ob er wohl wußte, daß ich soeben in Japan gewesen war? Ich konnte es ihm nicht erzählen. *Sanzen* ist eine förmliche Angelegenheit und auf *Koans* beschränkt. Es findet überhaupt keine Unterhaltung statt. Dazu wäre auch gar keine Zeit, vierzig Schüler nehmen mehr als eine Stunde in Anspruch. Er empfing seine Schüler täglich von fünf bis sechs Uhr. Mehr als zwei Minuten pro Person konnte er uns nicht geben.

Und was sind *Koans*? *Koans* sind ‹pointers›, hatte Peter in einem seiner *Teishos* erklärt. Ich hatte das Wort in Simons dickem Wörterbuch nachgeschlagen. Ein ‹pointer› ist ein Hinweis, eine Markierung. Es ist auch der Stock, den ein Lehrer benutzt, um auf etwas an der Tafel oder auf einer Karte zu zeigen. Auf einen Aspekt des Unterrichts wird für einen Moment hingewiesen. Aber wenn man die Antwort auf das *Koan* findet, die so rätselhaft wie das *Koan* ist, muß man sich immer noch selbst um eine Interpretation bemühen. Der Meister erkennt Einsicht an, aber er erklärt einem nicht, was man mit der Einsicht anfangen soll. Die *Koans* weisen eine Richtung, doch man kann immer noch improvisieren. Vielleicht schlägt man sogar einen Weg ein, den der Meister nicht billigt, und vielleicht beendet er die Ausbildung. Aber die Einsicht, die man gehabt hat, wird immer noch richtig und ordnungsgemäß anerkannt sein.

Wie geht man mit Einsicht um? *Koans* sind keine Spiele mit Worten, es gibt keine Gerissenheit, keine Schlauheit im Austausch zwischen Meister und Schüler. Die Antwort kommt unmittelbar aus der Meditation, sie taucht plötzlich auf wie ein lebendiges Kaninchen aus dem Hut eines Zauberers. Was soll man mit dem lebendigen Kaninchen anfangen? Es abrichten? Es aufessen? Einige der Kaninchen, die ich produzierte, gefielen mir überhaupt nicht.

Ich kam vor mich hinmurmelnd nach Hause. Rupert hatte seinen Lieblings-Gesundheitstrank gemacht, heiße Anismilch mit einem Klecks Honig und mit Muskatnuß bestreut. Es sah abscheulich aus, aber schmeckte gut. Ich trank die heiße, süße, dicke Flüssigkeit, während ich meinen Kopf an die Wand lehnte.

«Na, wie geht es meinem Freund heute abend?» fragte Rupert.

Ich schüttelte meinen Kopf und nahm noch einen Schluck.

«Es ist nicht leicht, was?»

«Nein», antwortete ich, «was, in aller Welt, versuchen wir zu tun?»

«Das weiß ich auch nicht», sagte Rupert, «aber wir können genausogut weitermachen. Trink noch was.»

Ich hielt meinen Becher hoch.

Es gelang uns nicht, den Grund für unser Tun zu finden, und wir wurden sehr müde. Ich war eingeschlafen, bevor ich meinen Kopf auf die Decken gelegt hatte.

Drei Milliarden Menschen leben auf einer Kugel.

Die Kugel hängt im Nichts.

Was tun die drei Milliarden Menschen auf dieser Kugel?

Und warum, Herr Zen-Student, willst du das wissen?

Das weißt du auch nicht.

Der Marabu

«Guten Tag.»

Ich wurde wach, während ich mich vergeblich bemühte, einen Traumfetzen festzuhalten, der schnell davontrieb.

«Entschuldigen Sie mein Eindringen.»

Ich wußte nicht, wer mit mir sprach, und ich konnte nichts sehen.

Es war Mittagspause. Nach einer einsamen Mahlzeit, die aus Truthahnrücken und aus Brot bestand, war ich in das dunkle Loch unter meinen Decken gekrochen. Rupert war nicht nach Hause gekommen.

«Kann ich Ihnen helfen?» fragte dieselbe Stimme, und jetzt sah ich, wem sie gehörte. Meinem Schriftsteller-Kollegen, dem Mann, den ich am Tag nach Rohatsu im Bungalow von Peters Freunden kennengelernt hatte.

«Entschuldigen Sie bitte», sagte mein Besucher, «Sie hatten eine Decke über dem Kopf, und ich habe sie weggezogen.»

Ich muß ihn vorwurfsvoll angesehen haben, denn er entschuldigte sich von neuem.

«Entschuldigen Sie bitte dieses Eindringen. Ich wollte mit Ihnen sprechen, aber es ist sehr schwierig, hier mit jemandem Kontakt aufzunehmen. Ein Telefon gibt es nicht. Ich habe an ein paar Türen geklopft, bis ich Sie schließlich in dieser Hütte gefunden habe. Ich möchte nur eine Verabredung treffen, damit ich später, zu einer günstigeren Zeit, wiederkommen kann.»

Ich hatte tief geschlafen, und es dauerte ein paar Augenblicke, bevor ich einen Satz formulieren konnte. Ich stand auf und schüttelte meinen Kopf, ich mußte ihn einige Male schütteln, bevor mein Gehirn funktionierte.

«Ich habe geschlafen», sagte ich, «aber Sie sind willkommen. Ich versuche nachmittags immer, ein bißchen zu schlafen, das heißt, wenn ich eine Gelegenheit habe.»

«Ja», sagte der Mann, «ich weiß, daß Sie sehr früh aufstehen. Aber gestatten Sie mir, mich vorzustellen. Mein Name ist James.»

Er streckte eine kühle, trockene Hand aus. Ich betrachtete ihn nun etwas aufmerksamer. Ein gepflegter Mann in einem blaugestreiften Anzug, komplett mit Weste. Eine graue Krawatte. Wäßrige blaue Augen hinter einer dicken Brille. Eine gute Figur, auffallend gut für sein Alter, er mußte über sechzig Jahre alt sein. Ich schüttelte meinen Kopf noch einmal.

«Möchten Sie Tee?»

«Nein, nein», sagte James, «machen Sie sich keine Umstände. Ich möchte nur eine Verabredung treffen, gehen Sie ruhig wieder schlafen. Ich komme wieder, wenn Sie Zeit haben, Zeit und Lust, sich mit mir zu unterhalten.»

Ich sah auf Ruperts Wecker, es war noch eine Stunde Zeit, bevor die Meditation wieder beginnen würde. Ich war jetzt sowieso wach.

«Sie können bleiben, wenn Sie wollen. Wir haben eine Stunde, ich werde Tee machen, trinken Sie auch etwas?»

Er trug eine Perücke oder ein Toupet. Das Haar an den Seiten und am Hinterkopf schien sein eigenes zu sein, aber das Stück oben auf seinem Schädel war vermutlich falsch. Es sah zu ordentlich aus.

Der Tee war in wenigen Minuten fertig, ich hatte vor dem Einschlafen einen Kessel auf den Ofen gestellt.

«Sie sind Schriftsteller?» fragte ich.

«Sie doch auch?» fragte James.

«Kein richtiger», antwortete ich.

Er verzog seinen Mund. «Entweder Sie sind einer oder keiner. Sie haben doch ein Buch veröffentlicht, oder?»

«Ja», sagte ich.

«Dann sind Sie ein Schriftsteller.»

«Heute morgen habe ich ein bißchen Holz gehackt», sagte ich und schenkte den Tee ein, «aber ich glaube nicht, daß ich ein Holzhacker bin.»

James rührte seinen Tee mit einem verbogenen Löffel um. Es gab keinen Stuhl in der Hütte. Er stand immer noch an derselben Stelle, wo ich ihn zuerst gesehen hatte, als ich aufwachte. Ich faltete ein paar Decken zusammen und legte sie auf den Fußboden.

«Setzen Sie sich doch.»

«Vielen Dank.»

Ich sah ihn überrascht an. Er hatte sich mit einer einzigen Bewegung hingesetzt, es sah so aus, als ob er seinen Körper auf den Boden hätte fallen lassen, aber er saß gut, die Beine gekreuzt, er hatte keinen Tropfen von seinem Tee verschüttet.

«Ihr Körper ist sehr gelenkig.»

James lächelte. Ich sah zwei Reihen leicht unregelmäßiger, sehr weißer Zähne und schätzte, daß sie ein paar tausend Dollar gekostet haben mußten. Mit seiner freien Hand zog er seine Hosenbeine hoch.

«Ich übe täglich, das hält mich in Form.»

Ich setzte mich auch und rührte in meinem Tee. Wir sahen uns schweigend an.

«Aber wenn Sie kein Schriftsteller sind, was sind Sie dann?» Die wäßrigen Augen ruhten freundlich, aber fest auf mir.

Ich mußte an eine Bemerkung denken, die Peter an jenem Morgen gemacht hatte. Wir hatten eine Stunde zusammen gearbeitet und gefällte Bäume auf eine Lichtung hinter seinem Haus gezogen. Wir befanden uns in der Nähe eines Weges, und jedesmal, wenn jemand vorbeikam, hatte er seine Arbeit unterbrochen und mit lauter Stimme gefragt: «Wie geht es dir heute morgen?» Fast alle hatten «Gut, und wie geht es dir?» geantwortet, außer Edgar, der etwas Unverständliches gemurmelt, seine Fellmütze abgenommen, das Innere nach außen gestülpt und sie wieder aufgesetzt hatte. Ich mußte darüber lachen, denn das Futter seiner Mütze war aus rotem Material und weißgepunktet. Dieser neue Kopfschmuck hatte auf Edgars rundem roten Kopf urkomisch ausgesehen.

«Ist das die richtige Antwort?» hatte ich Peter gefragt.

«Nicht schlecht.»

«Das habe ich nicht gefragt», hatte ich gesagt. «Ist es die richtige Antwort?»

«Noch nicht.»

Meine weiteren Fragen hatte er nicht beantwortet.

Man kann sich normal verhalten, und man kann sich verrückt verhalten. Die Zen-Meister und die Zen-Schüler, denen wir in der Literatur begegnen, wählen immer das verrückte Verhalten. Sie stellen einander idiotische Fragen, sie schlagen sich, und sie lachen viel.

Aber so verhalten sie sich nur in den Büchern. Im wirklichen Leben benehmen sich Zen-Leute wie die meisten Menschen. Ich hatte sie anderthalb Jahre im Kloster in Japan beobachten können, und sie verhielten sich so wie andere normale Menschen. Sie trafen Verabredungen, taten, was ihre Vorgesetzten ihnen auftrugen, arbeiteten in der Küche oder in den Gärten und meditierten während festgelegter Zeiten. Ich hatte keine außergewöhnlichen Verhaltensweisen entdeckt. Der verrückte Teil ihres Lebens blieb auf die *Koans* und das immer wiederkehrende Gespräch mit dem Meister beschränkt. Aber es hatte einige Ausnahmen gegeben – eine plötzliche Bemerkung, ein unvollendeter Satz und Erfahrungen, die nicht ohne weiteres erklärbar waren.

Ich glaubte Peters Spiel mit den Schülern zu verstehen. Er fragte sie, wie es ihnen gehe. Das interessierte ihn natürlich. Aber die Frage «Wie geht es dir heute morgen?» ist eine Umgangsform ohne jede tiefere Bedeutung geworden.

Die Frage kann jedoch auch einen tieferen Sinn haben.

«Wie geht es dir? Wie geht es dir, Landstreicher des Universums? Wie geht es dir, Schein-Identität? Wie geht es dir, Bodhisattwa, dir, der du geschworen hast, Nirwana zu erreichen? Wie geht es dir, Frager vieler Fragen? Bist du heute wach? Weißt du, warum du auf jenem Weg durch den Wald gehst? Weißt du, was du tust?» Nur Edgar hatte begriffen, daß Peter mehr mit seiner Frage beabsichtigt hatte. Aber Edgar hatte nicht gewußt, wie er richtig antworten sollte. Deshalb hatte er erst etwas gemurmelt und dann die Vorstellung mit seiner Mütze gegeben. Nicht schlecht. Aber auch nicht ganz richtig.

Doch was hätte er tun sollen? Hätte er auf Peter zustürzen und dem Meister ins Gesicht schlagen sollen?

Hätte er *Om* oder irgendein anderes starkes Mantra rufen sollen?

Und was sollte ich jetzt tun? Ein sehr gepflegter Herr, der Schriftsteller James, der Eindringling, der meinen Nachmittagsschlaf gestört hatte, dieses Wesen, das sich eines sehr kostspieligen und beweglichen Körpers bediente, wollte wissen, was ich war, und vielleicht wollte er sogar wissen, wer ich war. Warum wollte er das nur wissen?

War er ein praktisch veranlagter Schriftsteller, der Material für seinen nächsten Roman suchte? Oder wollte er wissen, was wir hier taten, um mystischen Profit aus der Begegnung zu schlagen?

Als ich ihn das letzte Mal getroffen hatte, hatte er einen sehr intelligenten Eindruck gemacht. Er war der einzige gewesen, der durchschaut hatte, daß Peter die Gastgeberin zum besten hielt. Die Wesen, die den Berg Meru bewohnten, waren mit Flügeln ausgestattet, die nach einer bestimmten Zeit zu verwesen begannen. Selbst das Leben der Gesegneten ging einmal zu Ende. Reinkarnation bietet keinen Trost. Vielleicht kommt man eine Weile in den Himmel, aber was geschieht, wenn die Zeit um ist? Erwartet einen dann wieder eine schmerzhafte Geburt? Fängt wieder alles von vorn an? Und wer garantiert, daß man nie in die Hölle muß? Und angenommen, man hat Glück und wird von einem Himmel in den nächsten abkommandiert, würde einen dann nicht der Gedanke stören, daß Milliarden von Wesen irgendwo anders leiden?

Der Schriftsteller, dessen Name sich nun als James herausgestellt hatte, hatte den Kern der Geschichte begriffen.

*

«Gut», sagte ich, denn James sah mich immer noch an. «Ich bin ein Schriftsteller. Sie sind auch ein Schriftsteller. Aber Sie sind nicht gekommen, um mich zu fragen, ob ich ein Schriftsteller bin oder nicht. Weshalb sind Sie gekommen?»

Vielleicht hätte ich ihn bitten sollen, eine Runde Poker mit mir zu spielen. Er konnte bestimmt sehr gut pokern. Sein Gesichtsausdruck veränderte sich nicht. Er hielt mir ein goldenes Zigarettenetui hin. Ich nahm eine Zigarette.

Ein goldenes Zigarettenenetui. Die sieht man heutzutage selten. In der Auffahrt zu Ruperts Hütte würde sicher ein importiertes französisches Auto der teuersten Ausführung stehen.

«Bei unserer letzten Begegnung rauchten Sie auch eine Zigarette», sagte James, «und Sie tranken einen Martini, glaube ich.»

Sich nichts anmerken lassen, sagte ich zu mir selbst. Ganz unschuldig tun. Sich nicht in die Defensive treiben lassen.

«Ja», sagte ich freundlich, «eine Zigarette und einen Martini.»

Die Unterhaltung stockte wieder. Was mochte er wohl denken? Dachte er vielleicht, daß ein treuer Anhänger dieses besonderen Glaubens sich disziplinieren und sich der Freuden, die unsere Gesellschaft so freizügig bietet, enthalten würde?

‹Laß es ihn selbst sagen›, dachte ich.

James zog an seiner Zigarette und blies einen Ring, einen schönen runden Ring.

«Sie müssen mich wirklich entschuldigen», sagte er, «ich weiß, daß ich kein Recht habe, in Ihre Privatsphäre einzudringen. Aber ich bin neugierig, wie Sie vielleicht verstehen werden. Schriftsteller sind immer neugierig. Die Begegnung mit Ihrem Meister, Peter, und Ihnen hat mich beeindruckt. Ich würde gern ein bißchen mehr wissen. Ich bin sicher, daß ich nicht zufällig auf dieser Erde bin. Ich glaube das, weil ich wie die meisten Amerikaner ein positiver Mensch bin. Wir sind einfache Seelen, vielleicht ist das der Grund dafür, daß unser Land so mächtig ist. Unsere Vorfahren kamen auf diesen Kontinent, weil sie den Profit suchten. In ihren eigenen Ländern konnten sie nichts verdienen, und sie glaubten, hier ihr Glück machen zu können. Und wir Amerikaner haben unser Glück gemacht. Das ist eine unbestreitbare Tatsache. Jahrelang sind die Vereinigten Staaten das reichste Land der Welt gewesen. Das ist es noch. Aber Reichtum ist nicht alles.»

«Nein», sagte ich.

«Sind Sie reich?» fragte mein Gast.

«Ja, sicher.»

James lachte. «Wie nett Sie das sagen. Wenn man hier jemanden fragt, ob er reich ist, erhält man immer eine ausweichende Antwort. Selbst wenn der Befragte in einem Palast wohnt und die meisten Wochenenden in Miami verbringt, selbst wenn er den Aktienmarkt beeinflussen kann, wird er nicht zugeben wollen, daß er reich sei.»

«Vielleicht denken sie, daß sie noch reicher werden können», erwiderte ich.

«Natürlich», sagte James. «Das ist es. Man kann sein Vermögen immer ein bißchen vergrößern. Aber man kann es auch verlieren, und das kann sehr beunruhigend sein. Und vielleicht sind diese Leute abergläubisch, sie wollen das Schicksal nicht herausfordern. Sind Sie also reich?»

«Jawohl», antwortete ich.

«Wie meinen Sie das?» fragte James. «Wie würden Sie reich definieren?»

«Oh», sagte ich und machte eine unbestimmte Geste.

James schüttelte vorsichtig seinen Kopf. «Nein. Sie dürfen mir nicht ausweichen. Ich werde Ihnen auch auf alle Fragen, die Sie mir stellen, ehrlich antworten. Vielleicht ist dieses Gespräch nützlich für Sie. Sie wissen doch, daß nichts ohne Grund geschieht. Ich bin hierhergekommen, und Sie haben mich höflich empfangen, Sie haben mir einen Sitzplatz, Tee und Ihre Zeit zur Verfügung gestellt. Sie wissen, daß ich mit einer Absicht gekommen bin. Und nun werde ich Ihnen ein paar Fragen stellen. Was verstehen Sie unter reich?»

‹Bah›, dachte ich. ‹Ich sollte mein Mittagsschläfchen halten.

Aber jetzt bin ich wach und unterhalte mich mit einem feinen, durch und durch intelligenten Herrn.›

«Bist du bereit?» hatte Peter gefragt, und ich hatte geantwortet: «Bereit wozu?» und er hatte seinen Kopf geschüttelt. Eine gute Frage und eine dumme Antwort. Man muß immer bereit sein. Ich mußte jetzt bereit sein, um diese Unterhaltung zu führen.

«Reich», begann ich zögernd. «Ich sage, daß ich reich bin. Und das bin ich, zweifellos. Ich habe Kleider, zu essen, ein Dach über dem Kopf. Ich habe sogar ein Auto und ein paar Ersparnisse. Und ein Einkommen. Aber das ist es nicht, was Sie meinen.»

Er schüttelte seinen Kopf.

«Dann wissen Sie also die Antwort auf Ihre eigene Frage. Ich habe, was Sie haben.»

Seine wäßrigen Augen zeigten etwas Leben. «Und was habe ich?»

Aber jetzt hatte ich ihn. «Sie haben versprochen, ehrlich zu antworten. Wenn Sie nicht wissen, was ich meine, müssen Sie das sagen. Aber ich glaube, Sie wissen, was ich meine.»

«Gut», antwortete James, «Sie haben gewonnen. Ich habe die gleiche Chance wie Sie. Die menschliche Chance. Wir können frei werden. Das ist ein enormer Reichtum. Das ist das Recht und gleichzeitig die Möglichkeit jedes Menschen. Ich nehme an, daß Sie das meinen?»

Ich muß genickt haben, denn er fuhr fort.

«Aber das sind nur Worte. Wir sprechen jetzt über die Freiheit. Was ist Freiheit?»

‹Nein, nein›, dachte ich. ‹Diese Fragen gehen über meinen Verstand. Es sollte eine *Sanzen*-Frage sein. Ich könnte darüber meditieren, und vielleicht würde ich eine Antwort finden, die zumindest für eine Weile befriedigend wäre. Und später würde das Problem in einem neuen *Koan* wieder aufgegriffen. Aber dies war kein *Sanzen*. James wollte jetzt eine Antwort, und er wollte eine vernünftige Antwort.›

«Nirwana», antwortete ich ohne viel Hoffnung.

«Das ist ein anderes Wort», erwiderte James. «Nun sagen Sie mir, was Nirwana ist?»

Diese Frage hatte ich auch dem alten Lehrer in Japan gestellt, und er hatte auf den Boden gedeutet. «Hier», hatte er gesagt, «du bist bereits dort. Du bist im Nirwana. Du bist wie ein Fisch, der sagt, er sei durstig. Du sitzt mitten drin. Hier. Hier.»

Aber ich konnte James schlecht sagen, daß er bereits im Nirwana war. Es wäre besser, ehrlich zu sein.

«Hören Sie zu», sagte ich, und James' Gesicht bekam sofort einen Ausdruck höchster Aufmerksamkeit. Er hörte zu. Ich mußte lachen, und er lachte mit mir.

«Hören Sie», sagte ich wieder, und er hörte auf zu lachen und wurde wieder aufmerksam. «Jetzt passen Sie einmal auf. Ich weiß nicht, was Nirwana ist. Ich weiß nicht mal, ob es tatsächlich existiert. Wenn ich es richtig verstanden habe, ist Nirwana die Sphäre, in der wir wirklich frei sind. Wer das Nirwana erreicht hat, braucht nicht mehr wiedergeboren zu werden, nicht auf der Erde, nicht auf einem anderen Planeten, nicht im Jenseits, nicht im Himmel und nicht in der Hölle. Wer im Nirwana ist, *ist da*. Verstehen Sie das?»

«Nein», sagte James.

«Ich auch nicht», antwortete ich, «und deshalb bin ich hier.»

James hielt eine Hand hoch. «Einen Augenblick», sagte er. «Ich muß Sie kurz unterbrechen. Sie sind nicht neu in dieser Ausbildung, glaube ich. Sind Sie schon lange dabei?»

Aber was ist lang? Ein Jahr? Zehn Jahre? Alte Menschen sagen, daß ein Leben nicht lange dauert. «Ich weiß nicht, was lange ist», antwortete ich.

Er sah mich an.

«Nein, nein», sagte ich hastig. «Ich weiche nicht aus. Ich weiß wirklich nicht, was lang ist. Ich bin kein Neuling in dieser Ausbildung. Aber Zeit bedeutet nicht viel. Es mag hier Schüler geben, die echte Fortschritte gemacht haben, die fortgeschritten sind, Experten, wenn Sie so wollen.»

«Sie sind bescheiden», sagte James.

«Sicher. Es ist immer klug, bescheiden zu sein.»

«Klugheit ist Unsinn», sagte James.

«Es ist alles Unsinn.»

James blickte aus dem Fenster. «Es ist alles Unsinn», wiederholte er, «sehr richtig. Ein wahrer buddhistischer Ausspruch. Die Taoisten sagen dasselbe. Und sogar die Christen. Als Meister Eckhart nach Gott gefragt wurde, antwortete er nicht. Er sagte so etwas wie, daß es keinen Gott gebe, aber auch keinen Nicht-

Gott. Er muß diese Bemerkung aus Ihrem Nirwana heraus gesagt haben.»

«Es ist nicht mein Nirwana», erwiderte ich.

James seufzte. «Sie müssen es einem alten Mann nachsehen, daß er all diese Fragen stellt.»

«Sie sind nicht alt.»

Er lächelte und verneigte sich leicht. «Sehr freundlich von Ihnen. Ich halte mich in Form, aber ich bin ein alter Mann. Ich habe eine kleine, aber vollständige Sammlung von Medikamenten in meinem Wagen. Mein Körper zerfällt allmählich. Die verschiedenen Krankheiten, an denen ich leide, werden mich in den nächsten fünf oder zehn Jahren umbringen. Ich habe viel gelesen und nachgedacht. Nun bin ich plötzlich auf diese Bewegung gestoßen und habe einen Meister getroffen, der mich beeindruckt. Ich bin nicht leicht zu beeindrucken. Ich habe es immer vorgezogen, zynisch zu sein, und am Ende habe ich fast immer recht behalten, obwohl es ein paar Ausnahmen gegeben hat. Ich habe einmal einen alten Gärtner kennengelernt, und mein bester Freund hatte eine bemerkenswerte Großmutter. Ich bin tatsächlich einigen sehr eindrucksvollen Leuten begegnet, aber es waren sehr wenige. Die ‹Meister›, die ich getroffen oder ausfindig gemacht habe, die Seher und Heiligen und Wahrheitsverkünder … sie waren alle Scharlatane, es gibt kein passenderes Wort für sie. Sie wollen, daß man sich ihrem Club anschließt und sie bewundert, aber vor allem, daß man sie bezahlt. Ich glaube nicht, daß Ihr Meister Geld von mir annehmen würde.»

«Nein», sagte ich.

«Nimmt er Ihres an?»

«Ja», sagte ich, «aber das ist eine Ehre.»

«Verlangt er Geld?»

«Einen kleinen monatlichen Beitrag. Und nur Schüler dürfen bezahlen. Wenn der Schüler ihm nicht gefällt, gibt er das Geld zurück.»

«Ist das jemals vorgekommen?»

«Ja», sagte ich.

«Das ist gut», antwortete James, «sehr gut. Ein wirklicher Mensch.»

«Was ist ein wirklicher Mensch?»

James stand auf. Meine Frage schien ihn getroffen zu haben. Für einen Augenblick verlor er seine Selbstdisziplin. Ein paar Sekunden lang war er nicht mehr der schöne, teure, ältere Herr, sondern schien verloren und nervös. Er machte eine unvollendete Geste.

«Ein wirklicher Mensch ist ein Mensch, wie ihn die Bibel beschreibt. Die Letzten werden die Ersten sein. Er gibt einem seine letzte Zigarette. Er besucht einen, wenn man krank ist, oder wenn die Welt einem bewiesen hat, daß man ein Dummkopf ist, und wenn man ganz allein ist, in einer Ecke. Ein Mensch, der hilft, ohne ein Helfer sein zu wollen. Ein Mensch, der nichts an sich reißen kann, weil er nichts hat, womit er es tun könnte.»

«Hmm», erwiderte ich, «Sie beschreiben den Dorftrottel.»

«Ganz recht», sagte James, «das könnte durchaus stimmen. Man unterschätze nie einen Dorftrottel. Oder den Zurückgebliebenen und den Dummen.»

Ich dachte an den Ladenbesitzer aus der nahegelegenen Stadt und seinen zurückgebliebenen Sohn. «Peter ist mit einem zurückgebliebenen jungen Mann befreundet.»

«Sehen Sie», sagte James. «Haben Sie noch ein bißchen Tee für mich? Es ist sehr trocken in dieser Hütte.»

Ich füllte seinen Becher, und er sah mich zufrieden an. «Müssen Sie noch nicht gehen?»

Ich sah auf den Wecker. Es war fast soweit. «Haben Sie schon einmal meditiert?» fragte ich.

«Nein», antwortete James, «aber ich mache seit mehreren Jahren Yoga-Übungen. Ich kann im vollen Lotus sitzen.»

«Dann kommen Sie doch mit. Ich werde den Meditationsleiter um Erlaubnis fragen. Die Nachmittagsmeditation dauert nur zwei Stunden, und es gibt mehrere Pausen.»

James stand auf.

«Kommen Sie mit?» fragte ich.

Er nickte.

Das hatte ich nicht erwartet. Es ist leicht, jemanden zu finden, der über Buddhismus reden möchte, aber Meditieren ist etwas anderes. Der Gedanke, stillsitzen zu müssen, erschreckt die Menschen, sie fühlen sich in ihrer Bewegungsfreiheit eingeschränkt, haben Angst vor Visionen und nervösen Spannungen.

Wir kamen gerade rechtzeitig, und Rupert saß auf seinem Platz am Ende der Halle. Ich bat James, am Eingang zu warten, und ging zum Altar, machte eine Drehung und verneigte mich vor Rupert. Er verneigte sich ebenfalls. Daß ich Rupert gut kannte, zählte hier nicht. Hier war er der Jikki, der unumschränkte Leiter, der Boss des Tempels.

«Ich habe einen Gast, der an der Nachmittagsmeditation teilnehmen möchte. Geht das?»

Wir flüsterten, hinter mir spürte ich die Augen der grimmigen Bodhisattwa-Statue, die mit ihrem Schwert alle Gedanken durchtrennt.

«Kann er stillsitzen?» fragte Rupert.

«Er sagt ja.»

«In Ordnung.»

Ich ging zum Eingang zurück, wo James ruhig wartete. Er hielt sich kerzengerade, die Hände auf dem Rücken.

«Es ist gut. Sie können hereinkommen. Verbeugen Sie sich am Eingang, und falten Sie Ihre Hände. Tun Sie alles, was ich tue, ich werde Ihnen Ihr Kissen zeigen.»

Er nickte.

Rupert deutete auf das Kissen neben mir, anscheinend hatte sich Edgar für den Nachmittag entschuldigt.

James saß völlig bewegungslos, viermal fünfundzwanzig Minuten.

Ich hörte sein ruhiges Atmen.

Wir gingen zusammen zurück.

«Das war sehr angenehm», sagte James, «sehr erholsam. Ich fühle mich viel besser.»

«Was haben Sie gemacht, während Sie da stillsaßen?»

«Tja», sagte James. «Was habe ich gemacht? Ich habe ein bißchen von meiner Jugend geträumt. Ich habe so langsam wie möglich zu atmen versucht. Ich habe über unsere Unterhaltung nachgedacht, und während der letzten Periode habe ich mich konzentriert.»

«Auf was?»

James grinste.

Ich konnte ihn mir als jungen Mann vorstellen. Der gestreifte Anzug, die teure goldene Uhr, das Toupet, die disziplinierten guten Manieren wurden durchsichtig.

«Ich habe mich auf das Unwichtige konzentriert. Mein ganzes Leben lang habe ich mich für die östlichen Religionen und Methoden interessiert, obwohl ich immer ein Christ geblieben bin. Die Leere des Buddhismus und Taoismus fasziniert mich. Leer zu sein, zu wissen, daß nichts wichtig ist. Wissen Sie das? Wissen Sie, daß nichts wichtig ist?»

Ich sah ihn ernst an und sagte, daß ich es wisse, aber dann schränkte ich meine Aussage ein. Ich sagte, daß ich es *ahne*.

«Ja, ja», fuhr James fort, als ob er mich nicht gehört hätte. «Es ist die Wahrheit. Nichts ist wichtig. Auch Ihr Buddha ist nicht wichtig. Mein Christus ebenfalls nicht oder Mohammed oder Ramakrischna. Keiner der Propheten, der Söhne Gottes. Selbst das Nirwana ist nicht wichtig. Und wir sind am allerwenigsten wichtig. Das Ich ist ein absoluter Witz. Es geht sogar noch weiter. Die Leere, das rätselhafte Tao, der Stein der Weisen, nach dem die Alchimisten suchten, das Hexeneinmaleins ...»

Er unterbrach sich. «Hexen können wirklich zaubern, wissen Sie das? Sie können fliegen, sich in Gegenstände und Tiere verwandeln. Dies ist wirklich ein merkwürdiges Leben, voller Möglichkeiten.»

«Ich weiß nichts über Hexen», sagte ich, «aber ich bin gerne bereit zu glauben, daß sie fliegen können.»

«Ja», sagte James, «aber das ist eigentlich ohne Bedeutung. Es gibt, und das habe ich schon lange geglaubt, länger als ich mich erinnern kann, vielleicht schon vom ersten Moment an, da ich denken konnte, nichts Faszinierenderes als den Gedanken, daß nur der wirklich Gleichgültige gewinnen kann.»

Ich ging ein bißchen zur Seite, so daß der Abstand zwischen uns größer wurde. Ich beobachtete, wie er ging. Marabus gehen so, dachte ich. Die großen, würdevollen Raubvögel, die ich im Zoo und im Film gesehen hatte.

Kein schlechter Vergleich, dachte ich. Er ist der Vogel, und ich bin die Beute. Er reißt das Fleisch von meinen Knochen. Ich bin nicht wichtig, und meine Vorstellung vom Buddhismus ist auch nicht wichtig. Sogar das Nirwana hat keine Bedeutung. Alles, was ich tue, ist leer, und selbst die Leere ist weder der Anfang noch das Ende, noch das Ziel unserer Existenz. Alles, woran ich mich festzuhalten versuche, hat keine Substanz.

«Wir müssen alles loslassen», sagte James jetzt, «das hat mich meine Lektüre des Buddhismus gelehrt. Immer wenn man an etwas festzuhalten versucht, ist man verloren. Man wird in Stücke gerissen, und das tut weh. Aber loslassen ist nicht leicht. Vielleicht ist es das Schwerste für uns, die wir in dieser Welt leben müssen. Lernen loszulassen, ist vermutlich die größte Anstrengung. Ich beneide Sie nicht um Ihre Ausbildung.»

Nun sah ich sein Auto, er hatte es nicht in Ruperts Auffahrt geparkt, sondern ein Stück weiter weg, zwischen den Bäumen. Es war in der Tat ein außergewöhnliches Auto, ein alter Bentley, ein Statussymbol *par excellence*.

«Ah», sagte James, «da steht mein Auto. Es ist Zeit, Ihnen für Ihre Gastfreundschaft zu danken. Sie haben mir sehr geholfen. Hier ist meine Karte. Ich fahre jetzt wieder nach New York zurück. Besuchen Sie mich doch mal.»

«Vielen Dank», sagte ich, «und was werden Sie jetzt tun?»

«Mein Leben weiterleben», antwortete James, «oder wollen Sie, daß ich alles aufgebe und hier, in dieser Kommune, wohne?»

«Ich will nichts», sagte ich.

«Sie versuchen, nichts zu wollen», verbesserte James mich. «Aber das ist sehr löblich. Sie müssen Ihr Allerbestes tun. Und dann kommen Sie dahin, wo Sie alles loslassen können.»

«Und dann bin ich da», antwortete ich düster.

«Genau», sagte James.

Ich wünschte ihm eine gute Reise. Ich durfte wieder seine trokkene, kühle Hand halten. Der Motor sprang an, und der Bentley fuhr weg.

«Du hast noble Freunde», bemerkte eine Stimme hinter mir.

Es war Edgar. Das Futter seiner Mütze war immer noch außen.

«Du trägst deine Mütze mit dem Futter nach außen.»

«Ja», sagte Edgar, «das ist jetzt nicht mehr nötig.» Er nahm seine Mütze ab und verwandelte sie wieder in eine Pelzmütze. «Wer ist dein teurer Freund?»

«Er heißt James und schreibt Bücher», antwortete ich und ging schnell weg.

«He!» rief Edgar, aber ich blieb nicht stehen. Für den Tag reichte es mir.

Du begegnest jemandem.

Dem anderen.

Du begegnest dem anderen.

Du bist höflich. Der andere ist höflich.

Man ißt sich gegenseitig ein bißchen auf.

Nach seinem Abschied bist du leicht ramponiert.

Und was tust du dann?

Reparierst du den Schaden und wirst wieder, was du vorher warst?

Oder machst du weiter, so wie du bist?

Beschädigt, aber leichter.

Die Gänse

Es war sieben Uhr morgens, und ich stand auf der Veranda von Ruperts Hütte. Ich war gerade von der Morgenmeditation zurückgekommen und hatte keine Lust hineinzugehen, wo der kalte, feuchte Raum mich erwartete. Ich würde spülen, Frühstück machen, den Fußboden kehren und den Tisch decken müssen. Aber was am schlimmsten war, ich mußte den Ofen überreden zu brennen, anstatt zu rauchen.

Ich hatte noch ein paar Minuten Zeit. Rupert war erst in einer halben Stunde zu erwarten, er wollte etwas an dem antiken Lastwagenmotor, der das Sägewerk antrieb, reparieren. Es bestand also keine Notwendigkeit, gleich hineinzugehen, ich konnte rauchen und ein bißchen nachdenken.

Aber es war kalt, und ich verspürte das Bedürfnis, mich ein wenig zu bewegen. Ich stampfte mit den Füßen, und die Bretter der Veranda antworteten mit einem tiefen, hohlen Klang. Ich probierte es noch einmal, und der Klang wurde sogar noch besser. Das Stampfen ging in einen langsamen Tanz über, ich begann, zu summen und mit den Händen zu klatschen. Ich lachte und hörte auf. Ein tanzender Derwisch. Tanzen kann sehr religiös sein. Die Derwische verloren ihr Ich, während sie herumwirbelten und heulten. Buddhistische Mönche tanzen bekanntlich auch. Die Tibeter haben ihre Lama-Tänze, und die Zen-Priester begeistern sich für komplizierte Zeremonialtänze, ich hatte ihnen im Hof des prächtigen Haupttempels unserer Sekte in Kioto dabei zugesehen. Aber Tanzen ist nicht die Hauptbeschäftigung der Zen-Mönche. Sie ziehen es vor zu meditieren. Langes Sitzen gibt tiefe Einsicht. Ein Ausspruch von Peter. Einer seiner wenigen Aussprüche. Ein Ausspruch, der der eigenen Erfahrung entspringt.

Ich versuchte auszurechnen, wie viele Stunden ich meditiert hatte. Dreitausend vielleicht. Oder vier? Ist das viel?

Und besaß ich jetzt diese tiefe Einsicht?

Aber ja doch, sagte ich zu mir selbst. Du mußt nicht so bescheiden sein. Du hast Einsicht, mein Bester. Es ist vielleicht nicht sehr viel, und es gibt sicher andere, die mehr Einsicht haben, unendlich viel mehr, aber dieser feine Unterschied kann ignoriert werden. Einsicht ist Einsicht. Du weißt, warum du lebst. Nein, sagte ich, ich weiß nicht, warum ich lebe. Ich habe bloß aufgehört, mich zu fragen, weil es mich nicht mehr interessiert. Die Frage ist verschwunden. Aber Fragen verschwinden nur, wenn sie eine Antwort gefunden haben. Was war also die Antwort?

Nicht in Worten auszudrücken, sagte ich schlau. Echte Weisheit ist nicht in Worten auszudrücken. Sei nicht schlau, sagte ich zu mir selbst.

Gut, gut, antwortete ich. Ich habe begriffen, oder ich habe angefangen zu begreifen, daß ‹ich› nicht existiere. Das bedeutet, daß ‹mein Leben› auch nicht existiert. Und du brauchst dich nicht nach dem Zweck von etwas zu fragen, das nicht existiert.

Du versuchst immer noch, schlau zu sein, erwiderte ich. Und ich hatte recht. Aber wie sollte ich es nur anfangen? Wie drückt man aus, was nicht auszudrücken ist? Wie kann man Augenblicke der Einsicht beschreiben? Wie soll man zeigen, daß man auf dem richtigen Weg ist?

Buddhismus ist negativ. Er sagt, was er nicht ist. Wenn man insistiert, daß er etwas sein muß, bietet er einem nur einen kleinen freien Raum, den man nach Belieben ausfüllen kann. Er ist nur spezifisch hinsichtlich seiner Methoden. Er sagt, man soll meditieren, sich dessen bewußt sein, was man tut, sein Bestes tun. Er sagt, man soll seinen Lebensunterhalt auf anständige Art und Weise verdienen. Er schreibt freundliches Sprechen und Denken vor. Er empfiehlt, daß man sich seine eigenen Situationen schaffen soll, anstatt sich von sich selbst und anderen herumschubsen zu lassen. Er ermahnt einen, seine eigenen Zweifel nicht zu unterdrücken. Er rät, alles selbst auszuprobieren. Er verabscheut jegliches Dogma. Er möchte nicht, daß man anderen die eigene Meinung aufzwingt. Und er betont, daß man sich selbst erkennen soll, seine eigene Faulheit, seinen Stolz und seine Gier, die zusammen die Macht darstellen, die das Rad des Lebens dreht.

Einen Augenblick, sagte ich zu mir selbst. Ich weiß etwas. Ich weiß, daß Freiheit existiert. Es ist der zentrale Punkt des Buddhismus. Der Kreislauf scheint ewig. Leben folgt auf Leben, Himmel auf Himmel, Hölle auf Hölle. Der Wille zu leben erzeugt neue Geburten und neue Tode. Aber Freiheit kann in jedem Moment erreicht werden. Buddha hat sich befreit, die Zen-Meister haben sich befreit. Was sie können, kannst du auch. Du mußt es nur weiter versuchen.

Bist du sicher? fragte ich. Hast du diese Freiheit erlebt? Und wenn ja, was ist sie? Bedeutet Freiheit, auf einer Wolke zu sitzen wie dieser Buddha auf dem Poster, das du in Ceylon gesehen hast? Du sitzt auf einer Wolke, frei von aller Beeinflussung durch das Rad des Lebens, und beobachtest die Anstrengungen der kleinen Menschen, die immer noch im begrenzten Raum ihrer Egos herumturnen? Und wo ist die Wolke überhaupt?

Nun, die Wolke ist hier. Die Wolke ist nicht außerhalb deines Lebens. Du solltest nicht zu weit weg suchen. Die Freiheit ist hier, wo sie immer gewesen ist. Wenn du versuchst zu entkommen, machst du einen törichten Fehler. Aber woher weißt du, daß diese Freiheit existiert?

Freiheit existiert, wiederholte ich eigensinnig.

Hast du jetzt Angst? fragte ich. Habe ich den wunden Punkt in deinem Glauben berührt? Willst du nicht mehr darüber sprechen? Wirst du wütend, weil ich gegen das Brett trete, auf dem deine Wichtigkeit steht? Fürchtest du, das Brett könnte nachgeben und dich in ein bodenloses Loch stürzen? Hast du Angst, etwas zu verlieren?

Nein. Ich hatte keine Angst. Freiheit existiert und wird immer existieren. Freiheit ist nicht mit dem Ich verbunden. Ob das Ich an sie glaubt oder nicht, sie wird immer dasein. Sie ist eine von außen kommende Illusion.

«Was gibt es zum Frühstück?» fragte Rupert.

Ich sah auf.

«Hast du deinen Verstand verloren?» fragte Rupert. «Ich bin den Weg heraufgekommen und habe dir zugewinkt, und du hast mitten durch mich hindurch gesehen. Ich habe ‹GUTEN MORGEN!› gerufen, und du hast mich mit leeren Augen angesehen.

Was gibt es zum Frühstück?»

«Leere Augen?» fragte ich.

«Schon gut», sagte Rupert, «du hattest leere Augen. Nur das Weiße war zu sehen, nicht die Pupillen.»

«Keine Pupillen?»

«Bah», sagte Rupert, «reiz mich nicht. Ich habe einen Scherz gemacht. Ich möchte wissen, was es zum Frühstück gibt. Ich habe Hunger. Peter möchte, daß ich für ihn in die Stadt fahre. Ich habe zehn Minuten, um zu frühstücken.

WAS GIBT ES ZU ESSEN?»

«Nichts», erwiderte ich freundlich.

Er stampfte auf den Fußboden. Er war wütend, daran bestand kein Zweifel. Ein paarmal in dem Monat, in dem ich in seiner Hütte lebte, hatte er beinahe die Beherrschung verloren, es war ihm jedoch immer gerade noch gelungen, die Kontrolle zu behalten, aber jetzt verlor er sie wirklich. «Was, zum Teufel, hast du die ganze Zeit gemacht? Du hattest doch mindestens eine halbe Stunde Zeit?»

«Ich habe nachgedacht.»

«Worüber?»

«Über Freiheit.»

«Und deshalb hast du kein Frühstück gemacht? Soll ich deine Freiheit essen?»

Ich hatte immer noch meinen freundlichen Gesichtsausdruck, und Rupert kniff seine Augen zusammen. «Gut. Dann esse ich eben nichts. Ich muß gehen.»

«Soll ich dir ein bißchen Geld geben? Dann kannst du unterwegs frühstücken.»

Rupert kniff seine Augen noch etwas mehr zusammen. Seine Hände ballten sich zu Fäusten, und er trat dicht vor mich. «Ich brauche dein Geld nicht. Du bist ein verzogenes Miststück. Du gehörst nicht hierhin. Du kannst nicht von fünf Dollar in der Woche leben. Dein Leben ist zu leicht. Du hüpfst in ein Flugzeug, schlüpfst in deinen Fellmantel und spielst dein Spiel. So kommst du nirgendwohin. Auf dumme Gedanken kommst du.»

Er ging zum Auto, das er am Anfang des Weges geparkt hatte. Es stand hinter der Kurve, und ich hörte, wie er die Tür zuknallte; der Motor heulte auf, die Reifen quietschten, und ich hörte einen lauten Bums. Als ich den Weg hinunterging, um nachzusehen, was passiert war, war das Auto schon verschwunden, aber die Spuren zeigten auf einen Baum. Der Baum hatte etwas von seiner Rinde verloren. Ruperts Auto würde eine ganz hübsche Beule haben. Die Reparatur würde um die fünfzig Dollar kosten, und die Tür war vielleicht auch beschädigt.

Ich ging zur Hütte zurück und machte Frühstück. Ich bereitete ein Festessen daraus, indem ich seinen Anteil der Würstchen auch aß. ‹Wut ist eine Krankheit›, dachte ich, während ich mir noch ein Ei nahm. ‹Eine Krankheit, die so verbreitet ist wie der Schnupfen.› Ich litt selbst daran. Man schreit und stampft, ist überzeugt, daß man recht hat, und fährt mit dem Auto gegen einen Baum. Man drückt auf einen Knopf, und Bomben fallen aus einem Flugzeug. Man wirft Napalm auf rennende Soldaten und setzt Krankenhäuser und Schulen in Brand. Man ruft die Polizei an und bezichtigt seinen Nachbarn eines Verbrechens. Man klettert auf eine Seifenkiste und gestikuliert mit den Händen. Man hat einen schlechten Geschmack im Mund, und nach einer Weile bekommt man Magengeschwüre.

Ich war auf Rupert nicht böse. Er hatte natürlich recht. Ich hätte das Frühstück rechtzeitig zubereiten müssen. Morgen würde ich es besser machen. Jetzt war es zu spät. Ich schmierte mir noch einen Toast mit Butter.

«Wo ist Rupert?»

Peter war hereingekommen und versuchte, seine Hände an unserem wenig hilfreichen Ofen zu wärmen.

«Er ist beleidigt weggefahren. Ich hatte vergessen, das Frühstück zu machen, und er hatte keine Zeit zu warten.»

Peter lachte und setzte sich an der anderen Seite unseres behelfsmäßigen Tisches auf den Fußboden. Ich schenkte ihm etwas Tee ein.

«Hat er mit dir geschimpft?»

«Ja», sagte ich mit vollem Mund, «er nannte mich ein verzogenes Miststück, mein Leben sei zu leicht, ich sei unfähig, etwas zu lernen.»

Peter nickte.

«Hat er recht?»

«Nein», sagte Peter. «Du kannst schon lernen. Aber es trifft zu, wenn er sagt, dein Leben sei leicht. Du gehst in ein paar Tagen wieder weg. Rupert kann nicht fort. Er hat die Idee, jahrelang hier bleiben zu müssen. Das Leben hier draußen kann angenehm sein, aber manchmal ist es auch sehr ermüdend, deprimierend sogar. Er muß fast jeden Morgen um halb drei aufstehen. Ich lasse ihn schwere Arbeit verrichten. Und er meditiert.»

Ich begann, den Tisch abzuräumen, und goß etwas Wasser in das Spülbecken für den Abwasch. «Das gewöhnliche Leben ist auch nicht leicht.»

Peter nahm ein Geschirrhandtuch. Er klopfte mir auf die Schulter. «Armer Junge. All die Verantwortung, die du zu tragen hast. Ich fühle mit dir.»

«Ich auch mit dir», erwiderte ich.

Als wir mit dem Abwasch fertig waren, begann ich, den Boden zu fegen, aber Peter unterbrach mich.

«Laß das nur», sagte er, «ich brauche dich heute morgen. Du kannst mir helfen, die Gänse in den neuen Stall zu treiben. Die anderen arbeiten alle im Wald, und ich werde mit den Gänsen alleine nicht fertig.»

Plötzlich mußte ich daran denken, was Edgar mir erzählt hatte.

Peter war im vergangenen Jahr von einem Baum, den er selbst gefällt hatte, am Kopf getroffen worden.

«Peter», sagte ich, «ich habe gehört, daß du letztes Jahr einen Unfall hattest. Ein gefällter Baum schlug dich bewußtlos. Stimmt das?»

Peter sah mich an. «Wer hat dir das erzählt?»

«Weiß ich nicht mehr», log ich.

«Es stimmt», sagte Peter. «Ich sage allen immer, daß sie nie allein Bäume fällen sollen. Wenn der Baum einen trifft und man allein ist, kann es vorkommen, daß man mehrere Stunden im Schnee liegt, bevor man gefunden wird. Oder man wird vielleicht gar nicht gefunden und erfriert. Das wäre mir beinahe passiert.»

«Das war nicht sehr intelligent», sagte ich.

«Nein.»

«Zen-Meister machen also Fehler?» fragte ich.

«Aha. Darauf willst du hinaus?»

Ich sagte nichts.

«Gut, du hast recht. Zen-Meister machen Fehler.»

Ich schüttelte meinen Kopf.

«Bist du jetzt enttäuscht?»

«Ja», sagte ich. «Es macht mir nichts aus, wenn ich Fehler mache, aber es sollte jemanden geben, der keine macht.»

«Warum?» fragte Peter.

«Das gibt mir ein besseres Gefühl.»

Er lachte. «Nun, ich fürchte, Meister können dir in der Hinsicht nicht behilflich sein. Sie lehren, und währenddessen fallen ihnen ihre eigenen Bäume auf den Kopf.»

«Mach dir nichts draus», sagte er etwas später, als wir auf der Straße gingen, «die Arbeit wird dich wieder aufmuntern. Gänse jagen ist sehr lustig, du wirst sehen.»

Gänse sind lärmende, dumme Vögel. Peter besaß eine Herde von zwanzig Stück. Wir mußten sie über die Straße treiben und danach noch einen Kilometer über Felder. Sie verloren die Richtung, schnatterten und schrien. Einige wenige versuchten zu fliegen, aber sie waren zu schwer und fielen in den Schnee zurück. Auch Gänse haben die Buddha-Natur, doch davon merkte ich wenig. Ich schrie, rannte hin und her und schlug mit einem Zweig auf ihre dicken Hintern.

«Was wirst du mit den Gänsen machen?»

«Sie mästen», sagte Peter, «und dann ab in den Topf.»

«Wirst du sie selbst töten?»

«Nein», antwortete Peter, «das könnte ich nicht. Dafür kommt jemand aus der Stadt.»

Ein echter Buddhist, dachte ich. Die Tibeter mußten Mohammedaner importieren, weil kein Tibeter Schlachter werden wollte. Ein Schlachter akkumuliert viel schlechtes *Karma*, und das behindert ihn auf seinem Weg. Aber Fleisch von einem Tier essen, das ein anderer totgeschlagen hat, daran ist nichts Schlechtes.

Unterwegs mußte ich lachen. Den Gänsen gelang ein Massendurchbruch, und sie watschelten so schnell sie konnten zurück. Peter schnitt ihnen den Weg ab und trieb sie wieder in meine Richtung. Ich sah sie auf mich zukommen, schön ordentlich in einer Reihe und hinter ihnen Peter, mit ausgestreckten Armen aus Leibeskräften schreiend. Seine Mütze war auf seinen Hinterkopf gerutscht, und sein Mund stand weit offen. Sein Gesicht glänzte vor Schweiß.

«Schönes Schauspiel, oder?» fragte er, als er an mir vorbeikam.

Das Leben ist ein schönes Schauspiel.
Amüsant, voller Witze.
Das Leben ist ein Witz, hatte der alte japanische Lehrer in Kioto gesagt. Er war ganz ernst dabei gewesen.

Menschen werden geboren, leiden und sterben.
Sie haben Hunger, sie sind in Konzentrationslagern eingesperrt, sie bekommen Lepra und Krebs, sie wohnen in kleinen Betonzimmern in Altersheimen, sie weinen vor Angst, wenn ihre Häuser bombardiert werden. Sie ertrinken wie Ratten. Sie kaufen Dinge, die sie nicht brauchen und die nach kurzer Zeit kaputtgehen. Alles, was man sich vorstellen kann, geschieht, früher oder später. Dem Menschen wird nichts erspart. Er leidet auf die merkwürdigste Art und Weise. Er wird sogar verrückt und bekommt Pillen. Er ist für eine Weile betäubt, und wenn die Pillen nicht mehr wirken, ist er wieder verrückt. Aber das Leben ist ein Witz. Ich wußte es. Ich wußte etwas. Aber nicht genug. Neugier, oder der Zweifel, zwang mich weiterzugehen. Diesen Nachmittag würde ich wieder meditieren. Und diesen Abend. Ein bewährtes Mittel, verschrieben von den Zen-Meistern.

Eine Leiche

Es war Zeit, wieder nach Hause zu fahren. Du hast andere Dinge zu tun, als in einer Hütte im Schnee stillzusitzen.

In Amsterdam wartet geduldig deine bürgerliche Existenz auf dich. Sie weiß, daß du zurückkommen wirst. Deine Familie, dein Haus, deine Arbeit, der tägliche Weg zum Büro und zum Lager, das Warten an den Ampeln, der schnelle Blick auf die Kirchturmuhr. Du bist heute ein bißchen spät dran – du bist heute schön pünktlich.

Die Einkaufsliste wartet auf dich, das klingelnde Telefon und die Morgenpost. Der Trott, die Tretmühle.

Die Eintönigkeit des Alltags war einst der Fluch deines Daseins gewesen, das Grauenhafteste, das du dir vorstellen konntest. Der Gedanke, daß dein Leben mit einer Folge sich endlos wiederholender Handlungen ausgefüllt sein würde, erschien dir unerträglich. Du wolltest alles, nur das nicht. Du hattest dir eine Spannung gewünscht, die immer größer werden sollte, bis du eines Tages platzen würdest. Die Möglichkeit, daß du verrückt werden oder einen Unfall haben könntest, erschien dir als Erlösung. Du hattest dich mit dem Gedanken aufgemuntert, daß das Leben eine Reise sei, die an einen Abgrund führt. Der Abgrund wäre ein Abenteuer für sich, und du würdest den endgültigen Sturz genießen.

Du warst davon überzeugt, daß du das wirklich glaubtest. Der Sprung in den Buddhismus schien mit diesen Vorstellungen verbunden zu sein. Du hattest verschwommene Ideen, als du sprangst. Das Klosterleben war für dich eine heldenhafte Begegnung mit dem Hohen und dem Tiefen.

Abenteuer und Heldenhaftigkeit. Die Wörter sind mit ‹sensationeller Erfahrung› verknüpft. Das ist es, was du gewollt hattest. Vielleicht warst du Visionen nachgejagt, vielleicht hattest du Bodhisattwas sehen wollen in ihren vielen Blickwinkeln, lieblich und böse, verführerisch und quälend.

Vielleicht hattest du gedacht, die Mönche würden Musik machen, und der Meister an seinem Altar würde die Schwingungen im Tempel so lange verstärken, bis sie deiner Seele die Einsicht entrissen. Vielleicht hattest du geglaubt, du würdest in einer Weihrauchwolke in den Himmel oder ins Nirwana schweben, während die Priester ihre riesigen Tempeltrommeln schlügen.

Und es war etwas geschehen. Die Mönche hatten eine unheimliche Musik gemacht. Die Priester hatten ihre Trommeln geschlagen, Trommeln groß wie Weinfässer, mit straff gespannten Häuten, die von großen Kupfernägeln gehalten wurden. Der Trommler ratschte mit seinen Stöcken über die Nägel, daß dir die Haare zu Berge standen. Und der Meister streckte sich auf dem Boden aus, immer wieder, sich selbst demütigend, während die lebensgroßen Buddhas auf dem Altar ihn beobachteten, aktiv in ihrer ewig lächelnden Ruhe, und der sich kräuselnde Weihrauch umhüllte den zerbrechlichen Körper des Meisters und die mitleidsvollen Gottheiten.

Und du hattest auch Visionen gehabt.

Und vielleicht hatte sich ein kleines bißchen Einsicht gebildet. Eine Einsicht, die sich in dieser Landschaft aus Schnee und nackten Bäumen vertieft haben mochte.

«Was hast du also gelernt?» frage ich.

«Nichts», sagst du.

Du sagst: «Guter Freund, ich habe nichts gelernt.»

Aber in solch einer bescheidenen Antwort steckt eine große Arroganz. Nur das Nichts *ist*, und dem, der vorgibt, dieses Nichts zu kennen, muß man sofort mißtrauen, weil er große Worte benutzt und behauptet, auf einem so hohen Niveau zu stehen. Deshalb kann ich nur den Kopf schütteln und meinen Weg durch die Leere fortsetzen, die immer noch voll zu sein scheint.

Du siehst, daß deine Antwort mich nicht erreicht hat, und du versuchst es noch einmal.

Aber die Antwort ist immer noch zu hochtrabend, zu arrogant. Das Nichts ist das große Mysterium. Es ist unbeschreibbar. Mit Wörtern kann man versuchen, sich ihm zu nähern. Zen mag solch ein Wort sein. Und Tao, Christus, Allah, Buddha sind andere. Es gibt ein Wort, das heißt ‹Gott›.

Diese Wörter kann man aufschreiben. Ich kann Sätze mit ihnen bilden. Ich kann mir Theorien ausdenken und die Wörter einfügen. Aber die Wörter sind aus einer anderen Ordnung als die vorstellbare Ordnung, in der ich mich befinde.

Ein Zen-Meister sagt, daß Buddha ein Stück Hundescheiße sei. Meister Eckhart bestreitet die Existenz Gottes und Nicht-Gottes. In einem Roman von Simon Vestdijk beschreibt er Christus als Kellner mit Kaninchenzähnen. Alle diese Beschreibungen sind richtig und falsch.

Ich frage dich, was du gelernt hast.

Du hast doch etwas gelernt? Du machst dies hier doch nicht, weil du nichts anderes zu tun hast? Der Mönch, der zehn Stunden täglich in einer ungemütlichen kalten Halle stillsitzt, warum tut er das?

Du siehst mich an. Du sagst nichts. Du meinst, ich muß selbst darauf kommen? Du meinst, es gibt Wahrheiten, die so groß sind wie Kühe, und daß ich diese Wahrheiten vor meiner Nase gehabt habe, seit ich geboren wurde?

Du meinst, ich sollte wissen, daß ich mein Bestes tun muß? Weil ich ein Holländer bin? Sein Allerbestes tun, ist eine Wahrheit von der Größe einer holländischen Kuh.

Wir sind ein fleißiges Volk. Einfacher stupider Fleiß ist heute nicht mehr zeitgemäß, aber es gibt noch genügend Beispiele dafür in diesem nassen, zugigen Sumpf.

Du meinst, ich sollte weitermachen und immer mein Allerbestes tun, bis der Tod mich am Nacken packt?

Du erlaubst doch, daß ich mal lache? Das war das letzte, was du erwartet hattest, als der Buddhismus dir bestätigte, du müßtest dein Bestes tun. Du hast dich dagegen gesträubt, bis die Botschaft eindeutig war. Das Geschöpf, das sich ‹Mensch› nennt, muß sein Bestes tun. Was immer er tut, muß er so gut wie möglich tun. Und er sollte gleichgültig dabei sein.

Aber das erscheint mir schwierig. Ich bin im Westen geboren, ich möchte eine einfache Wahrheit. Wie kann ich gleichgültig sein, während ich mein Bestes tue?

Vielleicht könnte ich es begreifen, wenn ich im Osten geboren wäre. Weisheit ist im Osten etwas Natürliches. Ein Chinese verbringt ein ganzes Leben in seinen Gemüsegärten, aber die Flut kommt und spült sie weg. Der Chinese steht auf einem Hügel, lächelt und wartet, bis die Flut zurückgeht, um dann wieder von vorn anzufangen.

Würde ich es fertigbringen zu lächeln, wenn ich den Berg Buddhas erreichte und da wäre nichts?

Weißt du sonst noch etwas?

Ja, vielleicht. Ein tibetischer Mönch erzählte dir etwas über ‹Herzensgüte›, das Mitgefühl Buddhas und sein unendliches Verständnis. Die Geschichte war nicht allzuschwer zu verstehen. Güte kann verstanden werden. Aber du konntest die Güte nicht mit der Zen-Schulung in Verbindung bringen. Die Ausbildung erschien dir hart, einfach nur hart. Du mußtest stillsitzen und dich konzentrieren, und du konntest dich nicht einmal beklagen. Aber später glaubtest du zu verstehen. Zen-Meister sind sehr gütig.

Wenn etwas nicht funktioniert, hören sie auf. Mönche und Schüler werden weggeschickt. Meditationsperioden werden ohne Erklärung verlängert. Du bekommst etwas zu tun, und es interessiert dich, aber dann bekommst du etwas anderes zu tun. Du wirst gelobt und erhältst die Aufsicht über andere, aber dann ist plötzlich alles wieder vorbei, und der Meister scheint dich nicht zu kennen, wenn du ihm im Garten begegnest.

Aber seine Handlungen sind Handlungen der Güte. Er arbeitet von einem Punkt aus, den du nicht erreichen oder verstehen kannst. Er ist frei, du nicht. Er weiß, was los ist. Du zweifelst manchmal an seiner Weisheit. Schüler verlassen ihn, und sie kommen zurück oder auch nicht. Alles ist möglich, alles hat einen Sinn.

Nichts hat einen Sinn – die Wahrheit hat die Größe einer Kuh. Du tust dein Allerbestes. Was du dir vorgestellt hast, nimmt Gestalt an. Du wirst reich, du bist erfolgreich, die Leute bewundern dich. Die Umstände ändern sich, und du wirst nicht mehr bewundert. Es stellt sich ohne jeden Zweifel heraus, daß du von Anfang an alles falsch gemacht hast. Der General wird vorzeitig pensioniert. Der Industriemagnat zieht sich in die Schweiz zurück, oder er hängt sich auf und hinterläßt einen kurzen bitteren Brief. Der Schriftsteller wird vergessen, und der Schauspieler wartet vergeblich auf seinen Applaus. Der Ballettänzer stirbt in einer Irrenanstalt, und der Staatsmann kommt ins Gefängnis.

Und ganz gleich, was du tust, du wirst sterben. Alles, was du aufgebaut hast, wird wieder niedergerissen, manchmal, solange du noch lebst. Der Tag wird kommen, da dein Lebenswerk zerstört wird und nichts mehr davon übrigbleibt.

Sogar die Kugel, auf der du lebst, bietet keine Sicherheit. Planeten verschwinden, und jeden Tag entstehen neue. Wir leben in einer Leere, einer Leere ohne Sinn.

Es ist also alles ein Witz. Der alte Lehrer meinte das ganz ernst. Er sagte, daß du ihn eines Tages verstehen würdest, und du glaubtest ihm.

Vielleicht beginnst du ihn jetzt zu verstehen. Aber du wagst es nicht mit Sicherheit zu sagen. Vielleicht geschieht heute oder morgen etwas, was deine ‹Einsicht› erschüttert. Aber du machst dir nicht mehr soviel Sorgen darüber wie früher. Du wirst sehen, was passiert, und unterdessen machst du weiter.

Du kannst jetzt verstehen, daß es einmal einen Zen-Meister gab, der sich an den Wegesrand setzte und jedesmal schallend lachte, wenn jemand vorüberging. Manche erklärten ihn für verrückt und gingen weiter, aber andere hielten an und fragten ihn, was ihn so belustige. Er erklärte es nicht, er lachte nur. Er lachte nicht über sie, er lachte über das, was er sah. Und er lebte in einer Zeit der Unterdrückung, des Elends, der Hungersnot. In Indien gibt es Yogis, die jahrelang hintereinander meditieren. Sie essen nicht, sie schlafen nicht, und sie gehen nicht auf die Toilette. Sie sitzen unter einem Baum oder in einer Höhle oder auf einer Müllhalde in der Nähe einer großen Stadt. Sie leben in Stille, und ihre Stille strahlt eine große Barmherzigkeit aus; vielleicht war auch das schallende Gelächter des Zen-Meisters barmherzig.

Das Leben ist schrecklich, und es ist wunderschön. Das Wort ‹Wunder› ist zu oft benutzt worden und hat seinen Wert verloren. Aber wir leben inmitten von Wundern. Die Amseln im Park, die Enten, die auf den Grachten treiben, die dahingleitenden Möwen, aber auch das Auto auf der Straße, der Bagger im Polder und die großen quadratischen Wohnblocks. Wer sich die Zeit nimmt und in Ruhe beobachtet, ist überrascht und spürt die Leere seines eigenen Daseins.

«Laß los! Laß los!»

Der Zen-Meister spricht zu seinem Schüler. Der Schüler fragt immer. Er will wissen. Er will sein. Er will besitzen. Er will, daß der Lehrer ihm alles gibt.

Aber der Meister gibt ihm nichts.

«Was soll ich denn loslassen?» fragt der Schüler, aber der Meister ist weggegangen und hört nicht zu.

Er muß sich selbst loslassen. Seine Ideen. Sogar die Einsicht, die er gefunden zu haben glaubt. Keinen geistigen Besitz. Überhaupt nichts. Er muß seine eigene Persönlichkeit, seinen eigenen Namen vergessen.

Eine chinesische Allegorie erzählt, wie ein Mönch sich auf eine lange Pilgerreise begibt, um Buddha zu finden. Viele Jahre ist er auf der Suche, und schließlich gelangt er in das Land, in dem Buddha lebt.

Er überquert einen Fluß, es ist ein breiter Fluß, und er blickt um sich, während der Bootsmann ihn hinüberrudert.

Da schwimmt eine Leiche auf dem Wasser, und sie kommt näher.

Der Mönch sieht hin. Die Leiche ist so nahe, daß er sie berühren kann. Er erkennt die Leiche, es ist seine eigene.

Der Mönch verliert seine Selbstbeherrschung und beginnt zu wehklagen.

Da treibt er, tot.

Nichts bleibt zurück.

Alles, was er je gewesen ist, je gelernt, je besessen hat, treibt an ihm vorbei, still und leblos, in der trägen braunen Strömung des breiten Flusses.

Das ist der erste Moment seiner Befreiung.

transformation

Alan Watts
Dies ist Es
Über Zen und spirituelle Erfahrungen
(7908)

Bruno Martin
Handbuch der spirituellen Wege
überarbeitete Neuausgabe (7909)

Gary Zukav
Die tanzenden Wu-Li Meister
Der östliche Pfad zum Verständnis der modernen Physik: vom Quantensprung zum Schwarzen Loch (7910)

Theodore Roszak
Das unvollendete Tier
Eine neue Stufe in der Entwicklung des Menschen (7913) Juni 85

Norbert A. Eichler
Das Buch der Wirklichkeit
Das I Ging für das Wassermann-Zeitalter
(7921) Juli 85

Janwillem van de Wetering
Ein Blick ins Nichts
Erfahrungen in einer amerikanischen Zen-Gemeinde (7936) September 85

Morris Berman
Wiederverzauberung der Welt
Am Ende des Newtonschen Zeitalters
(7941) Oktober 85

sachbuch rororo transformation

C 2170/1

Janwillem van de Wetering

Qutsider in Amsterdam
(2414)

Eine Tote gibt Auskunft
(2442)

Der Tote am Deich
(2451)

Tod eines Straßenhändlers
(2464)

Ticket nach Tokio
(2483)

Der blonde Affe
(2495)

Massaker in Maine
(2503)

Ketchup, Karate und die Folgen
(2601)

Der Schmetterlingsjäger
(2646)

Der Commissaris fährt zur Kur
(2653)

Die Katze von Brigadier de Gier
Kriminalstories (2693)

thriller rororo

C 979/4

Körpererfahrung

Sri Aurobindo
Der intregrale Yoga (rk 24)

Gisela Eberlein
Gesund durch autogenes Training (6875)

Julius Fast
Das Körper-Programm (7786)

Julius Fast/Meredith Bernstein
Körpersignale der Liebe (7826)

Dietlinde Karkutli
Das Bauchtanz-Buch (7762)

Frédérick Leboyer
Weg des Lichts
Yoga für Schwangere – Texte und Übungen (7855)

Else Müller
Hilfe gegen Schulstreß
Übungsanleitungen zu Autogenem Training. Atemgymnastik und Meditation für Kinder und Jugendliche (7877)
Bewußter Leben durch Autogenes Training und richtiges Atmen
Übungsanleitungen zu AT, Atemtraining und meditative Übungen durch gelenkte Phantasien (7753)

R. Scholz/P. Schubert (Hg.)
Körpererfahrung
Die Wiederentdeckung des Körpers: Theater, Therapie und Unterricht (7480)

Deenbandhu Yogi (Detlef Uhle)
Das rororo Yoga-Buch für Anfänger (7871)
Das rororo Yoga-Buch für Fortgeschrittene (7887)

sachbuch rororo

C 2163/1